그림책으로 보는

아동과 우리사회

그림책으로 보는

아동과 우리사회

현은자 · 곽영미 · 김민정 · 박은미 · 이 란 · 김가영 · 이민재
이나은 · 이신애 · 이수형 · 김채은 · 설려나 · 홍지민 공저

학지사

머리말

이 책의 모델은 1995년 출판된 Masha Kabakow Rudman의 *Children's Literature: An Issues Approach*다.

Rudman은 20년 전 이 책의 서문에 자신의 집필 목적을 초등학교 교사들이 민감한 사회적 이슈를 수업에서 다룰 때 적합한 어린이 문학을 사용할 수 있는 교수 지침과 방법을 소개하기 위함이라고 밝힌 바 있다. 이 책을 교재 삼아 수업을 진행하던 나와 대학원 학생들은 이 교육 내용과 교수 방법이 아직 전통적인 방식으로 사회적 이슈를 다루고 있는 우리나라의 학교 교실에서도 필요함을 깨닫게 되었다.

이러한 특성을 지닌 외국 교재로 공부할 때 겪게 되는 어려움 중 하나는 소개된 여러 외국 작품을 구하기 힘들다는 것이다. 이번에도 역시 책에 소개된 작품들 중에 번역되지 않은 어린이 문학 텍스트와 그림책이 다수 포함되어 있었다. 다행히 성균관대학교 중앙학술정보관의 도움으로 절판본을 제외한 원서 대부분을 구할 수 있어서 큰 어려움 없이 책의 내용을 이해할 수 있었다.

또한 최근 국내 도서관과 서점에서 검색해 본 결과, 국내외의 사회적 이슈를 다룬 그림책 원서와 국내 창작 작품을 다수 발견할 수 있었다.

우리는 연구의 의의와 좋은 작품들의 발견에 고무되었으며 이 교재와 비슷한 형태의 책을 써 보기로 하고 한 명씩 주제 연구와 작품 수집을 담당하기로 하였다. 모두들 열정적으로 작업에 참여하였으며 개인적으로 민감한 주제를 다룰 때에도 기꺼이 자신의 경험을 나누고자 하였다. 이 과정을 통해 우리는 멀거나 가까운 우리의 이웃들이 처한 문제가 나 자신과 무관하지 않다는 것을 깨닫게 되었다. 그들의 이야기는 부분적으로는 곧 나의 것이기도 했기 때문이다.

제1장부터 제12장까지의 집필진을 밝히면, 제1장 '형제' 김가영, 제2장 '입양' 곽영미, 제3장 '이혼' 설려나, 제4장 '다문화 가족' 홍지민, 제5장 '성' 이란, 제6장 '노화' 김민정, 제7장 '죽음' 김채은, 제8장 '성역할' 이수형, 제9장 '빈곤' 이나은, 제10장 '아동학대' 이신애, 제11장 '장애' 박은미, 제12장 '전쟁' 이민재다.

각 장에서는 우선 국내외의 '통계 현황'을 비교하여 각 이슈들이 우리 사회를 포함한 지구촌의 문제가 되고 있음을 밝혔으며, 다음으로 교사가 교수-학습 상황을 준비하기 위해 미리 연구하고 숙고해야 할 질문들을 '토론 문제'로 정리하였고, 사용할 그림책 선정 시 유의해야 할 사항을 '평가 준거'로 정리하였다. 또한 그러한 평가 준거에 따라 추천된 그림책들을 '소주제 설명 및 그림책 서평'을 통해 소개하였다.

원고가 수합된 이후에도 초고에 대한 교정 작업이 수차례 이루어졌으며, 그 작업에는 박사과정의 이란과 석사과정의 이수형, 유보리가 함께했다. 그러나 무엇보다도 상업성이 없어 보이는 이 원고를 흔쾌히 책으로 발간해 주신 학지사의 김진환 사장님과 이상경 편집자 이하 출판사 관계자들께 진심으로 감사드린다.

마지막으로 이 책의 내용에서 부족함과 결함이 있다면 대표 저자인 내게 책임이 있음을 밝히며, 이 책이 그림책을 사랑하는 성인들이 힘든 사회를 살아가는 어린이들의 아픔을 치유하고 두려움보다는 희망을 품도록 격려하는 데 조금이라도 도움을 줄 수 있기를 바라는 마음이다.

2016년 8월
연구자를 대표하여
현은자

차 례

머리말 • 5

서론 • 15

1. 어린이 문학과 우리 사회 • 15
2. 그림책 읽기와 성인의 역할 • 20

제1장 형 제 • 25

1. 형제와 관련된 통계 현황 • 28
   1) 성에 따른 자녀 수 분포 • 28
   2) 출산율 추계 • 29
   3) 형제 관계에 대한 만족도 • 32
2. 토론 문제 • 33
3. 평가 준거 • 34
4. 소주제 설명 및 그림책 서평 • 37
   1) 동생의 출생을 다룬 그림책 • 37
   2) 형의 입장에서 동생의 의미를 다룬 그림책 • 39
   3) 동생의 입장에서 형의 의미를 다룬 그림책 • 42
   4) 기타 형제를 다룬 그림책 • 44

제2장 입 양 • 51

1. 입양과 관련된 통계 현황 • 54
   1) 국내외 입양 아동 수 • 54
   2) 한국 아동을 입양한 세계 입양국 순위와 변화 • 55
2. 토론 문제 • 58

3. 평가 준거 • 59

4. 소주제 설명 및 그림책 서평 • 62

1) 만남의 과정을 그린 그림책 • 62

2) 만남의 과정과 그 후의 생활을 그린 그림책 • 66

제3장 이 혼 • 73

1. 이혼과 관련된 통계 현황 • 77

1) 이혼율 • 77

2) 이혼 연령층과 자녀문제 • 78

3) 황혼이혼 • 79

2. 토론 문제 • 80

3. 평가 준거 • 81

4. 소주제 설명 및 그림책 서평 • 83

1) 이혼에 대한 아이들의 감정을 표현한 그림책 • 84

2) 이혼 후 부모의 양육을 다룬 그림책 • 87

3) 이혼에 관한 정보를 담은 그림책 • 90

4) 이혼에 대한 새로운 관점을 제시한 그림책 • 91

제4장 다문화가족 • 95

1. 다문화가족과 관련된 통계 현황 • 98

1) 외국인 주민 수 변동 추이 • 98

2) 외국인 주민 유형별 현황 • 99

3) 외국인 주민 국적별 분포 • 99

4) 결혼이민자 및 귀화자 자녀 현황 • 100

5) 다문화가족 자녀의 학업 및 대안학교 • 101

6) 한국인과 외국인 부부의 이혼 • 104

2. 토론 문제 • 105

3. 평가 준거 • 105

4. 소주제 설명 및 그림책 서평 • 108

1) 결혼이민자에 관한 그림책 • 108

2) 외국인노동자에 관한 그림책 • 109

3) 외국인거주자에 관한 그림책 • 110

4) 북한이탈주민에 관한 그림책 • 113

제5장 성 • 117

1. 성과 관련된 통계 현황 • 120

1) 최초 성교육과 최초 성경험 • 120

2) 성에 대한 인식 변화 • 122

2. 토론 문제 • 123

3. 평가 준거 • 123

4. 소주제 설명 및 그림책 서평 • 126

1) 자기 몸의 이해를 다루는 그림책 • 127

2) 남자와 여자의 차이를 보여 주는 그림책 • 128

3) 생명의 탄생 과정을 제시하는 그림책 • 129

4) 사춘기와 성에 관한 태도를 다루는 그림책 • 130

5) 성과 에로스의 관계를 보여 주는 그림책 • 132

6) 성 관련 이슈들을 반영하는 그림책 • 134

제6장 노 화 • 137

1. 노화와 관련된 통계 현황 • 140

1) 세계 고령화 상황 • 140

2) 우리나라 고령화 상황 • 141

2. 토론 문제 • 144

3. 평가 준거 • 145

4. 소주제 설명 및 그림책 서평 • 148

1) 노인의 병과 죽음을 다룬 그림책 • 148

2) 노인의 지혜를 보여 주는 그림책 • 151

3) 노인의 취미와 재능을 담은 그림책 • 154

4) 삶을 즐기는 노인들이 주인공인 그림책 • 156

5) 노인의 이야기를 들려주는 그림책 • 158

제7장 죽 음 • 165

1. 죽음과 관련된 통계 현황 • 169

1) OECD 국가 기대수명 및 한국인 평균수명 • 169

2) 주요 사망원인별 사망률 • 170

3) OECD 국가별 아동안전사고 사망자 비율 및 청소년 사망 원인 • 172

2. 토론 문제 • 173

3. 평가 준거 • 174

4. 소주제 설명 및 그림책 서평 • 177

1) 죽음의 철학적 의미를 그린 그림책 • 177

2) 사랑하는 사람의 죽음을 다룬 그림책 • 180

3) 애완동물의 죽음을 다룬 그림책 • 182

4) 장례를 다룬 그림책 • 183

제8장 성역할 • 187

1. 성역할과 관련된 통계 현황 • 191

1) 성별과 경제활동 • 192

2) 성역할에 대한 인식 • 193

3) 성 평등 문화 • 195

2. 토론 문제 • 196

3. 평가 준거 • 196

4. 소주제 설명 및 그림책 서평 • 199

1) 사회에서의 성역할을 그린 그림책 • 199

2) 가정에서의 성역할을 그린 그림책 • 201

3) 의인화된 주인공이 등장하는 성 평등 그림책 • 203

4) 전래이야기에 대한 다른 해석 • 203

제9장 빈 곤 • 209

1. 빈곤과 관련된 통계 현황 • 212

1) 국내외 빈곤 현황 • 212

2) 아동빈곤 현황 • 214

3) 아동노동 현황 • 215

4) 노숙인 현황 • 216

2. 토론 문제 • 218

3. 평가 준거 • 218

4. 소주제 설명 및 그림책 서평 • 220

1) 빈곤가정을 다룬 그림책 • 221

2) 아동빈곤을 다룬 그림책 • 223

3) 아동노동을 다룬 그림책 • 225

4) 노숙인을 다룬 그림책 • 226

제10장 아동학대 • 231

1. 아동학대와 관련된 통계 현황 • 233
   1) 아동학대 신고율과 사망률 • 233
   2) 학대 행위자 • 234
   3) 아동학대 비율 • 235
2. 토론 문제 • 236
3. 평가 준거 • 237
4. 소주제 설명 및 그림책 서평 • 239
   1) 신체학대를 다룬 그림책 • 239
   2) 정서학대를 다룬 그림책 • 240
   3) 방임을 다룬 그림책 • 241
   4) 성학대를 다룬 그림책 • 241
   5) 학대 예방을 위한 그림책 • 242

제11장 장 애 • 247

1. 장애와 관련된 통계 현황 • 249
   1) 연도별 등록 장애인 • 249
   2) 장애인 차별에 대한 인식 • 250
   3) 장애인을 대하는 비장애인의 바람직한 시각이나 태도 • 251
   4) 장애인 관련 시설 설립에 대한 견해 • 252
2. 토론 문제 • 252
3. 평가 준거 • 253
4. 소주제 설명 및 그림책 서평 • 256
   1) 정신적 장애 • 256
   2) 신체적 장애 • 258

제12장 전 쟁 • 263

1. 전쟁과 관련된 통계 현황 • 266
   1) 2010, 2011, 2012년 세계 주요국 군사비 • 266
   2) 2013, 2014년 전 세계 국방예산 규모 • 267

2. 토론 문제 • 269

3. 평가 준거 • 270

4. 소주제 설명 및 그림책 서평 • 274
   1) 전지적 관점으로 바라본 전쟁 그림책 • 274
   2) 주인공이 경험하는 전쟁 그림책 • 278
   3) '나'의 관찰로 전개되는 전쟁 그림책 • 279
   4) 외부자의 관찰로 그려지는 전쟁 그림책 • 280
   5) 다수의 시점이 담긴 전쟁 그림책 • 281

[부록] 그림책 목록 • 285

찾아보기 • 315

서론

1. 어린이 문학과 우리 사회

우리는 왜 어린 자녀나 학생들이 책 읽기를 원하는가? 성공 지향적인 우리 사회에서 독서의 목적이 상급학교의 진학으로 변질되어 버린 지 오래이긴 하지만 여전히 우리는 책이 독자를 더 나은 삶, 더 나은 자아로 이끌어 준다는 확신을 가지고 있다. 책은 우리에게 언어와 스토리가 제공하는 재미를 제공하기도 하지만 주인공의 모습에서 나의 모습을 발견하게도 하며 시공간을 초월하여 사람들이 서로 연결되어 있다는 느낌이 들도록 해 준다. 더 나아가, 책은 우리에게 사회 구성원으로서 이웃을 향한 책무를 일깨우기도 한다. 이 사회의 변경에서 소외되고 부당하게 억압받는 자들에 대한 스토리는 우리의 공감 능력을 촉발시켜 도덕적 · 윤리적 각성을 일으키기도 한다.

이오덕(2014)은 한국 작가들의 창작 풍토를 지적하면서 이러한 문학의 기능을 강조한 바 있다. 그는 한국의 아동문학 작가들이 어린이가 처한 삶의 문제를 모른 체하고 순수한 아름다움이란 것을 추구하고 있다고 하면서 이를 '유치한 동심주의' 라고 신랄하게 비판하였다. 그는 우리 작가들이 아이들의 문제점을 다루지 못하고 있는 이유를 작가들이 이 시대의 문제와 치열하게 싸우지 않고 있기 때문이라고 말하였다. 그러한 작가는 자신에게도 줄 것이 없는 사람이다. 왜냐하면 어린이 문학이든 성인 문학이든, 문학은 이 시대와 문화 속에서 생겨나는 것이며 당연히 구성원에게 유익을 주어야 하는 것이기 때문이다.

그렇다면 우리 사회에서 살아가는 아동들에게 절실한 문제는 어떤 것인가? 얼마 전까지만 해도 아동이 겪는 어려움은 부모, 형제 등 가정 안의 일들이나 학령기에 들어서는 학교 안에서의 친구, 선생님과의 관계와 관련된 것들이었다. 그러나 지금의 우리 사회는 부모나 교사의 어린 시절과는 비교도 안 되게 다를 뿐 아니라 그 변화의 속도도 점점 더 빨라지고 있다. 우선 지금의 가족 구조를 들 수 있다. 최근 결혼 연령의 고령화와 출산율의 감소로 인해 한국 가정의 아이들은 대부분 외동이거나 기껏해야 두 명의 형제 관계 안에서 자라나고 있다. 외동인 경우 부모의 지나친 관심이 부담으로 작용할 수 있으며 형제 관계에서는 부모의 사랑과 관심을 독차지하였던 큰 아이에게 새로 태어나는 동생이 부모와의 애정 관계에서 경쟁 상대로 여겨질 수 있다. 또한 거의 전 연령대의 부부간에 이혼률이 증가하고 있으며, 아직 성장기에 있는 아동들의 부모 이혼률도 높아 가고 있다. 이제 우리 주위에서 한 부모 혹은 조부모와 살고 있는 아동을 보는 것은 어려운 일이 아니다. 더 나아가, 전체 아동의 10%가 속해 있는 다문화 가족과 빈곤 가정, 노인 인구의 급격한 증가로 인해 야기되는 문제들도 사회적 이슈가 된 지 오래다.

대중매체와 인터넷은 우리의 아동들에게 가정과 국가를 넘어 더 큰 세상의 소식을 전달한다. 전 세계 곳곳에서 벌어지고 있는 전쟁과 테러 소식은 거의 하루도 거르지 않고 대중매체의 뉴스란을 채우고 있다. 그런데 뉴스는 우리에게 실시간으로 지구촌의 소식을 전해 주기는 하지만 그것을 보여 주는 방식에는 문제점이 많다. 뉴스는 세상에서 일어나는 사실을 정확하게 보여 주는 창문과 같은 것이 아니기 때문이다. 대부분이 생각하는 것처럼 뉴스의 문제는 사실을 보여 주느냐의 여부에 있는 것이 아니며 심지어 그것의 편향성의 여부에 있는 것도 아니다. 우선 대중매체가 보여 주는 세상은 매우 제한적이다. 알랭 드 보통은 그의 책 『뉴스의 시대』(2014)에서 소위 뉴스의 편집자들이 행사하는, 사실의 선정 과정에서의 임의성을 다음과 같이 신랄하게 꼬집고 있다. "우리가 읽는 기사들은…… 전망 좋은 사무실에서 머핀과 커피를 앞에 놓고 골치 아픈 회의를 해 가며 그럴싸하게 기사 목록을 만들고자 분투하는, 보통은 다소 피곤에 절고 압박에 시달리는 편집자 집단에 의해 결정된 것이다."(p. 85)

또한 뉴스의 문제는 그것을 보여 주는 방식에서도 찾을 수 있다. 뉴스는 전달 과정에서의 시공간적인 제한과 이미지에 의한 소통 방식 때문에 사실을 의미 있는 방식으로 전달하지 못한다. 짧은 시간 동안 전달되는 정보들은 단편적이며 피상적일 수밖에 없다. 게다가 상업적 미디어의 오락 기능 때문에 사실의 보도는 심층 보도라기보다는 쇼와 같은 성격으로 변질되어 버린다. 사건의 전후 맥락을 잘라 버린 보도 자료를 보는 시청자들은 피해자가 받은 상처와 고통에 대해 깊이 생각할 겨를이 없다. 깊이가 없고 추상적이면서 단편적인 정보들이 가져오는 더 위험한 결과는 사람들이 피상적인 사고방식에 길들여진다는 것이다.

이러한 정보들은 지식이 될 수 없을 뿐 아니라 진리를 가리기도 한다. 다른 나라에서 벌어지고 있는 비극은, 가정에서 여가 시간에 뉴스를 통해 보고 있는 시청자의 눈에는 그것이 비극이라기보다는 또 하나의 사건이 되기 쉽다. 우리가 사건이 일어난 그 지역에서 사는 사람들의 일상적인 삶이 무엇인지 모른다면 비일상적인 그 사건들이 그 거주자들에게 얼마나 슬프고 비극적인지를 이해할 수 없을 것이다. 아동에게는 뉴스에서 10명의 민간인들이 테러로 죽어 가는 모습보다 자신의 애완견이 죽는 것이 훨씬 더 큰 무게로 다가올 것이다.

뉴스의 전달 방식과는 달리 문학은 스토리를 통해서 성인과 아동 독자들에게 지적 · 정서적 · 의지적 반응을 유발한다. 글로 쓰여진 문학은 세상의 그림을 그려 줄 뿐 아니라 그 세상을 보는 관점을 제공한다. 문학의 세계관은 크게 단조적인 것과 장조적인 것으로 나눌 수 있다. 단조적인 주제는 이 세상의 타락과 어두움을 보여 주는 것이다. 반면 장조적인 주제는 이 세상의 어두움에도 불구하고 그것이 극복될 수 있음을 보여 준다. 그것은 낭만주의적인 시각과는 다르다. 장조적인 주제는 낭만주의보다는 오히려 이상주의에 가깝다고 할 수 있다. 이상주의는 인간 본성의 변화 능력을 믿는 것이지만 낭만주의는 인간 본성의 변화 능력을 믿되 이 변화 과정이 쉽다고 생각하는 것이다.

좋은 작품은 장조적인 주제를 부각시키며 그 변화 과정을 개연성 있고 믿을 만하게 보여 줌으로써 독자에게 설득력을 갖는다. 훌륭한 문학은 삶의 의미와 방향성을 제시하여 우리로 하여금 어떤 것이 더 나은 삶인지를 생각하게 한다. 독서가 주는 경이감 중의 하나는 자신을 더 깊이 이해할 뿐 아니라 사람들이 서로 연결되어 있다는 느낌을 갖게 해 주는 것이다. 우리 시대에 무엇보다도 중요한 것은 이러한 공감능력의 확장이다. 아동들은 책을 통해 세상에서 일어나는 일들을 알아 가고, 주변 인물들을 이해할 뿐 아니라 자신에 대한 이해를 습득할 수 있다. 고통 속에 있는 사람들에 대한 이야기를 읽는 어린이들은 세상의 비극적인 사건들과 그 가운데서 살아가는 인물들의 고통을 구체적으로 경험하게 되며 그들에게 관심을 갖게 된다.

가정에서 이루어지는 문학교육의 유익에 대해 『라브리의 가정교육』(1990)의 저자 매콜리(Macaulay)는 다음과 같이 말하고 있다.

"아이들은 실제 생활에서 이미 죄와 실패, 잔인함, 그리고 문제점들을 충분하리만큼 가지고 있습니다. 아이에게 '좋은 책들'로 문학의 양식을 먹인다면, 아이는 온갖 종류의 삶들과 함께 '동감' 하는 것을 배우게 됩니다. 그는 자신이 옳다고 생각하는 바탕 위에서 일들을 생각하고 판단하게 될 것입니다. 문학이라는 형태에 의해서 제약을 받기는 하지만, 그는 죄와 낙망, 비극, 좌절 등의 다양한 경험들에 대해서 읽을 수 있게 됩니다. 우리가 분명히 최상의 문학 작품을 고르기 시작한다면, 아이로 하여금 우수하고 정말로 '좋은' 것을 사랑하도록 해 주게 될 것입니다. 아이는 책을 계속 읽어 나가면서 서로 토론해 볼 필요가 있는 괴로운 사건들이나 이야기들이 있다는 것을 발견할 것입니다. 문학은 아이들이 훗날 어른이 되어서 살아 보기 전에 인생이 어떠한 것인지를 미리 생각할 수 있도록 도와줍니다. "(pp. 179-180)

그러나 좋은 문학이 개인과 사회를 변화시킬 수 있다고 믿는 것은 너무 순진한 생각일 것이다. 지금 우리 사회에서는 더욱 그럴지 모른다. 우리 안에는 타인의 어려움과 고통에 노출되는 것을 꺼리는 마음이 있다. 내 자신의 문제를 해결하기도 벅찬 판에 타인의 짐, 그것도 나와 관련이 없는 사람들의 처지까지 염려하느라 에너지와 시간을 써야만 하는가 하는 회의적인 생각이 들 때도 있다. 그리고 무엇보다도 자신의 안전과 풍요를 우선 가치로 삼는 우리 사회는 개인의 행복을 극대화하는 것에 가치를 두고 있다. 누구나 행복한 삶을 살고 싶어 하고 그것이 우리에게 주어진 권리라고 여긴다. 이렇게 각자의 행복을 추구하는 세상에서 문학을 통해 타인의 고통과 어려움을 알고 이해하게 된다는 것은 어떤 의미가 있는 것일까? 그 대답은 '행복'의 정의를 무엇이라고 하느냐에 따라 다를 것이다. 만약 '행복'이 주변의 어려움에 눈을 감음으로써 개인의 안락한 삶을 추구하는 것을 의미하는 것이라면 그 답은 부정적일 것이다. 문학 작품 속의 소외되고 고통 받는 캐릭터에 감정이입하는 것은 우리의 행복감을 고취시키는 것과는 거리가 먼 것이기 때문이다.

그러나 우리를 자신만의 안락한 세상에 가둠으로써 행복이 얻어질 수 있다는 생각은 착각이다. 인간은 성장하고 성숙해 가면서 '행복한 삶'이란 혼자 누릴 수 있는 것이 아니라 이웃의 삶과 연결되어 있는 것임을 알게 된다. 세상에 대해서 많이 알면 알수록 타인과 촘촘히 연결되어 있는 연결망 속에서 자신을 발견하게 된다. 그리고 그들을 더 많이 알고 더 많이 사랑할 때 진정한 행복이 있음을 깨닫게 될 것이다. 이웃을 사랑한다는 것은 자신을 확장시키는 행위이며 의심할 나위 없이 문학 작품 읽기는 자신을 확장시키는 데 도움을 준다. 왜냐하면 누구의 어떤 이야기라도 우리 모두의 이야기가 될 수 있기 때문이다.

2. 그림책 읽기와 성인의 역할

그림책에 대한 일반적인 인식은 유아들에게 읽어 주는, 그림이 많고 글이 적은 책이라는 것이다. 그러나 그림책이라는 도서 안에는 여러 종류가 있다. 어린이들이 태어나서 처음 접하는 영아용 보드북이나 개념책이 있을 뿐 아니라 유아들의 자조기술을 돕는 책도 있다. 좀 더 자란 유아들은 형제와 부모, 친구관계, 학교에서의 이야기를 통해 어린이의 성장과정을 다룬 책을 읽게 된다. 이러한 도서들이 아직 '그림책'의 대부분을 점하고 있는 것은 사실이지만 최근 출판되고 있는 그림책은 점점 더 다양한 사회적 이슈로 그 주제의 변경을 넓히고 있다. 그리고 이러한 변화는 지금껏 '아동'으로 한정된 그림책 독자의 경계를 확장하는 데 기여하고 있다. 이미 상당수의 그림책이 초등학교 교과서에 실리고 있으며 청소년과 성인 독자들의 공감을 얻는 그림책들도 있다.

도서로서 그림책의 형태가 갖는 대표적인 특징은 대부분 24쪽이나 36쪽이라는 지면의 제한을 가지고 있다는 것이다. 그럼에도 불구하고 그림책이 완성도 있는 메시지를 전달할 수 있는 이유는 그림 언어 덕분이다. 그림책의 그림 언어는 글 언어와 결합하여 의미를 더욱 확장시키고 풍요롭게 할 수 있다. 가령 인물을 보여 줄 때에 그려진 인물은 글로 묘사되었을 때보다 그 인물의 외모와 성격에 대한 풍부한 묘사를 가능케 한다. 흔히 그림의 내용을 파악하는 것은 많은 시간을 필요로 하지 않으며, 글을 읽는 행위에는 이보다 훨씬 더 많은 시간이 필요하다고 생각한다. 우리는 은연중에 그림은 보는 순간 해석이 되는 반면, 짧은 문장이라 하더라도 글을 읽을 때는 해석하는 시간이 필요하다는 생각을 가지고 있다. 그러나 그림책의 그림은 보여지면서 읽혀지는 것이다. 글과 그림 언어 사이, 장면과 장면 사이, 그리고 화면과 화면 사이에서 의미가 발생하는 그림책의 매체적 특성은 글은 읽는 것이고 그림은 보는 것이라는 통념을 넘어 글과 그림 모두 읽는 언어가 되거나, 혹은 글은 보고 그림은 읽는 언어가 되는 언어의 융합을 보여 준다.

그런데 이 때문에 전통적인 글 중심의 책 읽기에 익숙한 교사나 부모들은 그림책의 그림 읽기에서 어려움을 호소하기도 한다. 그림 읽기의 어려움은 성인 독자의 읽기 태도에도 기인하지만 우리나라의 독특한 그림책 출판 역사와도 관련이 있다. 지난 1990년대 이후로 비약적인 발전을 이루어 온 우리나라의 그림책 시장에서는 국내 창작물보다는 외국 번역본이 훨씬 많은 비중을 차지하며 번역본에서도 통시적으로 200년 가까운 기간의 작품들을 아우른다. 서양에서 1800년대 중반 그림책의 황금기를 꽃피웠던 란돌프 칼데콧(Randolph caldecott)이나 케이트 그린어웨이(Kate Greenaway), 1900년대의 베아트릭스 포터(Beartrix Potter)와 같은 고전 그림책과 1980년대 한국의 그림책 시장을 연 일본 복음서 출판사의 그림책, 그리고 2000년대 이후의 영미권과 유럽의 유명 그림책들까지 다양한 작품들이 최근 20년이라는 짧은 기간 동안 번역, 출판되었다. 특히 외국의 칼데콧 메달이나 안데르센 상과 같이 유명한 그림책 상을 수상한 작품들은 번역의 우선 순위를 점한다. 워낙 다양한 작품들이 한꺼번에 출판되다 보니 자신의 어린 시절에 그림책을 읽지 못하고 자라난 지금의 부모와 교사 세대는 '좋은 그림책'이 무엇인지를 판단하는 데 애를 먹는다. 그래서 한 권의 그림책을 자세히 읽고 이해하고 평가하는 노력을 기울이는 대신 아동의 학습에 직접 도움이 될 만한 전집을 구입하는 편을 택하기도 한다.

서양의 가정에서는 'bed time storybook reading'이라는 용어가 있을 정도로 침대맡에서의 그림책 읽기는 학습 활동이 아니라 일종의 일상에 속했다. 조부모 세대에서 부모 세대로, 그리고 자녀 세대로 세대를 이어 가며 그림책들이 읽혀졌던 것이다. 그러한 가운데 서양의 어린이들은 어릴 때부터 그림책의 그림 이미지를 즐기면서 자라날 수 있었다. 『나니아 연대기』로 인해 아동문학가로도 유명한 C. S. 루이스(Lewis, 2002)는 다음과 같이 어렸을 때의 그림책 읽기를 회상하고 있다.

> "베아트릭스 포터의 이야기에 그려진 삽화들을 보는 것이 어린 시절의 기쁨이었다. …… 베아트릭스 포터의 접시에 비친 내 얼굴을 이제 응시해 본다. 그의 그림은 위트가 있고 색채 또한 순수하다. …… 나는 베아트릭스 포터의 삽화를 의인화된 동물이라는 생각에 매료된 그 시절에 좋아했다. 아마도 대부분의 어린 아이들보다 훨씬 더 의인화된 동물에 매혹되었던 모양이다."(pp. 23-24)

그림책의 그림을 읽기 위해 어떤 전문적인 지식이 필요한 것은 아니다. 가장 좋은 방법은, 첫째, 그림책을 자세히 깊이 있게 보려고 노력하는 것이며,

둘째, 좋은 작품에 대한 충분한 경험을 쌓는 것이라고 할 수 있다. 듣고 보는 데 있어서 습관처럼 되어 버린 우리의 피상성을 탈피하려는 노력과 더불어 재미와 기발함, 혹은 화려함이라는 겉모습에 현혹되지 않는 안목이 필요하다. 외국의 그림책 상을 수상했다고 그것이 곧 어린이에게 좋은 작품이라고 볼 수는 없다. 외국의 그림책 상은 그림의 예술성과 새로운 언어에 우선순위를 두는 경향이 있으므로 그것이 곧 그대로 '좋은 그림책' 임을 보장하는 것이라고 보기 힘들다. 새로운 것이 항상 좋은 것은 아니라는 진리는 어린이에게 읽어 줄 그림책을 고를 때에도 진리가 될 수 있다. 좋은 작품을 가려낼 수 있는 안목은 단기간에 얻어질 수 있는 것은 아니다. 부모나 교사 자신이 그림책을 자세히 읽고 좋은 작품을 많이 보는 것이 중요하며 더 나아가 그림책을 같이 읽는 모임을 만들어서 서로 토론해 보는 기회를 갖는 것도 유익할 것이다.

매체로서 그림책의 또 다른 특징은 어린이와 성인 둘 사이의 협력관계를 형성할 수 있는 고유한 기회를 제공한다는 것이다(Nikolajeva & Scott, 2001). 그림책은 의사소통에 있어서 성인과 아동 둘 다에게 글보다 더 평등한 지위를 부여한다. 타성에 젖지 않은 어린이들의 '그림 읽기'는 때로는 성인보다 더 세심하여서 성인이 지나친 부분에서 의미를 발견하기도 한다. 주로 글에서 의미를 찾으려 하는 성인의 읽기 습관으로부터 자유로운 어린이들의 눈은 오히려 그림책 읽기에서 성인의 동역자의 역할을 할 수 있다.

마지막으로, 성인과 어린이의 책읽기 상황의 가치는 무엇보다도 '환대(hospitality)'와 가장 큰 관련이 있다. 나그네와 손님을 잘 대접한다는 의미의 이 단어는 오래전부터 인간 사회에서 가장 중요한 덕목 중 하나였다. 헨리 나웬(Henri Nowwen, 2007: 95-96)은 현대 사회에서 환대가 이루어지는 세 가지 관계를 부모와 자녀의 관계, 선생과 학생의 관계, 전문직 종사자와 그들이 대하는 사람들과의 관계로 정리하였다. 환대가 이루어지는 가정과 교실에서 아동들은 두려움 없이 질문을 던질 수 있으며 비난받거나 거부당하는 위험을 감수하지 않고서도 대화에 참여할 수 있다. 성인과 함께 그림책을 읽는 아동들은 성인과의 정서적 교감을 통해 인격적 환대를 경험할 수 있다. 생의 초기에 경험했던 그 환대의 정신은 어린이들이 자라면서 점차 이 사회에서 어려움과 고통과 비극을 접할 때에도 이 세상을 살아갈 수 있는 용기와 힘을 키워나갈 수 있는 토대가 될 것이다.

참고문헌

이오덕(2014). 이오덕 말꽃모음. 서울: 도서출판 단비.

de Botton, A. (2014). *The News: A User's Manual*. London: hamish hamilton, 최민우 역(2014). 뉴스의 시대. 서울 : 문학동네.

Lewis, C. S. (2002). *An Experiment in Criticism*. U. K.: Cambridge University Press. 허종 역(2002). 문학비평에서의 실험. 서울: 동문선.

Macaulay, S. S. (1984). *For the Children's Sake: Foundation of Education for Home and School*. London: crossway. 박경옥 역(1989). 라브리의 가정 교육. 서울: 한국로고스연구원.

Nikolajeva, M., & Scott, C. (2001). *How Picturebooks Work*. New York: Garland.

Nowwen, H. (1986). *The Three Movements of the Spiritual Life*. ohio: St. Anthony Messenger Press and Franciscan. 이상미 역(2007). 영적 발돋음. 서울: 두란노.

제1장 형 제

형제(Sibling)는 태어나서 가장 처음 만나는 또래로 이해할 수 있으며 자의로 맺는 여타 친구 관계와는 달리 혈연적으로 주어진 관계라고 할 수 있다. 이러한 형제 관계는 대개 그 누구보다도 친밀하고 협력 관계의 양상을 띠지만 때로는 서로 갈등하는 관계가 될 수도 있다. 인생 전체를 통틀어 형제는 부모, 배우자와 자녀보다도 더 오랜 기간을 함께 보내는 존재로서 아동기에서부터 노년기에 걸쳐 광범위한 영향을 미친다고 볼 수 있다. 국립국어원의 『표준국어대사전』에 의하면 형제란 단순히 형과 아우를 이르는 말을 넘어 형제, 자매, 남매 이 모든 관계를 통틀어 부모에 의해 혈연으로 맺어진 관계를 의미한다.[1] 법에서는 형제란 부모를 모두 같이하거나, 부 또는 모 일방만을 같이하는 자연적인 혈족 관계를 의미하나 이외에도 법률상의 혈족인 양자 관계, 친양자 관계를 포함하는 것이라고 규정하고 있다.[2]

형제는 같은 부모라는 동일 환경 속에서 일생 동안 서로서로 영향을 주고 받으며 사회화된다. 이 과정 속에 형제는 각자의 사회적 위계질서를 최초로 갖게 되고 이 질서 체계 안에서의 형제 간 상호작용은 이후의 새로운 타자와의 만남과 관계를 형성하는 중요한 전형으로서 작용하게 된다. 이처럼 형제 관계는 사회에서 타인과 관계를 맺을 때 매우 중요한 영향을 미치는 요소 중 하나다.[3] 이 외에도 형제는 운동 및 언어, 성격, 학습, 도덕성 등의 발달 전반에 걸쳐 서로에게 영향을 미친다. 다시 말하면, 아동에게 있어 형제는 최초로 겪는 사회로 말하자면 친구이자 동료요, 선생님이자 학생이며, 보호자이자 피보호자임과 동시에 경쟁자이자 협력자이기 때문이다. 박지윤(2008)의 연구에 의하면, 형제를 가진 아동들이 외동아보다 또래 유능성이 높으며 그중 첫째 아이가 둘째 아이 이하의 형제보다 높은 또래 유능성을 보였다고 한다.[4] 퍼너, 루프만, 그리고 리캄(Perner, Ruffman, & Leekam, 1994)의 연구에서도 형제아가 외동아에 비해 '틀린 믿음 과제(false belief test)'에서 더 높은 성공률을 보여 주었다고 보고하였다.[5]

그러나 형제 관계 역시 아동에게 부정적인 영향을 미칠 때도 있다. 수많은 형제 갈등 중에서도 아동에게 가장 큰 스트레스로 작용하는 것은 바로 동생의 출생이다. 그동안 부모로부터의 사랑과 관심을 독차지하였던 아동은 동생의 출생으로 인하여 자신을 향한 부모의 사랑과 관심을 빼앗긴다고 인식하여 동생을 원망하며 미워하기도 한다. 심지어는 동생으로 인하여 잃은 사랑과 소속감의 결핍 때문에 손가락을 빨거나 아무 데나 배변활동을 하는 등의 퇴행행동을 보이기도 한다.[6] 이때 동생의 출생을 인정한다고 해서 형제 갈등이 해결되는 것도 아니다. 형제는 같은 부모, 공간, 자원을 나누는 독특한 관계에 있기 때문에 성장하는 내내 서로 크고 작은 갈등 가운데 살아간다.[7] 부모의 차별대우, 반응, 가치관 등이 이러한 형제 간 갈등을 유발하는 경우도 있지만 형제의 성, 취향, 성격 등 각자의 이질적 특성 그 자체에서 야기되는 갈등도 있으며 나아가 가족의 전반적인 분위기, 사회의 시선 및 가치관에 의해서 일어나는 형제 갈등 등 그 이유는 매우 다양하다. 역기능적 형제 갈등으로 인하여 발생하는 사회 문제로는 아동의 자존감 상실과 우울, 대인관계에 대한 불안감과 적대심 등을 예로 들 수 있다.[8)]

하지만 갈등이란 인간 관계에서 발생하는 정상적인 상호작용의 하나이며 그 해결 과정을 통하여 중요한 사회적 기술을 학습하는 기회를 제공하기도 한다.[9)] 전귀연, 임주영(2006)은 형제 갈등으로 습득할 수 있는 것을 크게 세 가지로 정리하였다.[10)] 첫째, 개별화다. 아동은 형제, 즉 타인과 자신이 서로 다른 존재임을 인식하며 그 과정 안에서 개인의 자아 발달 및 정체성을 확립할 수 있다고 말한다. 둘째, 아동은 형제 갈등을 해결하는 과정에서 협상, 타협, 문제해결과 같이 타인의 의견을 수용하는 건설적인 갈등 전략을 학습할 수 있다. 셋째, 아동은 사회에서 만날 수 있는 대인 관계의 갈등에 대한 대처법과 해결방법을 미리 학습할 수 있는 기회를 접함으로써 긍정적인 사회 관계를 맺는 데 도움을 받는다.

이처럼 형제 관계가 아동의 발달과 사회성에 매우 중요한 영향을 미치기 때문에 형제를 변인으로 한 국내외 연구도 많이 이루어지고 있다. 특히 근래에 들어 맞벌이 부모의 수는 증가하고 출생률은 감소함에 따라 형제 수가 줄어들어 특정 형제와의 접촉이 증가할 수밖에 없으며 외동 자녀 가정과 쌍둥이 형제 가정의 증가 등으로 형제 관계의 질과 양상이 변화함으로써 이 또한 새로운 사회적 이슈로 등장하고 있다. 이러한 점에서 형제 관계를 변인으로 한 많은 연구가 아동학, 가족학뿐만 아니라 다양한 분야에서 이루어지고 있다. 송영주(2010), 박미진, 김광웅(2002) 등은 유아 및 아동의 마음 이해와 갈등에 대한 대처 방안을 알아보기 위해 형제를 변인으로 연구하였다.[11)] [12)] 또한 김재우, 손경환(2009)의 연구나 우수경(2009)의 연구와 같이 형제 순위 및 형제의 구성에 따른 아동의 기질 혹은 특성에 대한 연구,[13)] [14)] 김송주 외(2014)의 연구처럼 장애우 형제의 유무에 따른 아동의 특성을 연구한 것도 있다.[15)]

그림책은 아동이 가장 많이 접하는 아동문학 작품으로써 아동은 그림책을 읽으며 간접체험을 통해 긍정적으로 사회성을 발달시킬 수 있다.[16] 서정숙, 이주영(2009)의 연구에서는 동생의 출생으로 정서적 위기상황에 처한 만 2세 영아들을 대상으로 그림책을 활용한 문학 활동을 실시하였고 그 결과로서 처치를 받은 영아들은 동생에 대한 회피행동이 줄어들었고, 동생의 놀이에 참여하면서 공감하는 모습을 보였다고 밝혔다.[17] 이처럼 그림책은 아동들에게 동생이라는 존재를 이해할 수 있게 하고 형제 갈등을 사실적으로 보여 주면서 이를 해결하는 방법을 가르칠 수 있다. 그림책은 아동의 생활과 밀접한 주제를 많이 다루기 때문에 형제 관계를 주제로 한 그림책 역시 국내외 그림책의 구별 없이 시중에서 쉽게 구하고 접할 수 있다. 이 장에서는 국내에서 창작되거나 번역된 그림책 중 형제 관계를 주요 주제로 다루고 있는 그림책을 일부 소개하고자 한다.

1. 형제와 관련된 통계 현황

1) 성에 따른 자녀 수 분포

2005년 통계청에서 발표한 자녀 성별에 따른 분포는 <표 1-1>과 같다. 통계 자료에 따르면 형제 관계 구성 중 남매가 60.1%로 가장 많고 형제가 15.6%, 외동 자녀는 16.1%, 자매가 8.3%의 분포를 보였다. 하지만 2005년 이후로 자녀의 성별에 따른 분포 조사는 이루어지지 않았다. 여성가족부에서 주관한 이상적인 자녀 수에 대한 2010년의 조사 결과에 따르면, 70대 이상의 노인들을 제외하고 남녀노소 대부분이 '두 명의 자녀가 있는 가정이 가장 이상적'이라고 응답하였다.

〈표 1-1〉 성에 따른 자녀 수 분포

(단위: %)

2005년		딸							
		0명	1명	2명	3명	4명	5명	6명	7명
아들	0명	0	6.3	5.9	1.7	0.4	0.2	0.1	0
	1명	9.8	20.6	7.4	2.7	1.5	0.6	0.4	0
	2명	12.4	6.7	5.3	2.9	1.6	0.2	0.2	0
	3명	2.7	2.7	2.6	1	0.3	0.1	0	0
	4명	0.4	0.7	0.9	0.4	0.3	0	0	0
	5명	0.1	0.3	0.2	0.2	0	0	0	0
	6명	0	0.1	0.1	0	0	0	0	0
	7명	0	0	0.1	0	0	0	0	0

출처: 통계청(2014).

2) 출산율 추계

우리나라의 출산율은 1960년대부터 계속 감소하는 추세를 보이는데 2000년대에 들어서면서 한 자녀 출산으로 들어섰다. 2010년부터 출산율이 다시 증가하기는 하였지만 여전히 초저출산국가에 해당된다. 통계청은 이러한 현상이 2040년대 이후로도 계속될 것으로 예측하였다. 2000년도에는 한 자녀 가구가 서울, 대구와 같이 주요 도시에 주로 존재하였지만 2007년 이후로는 전국적으로 확산되었다. 둘째 아이 이상 출생아 수는 2010년에 들어서면서 30만 명 이하로 줄어들었다. 2010년 통계청 보고서 '소득 및 자산규모에 따른 차별 출산력 분석'에 따르면 2003~2009년 사이 소득이 낮은 2분위 가구에서 무자녀나 한 자녀 비율은 증가한 반면, 두 자녀 비율은 2003년 56.9%에서 2009년 49.6%로 감소했다. 한편, 소득이 높은 5분위 가구의 두 자녀 비율은 큰 변화가 없었다. 이처럼 전반적인 출산율이 저하되는 원인으로는 자녀 양육의 어려움이 가장 컸으며 자녀 양육의 어려움의 원인으로는 경제적 부담이 가장 크고 학업 및 진로 문제가 그다음을 이루었다.

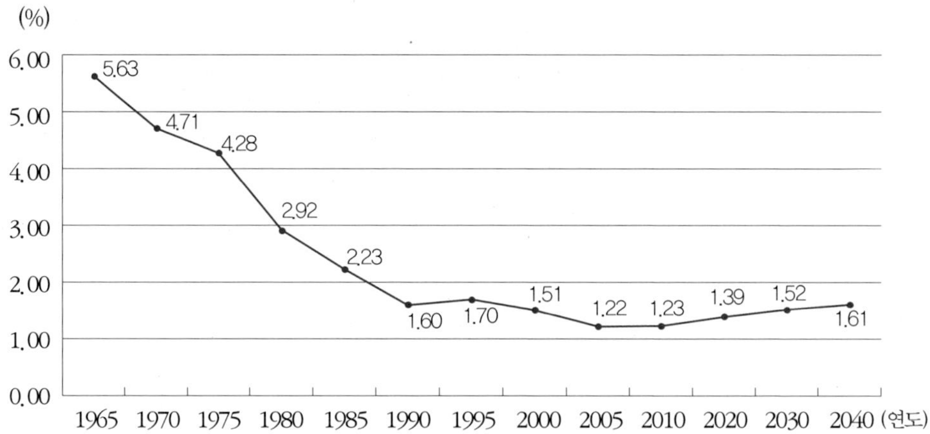

[그림 1-1] 출산율 추계

출처: 통계청(2014).

이와 같이 전체 출산율은 점차 감소하고 있는 반면, 쌍둥이 출생률은 증가하고 있다. 2009년부터 쌍둥이 출생 건은 점차 상승하는 모습을 보였고 2012년에 들어서는 전체 출생아 중 쌍둥이 비율이 3%를 넘어서기도 했다. 『시사IN』의 자료에 따르면 [그림 1-2]와 같이 '둘째 아이 이상 출생아 수', 즉 세 명 이상의 출생아 수는 1981년부터 2013년까지 꾸준히 감소 추세를 볼 수 있다.

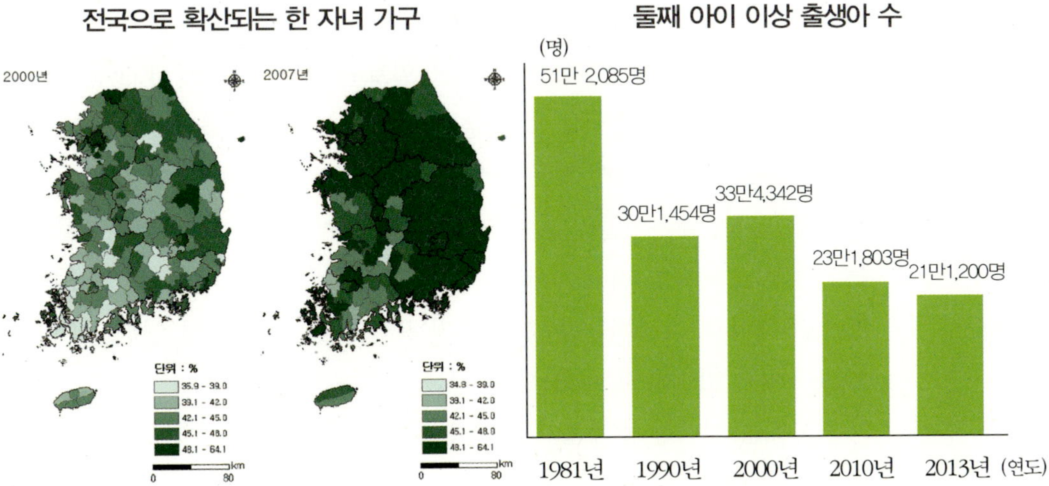

[그림 1-2] 한 자녀 가구 증가와 둘째 아이 이상 출생아 수

출처: 시사N(2014).

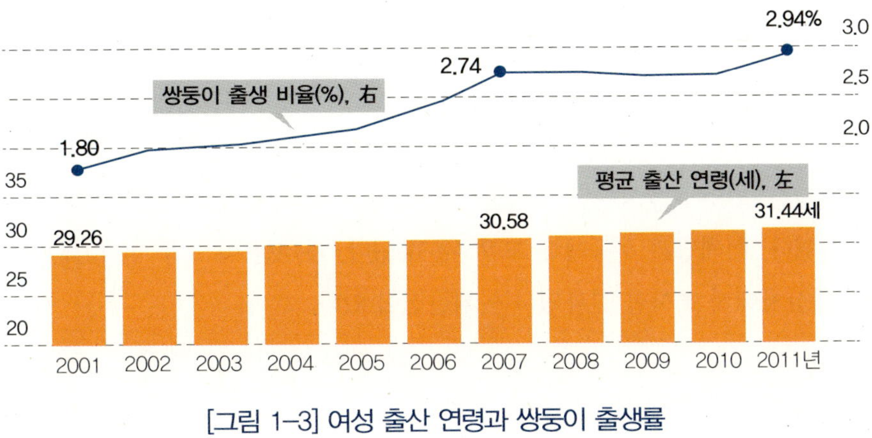

[그림 1-3] 여성 출산 연령과 쌍둥이 출생률

출처: 조선일보(2012).

통계청의 자료를 바탕으로 한 『조선일보』의 기사는 여성의 출산 연령이 높아질수록 쌍둥이 출생률 또한 높아지고 있다는 사실을 보여 주고 있다. 2011년 현재 쌍둥이 출생 평균 출산 연령은 31.44세로 나타났다. 쌍둥이 출생률은 우리나라 젊은이들의 혼인 연령이 높아지는 것과 함께 정비례로 증가하는 추세다. 통계청 자료에서 우리나라 여성이 결혼하는 나이는 2001년 26.78세에서 2011년에는 29.14세까지 올라갔다. 평균 출산 연령도 2001년 29.26세에서 2011년 31.44세로 2.18세 높아졌다.

의학계는 이러한 추세를 자연 임신이 어려운 고령 여성이 많아져 불임치료 시술 등을 받으면서 자연스레 쌍둥이 출생률도 높아졌다고 설명한다. 쌍둥이 증가는 의료 기술이 발달하고 만혼 추세를 보이는 미국 등 선진국에서도 공통적인 현상이다.

3) 형제 관계에 대한 만족도

2012년에 통계청에서 행해진 자녀들의 형제자매와의 관계 만족도 조사에서는 만족한다는 답변이 가장 많았다. 같은 해에 여성가족부에서도 '나는 형제자매와 사이좋게 지낸다.'는 주제로 설문 조사를 실시한 결과, 보통 이상의 긍정적인 답변이 약 56%를 차지하였다. 반면, 부정적인 답변은 약 1.7%을 차지하였다. 비해당과 무응답은 모두 42.5%였다. 하지만 이 모두 만 12세 이상의 대상자에게 조사한 결과였다는 제한점이 있다.

〈표 1-2〉 형제자매와의 관계 만족도

구분	2012년
	전체
매우 만족	6.03
만족	33.72
약간 만족	8.07
보통	7.93
약간 불만족	0.83
불만족	0.74
매우 불만족	0.17
비해당(자녀가 없거나 1명인 경우)	37.09
모름 / 무응답	5.41

출처: 통계청(2014).

2. 토론 문제

- 당신은 형제의 존재에 대해서 어떻게 생각하고 있습니까? 형제에 관한 기억에는 어떠한 것이 있습니까?
- 당신이 형제와 의견 차이가 발생하였을 때는 그 문제를 어떻게 해결했습니까? 그리고 어떻게 해결하는 것이 가장 좋은 방법인 것 같습니까?
- 형제 관계에 의하여 형과 언니 같은 손위 형제와 동생, 즉 손아래 형제

로 형제의 위치가 발생합니다. 당신은 손위 형제와 손아래 형제의 위치에 따른 책임과 역할이 존재한다고 생각합니까?

- 당신은 형제 갈등에 있어 부모의 개입이 필요하다고 생각합니까? 그렇다면 부모의 개입은 어떻게 이루어져야 적절하다고 생각합니까?
- 당신은 외동 아동과 쌍둥이 형제들도 문학 활동을 통해 형제 갈등에 공감할 수 있다고 생각합니까?
- 당신은 형제 갈등을 다룬 그림책이 아동들에게 갈등의 원인에 대한 지식을 전달하고 문제를 이해하게 하며 해결 방안을 습득하도록 돕는다고 생각합니까? 그렇다면 형제 그림책에서 어떤 이야기를 다루는 것이 적절하다고 생각합니까?
- 당신은 형제 관계의 갈등을 해결하는 방법에 대한 교육이 필요하다고 생각합니까? 그렇다면 그 교육은 어디서 누가 실시하는 것이 더 효과적이라고 생각합니까?

3. 평가 준거

- 형제 갈등에 대하여 생각할 시간을 많이 허용함으로써 문제에 대한 대답이 단 하나만으로는 불충분함을 알려 주는 것이 좋다.[18] 이는 다양한 방식의 사고와 경험이 갈등을 해결하는 데 도움이 되기 때문이다. 아이는 형제 관계에서 발생하는 갈등과 그것의 해결과정을 경험하면서 후에 새로운 유형의 갈등에 대한 대책을 마련할 수 있다. 이 과정은 형제 관계 속 갈등뿐만 아니라 사회 속에서 타인과 발생하는 갈등을 예방하고 해결하는 데에도 큰 도움이 된다. 따라서 그림책은 갈등에 대한 해결방법이 다양함을 제시하고 아이들 스스로가 그 문제에 대해서 깊게

생각할 수 있도록 도와줄 수 있는 내용을 제공해야 한다.

- 부모의 행동이 작품 속 형제들의 상호작용에 영향을 미치는 중요한 요소다. 따라서 부모는 인간적으로 그려지고 책임감 있게 비춰져야 하며, 그들의 특정 태도에 대한 정확한 이유가 나타나야 한다. 양혜영(2001)은 어머니가 형제에게 서로 다른 애정을 주는 것이 아이의 불안, 걱정, 우울과 관련이 있다고 하였다.[19] 또한 어머니가 형제를 향해 서로 다른 행동을 한 가정의 아이는 불복종하기, 타인 괴롭히기, 말다툼하기, 과잉 행동하기 등의 반사회적 행동을 보였다고 한다. 하지만 각 자녀에 대한 부모의 행동은 각 자녀의 연령과 발달 상태, 기질 및 특성에 따라서 다를 수밖에 없다. 따라서 문학 속에서 부모가 각 형제들에게 다른 행동을 보일 때는 아이들에게 왜 그런 행동을 했는지에 대한 이유가 자세히 나타나야 한다. 더불어 부모의 사랑의 본질이 형제 모두에 있어 서로 다르지 않음을 표현하여 신뢰를 줄 수 있는 내용으로 구성되어야 한다.
- 각 캐릭터들의 역할은 현실적인(realistic) 패턴을 반영하면서 선입견을 주지 않도록 해야 한다. 손위 형제가 무조건 보호자이자 책임 있는 존재로 그려지고, 손아래 형제는 보호받아야 할 대상으로만 그려지는 것은 형제관계에 대한 선입견을 심어 주며 형제 갈등 해결에도 긍정적인 영향을 미치지 못할 것이기 때문이다.
- 일러스트레이션은 인종, 지리적 환경, 경제적 환경 등 다양한 상황에 처한 형제들을 담아야 한다. 그림책은 글과 그림 언어로 이루어진 문학 작품이기 때문에 이야기를 이해하는 데 글뿐만 아니라 그림, 일러스트레이션의 역할도 매우 중요하다. 획일화된 표현은 자칫 아이에게 선입견을 심어 줄 수 있기 때문에 다양한 환경에 살아가는 다양한 모습의 사람들을 재현하는 것이 매우 중요하다. 에즈라 잭 키츠(Ezra Jack Keats)

의 『피터의 의자 *Peter's Chair*』(1967)는 동생이 태어난 혼란스러움을 흑인 가정의 이야기로 풀어 나가고 있다. 패트리샤 폴라코(Patricia Polacco)의 『빨간 머리 우리 오빠 *My Rotten Redheaded Older Brother*』(1994) 역시 유럽권에서 고집이 세고 다혈질이라는 선입견으로 차별받고 있는 빨간 머리를 주인공으로 삼아 일반 가정의 형제들과 다를 바 없는 평범한 모습으로 묘사하고 있다는 점에서 긍정적으로 평가된다.

• 형제의 갈등이 비정상적으로 종결되어서는 안 된다. 이유 없이 갑작스러운 마법으로 사이가 좋아졌다거나 부모의 해결방법을 무조건적으로 받아들이는 등의 내용은 형제 관계에 대한 바람직한 해석을 유도하거나 그들 간의 상호작용을 발전시키는 데 도움이 될 수 없다. 제니 데스몬드(Jenni Desmond)의 『동생만 예뻐해! *Eric, The Boy Who loses His gravity*』(2014)의 경우, 어린 동생의 편만 들어 주는 부모의 태도에 화가 난 에릭이 홧김에 하늘을 날게 되고, 그러다 어느 순간 하늘을 나는 힘을 잃고 나무 위로 떨어지게 되는데 이를 발견한 부모가 에릭을 구해 주게 된다. 이를 계기로 부모에 대한 에릭의 화는 사라지는데, 동생과의 갈등 관계에서도 이와 유사한 마무리를 가진다. 이 경우 동생의 편만 들어 주는 부모의 태도에 화가 난 아이의 마음을 부모의 언행이 아닌 하늘을 나는 마법이 풀어 준 셈이 된다. 뿐만 아니라 이 책은 아이가 위기에서 구출되자마자 부모를 용서하는 급작스러운 전개를 보인다. 이와 같이 아이가 화를 풀고 동생을 받아들이는 과정에서 부모의 올바른 개입이 아닌

마법에 의존하고 있다는 점과 그 갈등이 해결되는 과정이 자연스럽지 못하다는 점이 이 책의 아쉬움으로 남는다.

4. 소주제 설명 및 그림책 서평

형제 그림책은 형제 관계의 위치와 그로 인해 발생하는 갈등의 종류에 따라 동생의 출생을 다룬 그림책, 형의 위치에서 바라본 동생을 다룬 그림책, 동생의 위치에서 바라본 형을 다룬 그림책과 기타 형제 관계에서 발생하는 갈등을 다룬 그림책으로 나눌 수 있다.

1) 동생의 출생을 다룬 그림책

동생의 출생을 다룬 그림책은 부모의 사랑을 독차지하던 아이가 동생이라는 낯선 존재를 만나면서 겪게 되는 갈등을 다룬 그림책이다. 아이의 갈등은 어머니의 임신 기간 동안, 즉 동생의 출생을 기다리면서부터 시작된다. 동생이라는 존재를 인식하기 시작하면서 아이는 동생은 누구이며 자신과 어떻게 지낼지에 대해 기대를 하기도 하지만 동시에 부모의 사랑을 받는 대상이 자기만이 아니라는 것을 깨닫게 되면서 동생이라는 존재를 거부하기도 한다.

『동생이 태어날 거야 *There's Going to Be a Baby*』(2010)는 세계적인 그림책 작가 존 버닝햄(John Burningham)과 헬린 옥슨버리(Helen Oxenbury) 부부의 첫 번째 공동 작품으로 태어날 동생에 대한 아이의 설렘과 질투심을 그린 그림책이다. 아이는 엄마와 함께 태어날 동생을 기다리며 어떤 동생이 태어날지에 대해 여러 가지 상상을 한다. 결국 동생을 받아들이고 동생을 사랑해 줄 거라고 말하는 아이의 따스한 마음은 많은 독자들에게 감동과 공감을 준다.

이 그림책의 이야기는 엄마와 아이가 이야기를 나누는 현실 장면과 아이가 상상하는 동생의 모습을 다룬 판타지 장면이 서로 교차되며 진행된다. 현실과 상상을 오가는 도중, 아이는 동생에 대해 기대하기도 하고 동생에게 부모의 사랑을 빼앗길지도 모른다는 불안한 심리를 드러내기도 한다. 또 이 그림책은 약 열 달의 기간, 즉 동생이 태어날 시기가 다가오고 있다는 것을 엄마의 배부름과 함께 계절의 변화과정을 통해 그림 속에 자연스럽게 담아내어 아이의 시간 변화에 따른 심경 변화를 상세하게 묘사하고 있다.

『달라질 거야 *Changes*』(1990)는 영국의 대표 그림책 작가 앤서니 브라운(Anthony Browne)의 작품으로, 동생이 태어나는 낯선 상황 속에서 정서적 혼란을 겪고 있는 아이의 심리가 초현실주의풍의 그림으로 표현되는 독특한 형식의 그림책이다. 아버지는 "이제 달라질 거야."라고 말하고는 어머니를 마중하러 나가고 집에 혼자 있게 된 조셉은 주변의 사물이 이전과는 다르게 보이는 것을 깨닫는다. 주전자에는 고양이 귀와 다리, 꼬리가 달리고 슬리퍼에는 날개가 달려 있으며 소파는 악어로 변해 버린다. 아버지의 마지막 말이 이러한 달라짐을 의미한 것인지 아닌지 아이는 혼란스러워 하며 처음으로 마주한 낯선 세계에 대해 불안해한다. 특히 이 그림책은 아이의 복잡한 심리를 초현실주의풍의 그림으로 표현하여 이를 통해 독자들이 아이가 얼마나 불안해하고 있는지를 공감할 수 있도록 한다. 이야기의 후반부에서 마침내 아이는 아버지의 "이제 달라질 거야."라는 말이 동생의 출생을 의미한다는 것을 깨달으며 동생을 안아 준다.

신희진의 『동생이 '뚝' 태어났어』(2008)는 국내 창작 그림책으로, 표지를 통

해 예측할 수 있듯, 동생을 먼 우주에서 뚝 떨어진 것처럼 여기는 한 아이의 이야기를 담았다. 그림책의 주인공은 동생이 자신에게 허락도 받지 않고 태어났으며 그런 동생 때문에 아무도 자신에게 관심을 가져 주지 않는다고 생각한다. 아이는 동생이 언제나 자기 멋대로 하는데도 모두들 동생의 편이라 생각하기 때문에 장난감과 강아지하고만 놀기로 결심한다. 그 후로 많은 시간이 흐른 뒤 아이는 힘센 골목대장과 싸우게 되는데, 이때 동생이 형의 편을 들어 주면서 골목대장을 이기게 된다. 그 사건 이후 아이는 처음으로 동생에게 어깨동무를 해 주며 동생의 존재를 받아들이고 동생을 좋아하게 된다. 이 그림책은 아이의 복잡한 심리가 표정을 통해 잘 묘사되어 있고 동생의 장점을 아이의 시점으로 표현하여 동생의 존재를 긍정적으로 받아들이도록 도와준다.

2) 형의 입장에서 동생의 의미를 다룬 그림책

형은 동생의 놀이 친구이자 교사이고 보호자이자 롤모델인 동시에 최고의 경쟁자다. 형이 된 아이는 단지 먼저 태어났다는 이유로 형으로서의 책임감을 부여받고 온전히 자신만의 것이었던 부모를 동생과 함께 나눠 가져야 한다. 그런 형에게 있어 동생은 자신의 것을 빼앗아 가는 존재이며 귀찮게 하는 걸림돌이다. 하지만 그런 동생과 함께 지내다 보면 좋은 점도 있기 때문에 끝내는 미워할 수 없는 것이 형의 마음이다.

임정자 글, 김영수 그림의 『내 동생 싸게 팔아요』(2006)는 말썽꾸러기 동생을 시장에 팔러 가는 '짱짱이'의 이야기를 그린 그림책이다. 하지만 장난감가게 언니도, 꽃집 할아버지도, 빵집 아줌마도 동생이 필요 없다고 한다. 친구 순이도 동생은 "거저 줘도 싫다."고 한다. 그 말에 오기가 생긴 짱짱이는 동생의 장점에 대해서 나열한다. 짱짱이의 말을 듣고 순이가 동생을 데려가려 하자 짱짱이는 동생을 주기가 아까워진다. 즉, 짱짱이는 동생에 대해 곰곰이 생각할 기회를 통해 동생의 장점을 발견함으로써 동생과의 갈등을 해결한다. 동생을 팔러 갔던 길을 그대로 되돌아오며 "어휴, 산다고 할까 봐 조마조마했네."라고 말하는 짱짱이의 말을 통해 동생이 팔아 버리고 싶을 정도로 얄밉다가도, 사랑스럽게 느껴지는 누나의 마음을 알 수 있다. 이 그림책은 전반부와 후반부가 마치 좌우반전처럼 전개되는 구성에 익살맞은 그림이 곁들여져 누나와 동생 간의 갈등을 더욱 재미나게 보여 주고 있다. 특히 그림책의 마지막 반전 장면은 이야기의 재미를 극대화시킨다.

쓰쓰이 요리코(筒井 頼子) 글, 하야시 아키코(林 明子) 그림의 『순이와 어린 동생 *あさえとちいさいいもうと*』(1982)은 엄마가 외출을 한 사이 동생을 돌보는 언니의 이야기를 다룬 그림책이다. 순이는 동생과 놀아 주다가 한눈을 판 사이에 그만 동생을 잃어버리고 만다. 그때부터 순이는 주변의 모든 소리들이 다 동생과 관련된 것 같고 동생에게 무슨 일이라도 생겼을 것 같아 필사적으로 동생을 찾아다닌다. 이때 동생을 찾는 순이의 절박한 심정은 표정이 아

닌 몸동작을 통해 표현된다. 그림은 인물의 뒷모습을 보여 주는데, 즉 얼굴과 표정을 감추는 대신에 인물의 몸동작을 정교하게 표현해 내어 인물의 감정을 보여 주고 있다. 그리하여 주인공의 뒷모습을 보는 독자는 마치 순이를 따라 동생을 함께 찾고 있는 듯한 느낌을 받는다. 이 그림책에서 순이는 어린 동생을 잘 보살펴 주는 언니로 매우 의젓하고 책임감 있게 그려지며 손위 형제로서 보호자로의 역할을 해내고 있다.

오드리 펜(Audrey Penn) 글, 바바라 깁슨(Barbara Gibson) 그림의 『주머니 속 뽀뽀손 *A Pocket Full of Kisses*』(2004)은 부모의 관심과 사랑을 동생에게 빼앗겼다고 생각하는 아이에게 부모가 그런 것이 아님을 차근차근 설명해 주는 내용을 담은 그림책이다. 그림책에서 뽀뽀손은 바로 부모의 사랑을 의미한다. 꼬마 너구리 체스터는 자신에게만 해 주던 뽀뽀손을 엄마가 동생에게 똑같이 해 주는 것을 보고 큰 충격에 빠진다. 이 장면에서 체스터의 표정을 본 독자는 부모의 사랑이 자신의 것만이 아님을 알게 된다는 것이 아이에게 얼마나 큰 충격과 상실감을 안겨 주는지 알 수 있다. 충격으로 슬픔에 빠진 체스터에게 엄마는 뽀뽀손은 아무리 나누어 주어도 줄어들거나 없어지지 않는다고 설명하며 동생이 생겨도 여전히 체스터를 사랑한다는 것을 이야기해 준다. 엄마의 차근차근하고 진심이 담긴 설명에 체스터는 마음에 안정을 되찾는다. 형제 갈등을 다룬 다른 그림책과는 달리 이 그림책은 부모가 형제 갈등을 해결하는 데에 적극적으로 개입하여 형이 동생에게 갖고 있는 갈등 원인을 해결하려고 노력한다. 따라서 이 그림책은 부모로부터 사랑을 빼앗겼다고 생각하는 아이뿐만 아니라 그런 아이에게 동생에 대해서 설명해야 하는 부모에게도 따뜻한 공감과 격려를 줄 수 있다.

3) 동생의 입장에서 형의 의미를 다룬 그림책

동생에게 있어 형은 태어나면서부터 함께하는 존재다. 같이 성장해 나가는 존재이지만 자신보다 모든 면에서 늘 앞서는 존재다. 때로는 친구이고 선생님이지만 때로는 자신의 앞길을 가로막는 방해물이기도 하다. 동생의 입장에서는 자신보다 더 오랜 시간 부모와 함께했으며 더 크고 더 많은 것들에 대해 알고 있는 형이 부러우면서도 질투가 나기도 한다. 이러한 복잡한 마음들이 엉켜 동생에게 갈등을 유발하게 된다.

패트리샤 폴라코(Patricia Polacco)의 『오빠와 나는 영원한 맞수 *Rotten Richie And the Ultimate Dare*』(2006)는 언제나 라이벌 관계에 있는 남매의 이야기를 작가의 경험담을 토대로 사실적으로 묘사한 그림책이다. 서로 짓궂게 굴고, 서로에게 지기 싫어하면서도 서로의 모습에서 감동하고 자랑스러워하는 모습은 여느 남매의 모습과 비슷하다. 이 그림책에서는 오빠를 장난기가 많고 지기 싫어하는 전형적인 남자아이의 모습으로, 동생을 발레를 좋아하고 오빠의 행동을 이해할 수 없는 여자아이로 그리면서 남매의 갈등뿐만 아니라 남아와 여아의 갈등까지 내포하기 때문에 다소 글의 분량이 많아도 독자들이 쉽게 감정이입 할 수 있다. 아이스하키를 하는 오빠와 발레를 하는 여동생은 서로의 이질성에 대해 이해하기 힘들었는데 오빠가 발레 공연에 참가하고, 동생이 아이스하키 경기를 같이 하면서 서로를 이해하고 있는 그대로를 이해할 수 있게 변모한다. 서로 다른 성별을 가진 남매의 갈등을 그들 스스로 해결하고 성장해 나가는 모습을 통해 동일한 갈등을 겪고 있는 독자들에게도 유익한 해결책을 제시한다.

울프 스타크(Ulf Stark) 글, 마티 레프(Mati Lepp) 그림의 『우리 형이 최고야 *Storebrorsan*』(1995)는 형을 좋아하고 따르는 동생의 이야기를 다룬 그림책이다. 동생에게 있어 12세의 형은 힘도 세고, 싸움도 잘하고 무서워하는 것이 없는 대장이다. 때로는 동생에게 야단을 치기도 하는 형이지만 그 속마음은 다정하다는 것을 알고 있기 때문에 동생은 형이랑 노는 것이 가장 좋다. 형이 큰 생각 없이 주워 온 토스트기를 매우 소중한 선물로 여겨 밤에 잘 때마다 꼭 끌어안고 자는 동생의 모습에서 동생이 얼마나 형을 좋아하는지 알 수 있다. 이 그림책은 동생의 시점에서 이야기를 전개하지만 형의 태도와 표정에서 동생이 때로는 귀찮지만 그래도 아끼고 보살펴야 한다고 느끼는 형의 마음을 알 수 있다. 형은 동생에게 포로 역할이라며 나무에 묶고 친구들이랑 놀러 가지만 동생은 형의 말을 굳게 믿고 풀어 줄 때까지 기다린다. 깜박 잊고 있던 형이 돌아와 지쳐 있던 동생을 풀어 주며 동생에게 굉장히 미안해하고 동생을 평소보다 더 챙겨 준다. 하지만 동생은 그런 형의 모습까지도 좋아하며 토스트기를 품에 꼭 끌어안은 채 잠이 든다. 이 그림책은 형을 아끼고 우상시하며 따라다니는 동생과 그런 동생이 귀찮지만 그래도 사랑하고 보살펴 주는 형의 모습을 보여 줌으로써 그들 간의 따뜻한 형제애가 자라나는 것을 느끼게 해 준다.

에이미 슈워츠(Amy Schwartz)의 『얄미운 언니 *Dee Dee and Me*』(2013)는 자신보다 키도 크고 자기 마음대로 행동하는 언니를 얄미워하는 동생의 마음을 그린 그림책이다. 머핀도 빼앗아 먹고 자신의 앞치마를 예쁘다고 하고는 제멋대로 잘라서 자기 지갑을 만들고, 자신의 친구들이 왔을 때는 동생에게 요리사가 어울린다며 샌드위치를 만들게 하고 놀아 주지도 않는 얄미운 언니 때문에 동생은 집을 나가기로 결심한다. 그런데 아무리 찾아도 소중한 곰 인형이 보이지 않아 집을 나가지 못하고 있을 때 언니가 떨어졌던 곰 인형의 한쪽 눈을 달아서 동생에게 준다. 자신의 소중한 곰 인형을 고쳐 준 언니의 행동에 고마운 동생은 그전에 얄미웠던 언니의 행동을 잊어버리게 되고 서로에게 섭섭했던 점을 나누면서 서로를 이해하게 된다. 이 그림책은 언니와의 의견 차이 및 갈등이 생겼을 경우 그것을 당연하게 받아들이지 말고 언니에게 솔직하게 자신의 이야기를 하여 원만하고 평화롭게 갈등을 해결하는 방법을 제안하고 있다.

4) 기타 형제를 다룬 그림책

특수한 상황의 형제 이야기를 다룬 책이나 형도 동생도 아닌 형제들이 등장하는 그림책이 여기에 포함된다. 특수한 상황에는 입양 및 재혼에 의해 맺어진 법적 형제의 이야기, 장애 형제를 가진 형제의 이야기, 형제의 죽음을 맞이한 아이의 이야기 등이 존재한다. 형도 동생도 아닌 형제의 이야기에는 외동아, 쌍둥이, 그리고 삼형제 이상의 형제 관계에서 중간에 위치한 아이의 이야기 등이 존재한다.

정윤정의 『나는 둘째입니다』(2008)는 첫째도 막내도 아닌 중간에 낀 둘째의 이야기를 사실적으로 묘사하는 그림책이다. 주인공 둘째는 언니는 첫째라고 챙겨 주고 동생은 막내라고 챙겨 주는데 자신은 둘째이기 때문에 가족에 있어 마지막 순위이며 외톨이라고 생각한다. 하지만 과거의 일을 회상해 보면 부모님과의 추억뿐만 아니라 언니와 동생과 함께했던 일들을 통해 사실 자신은

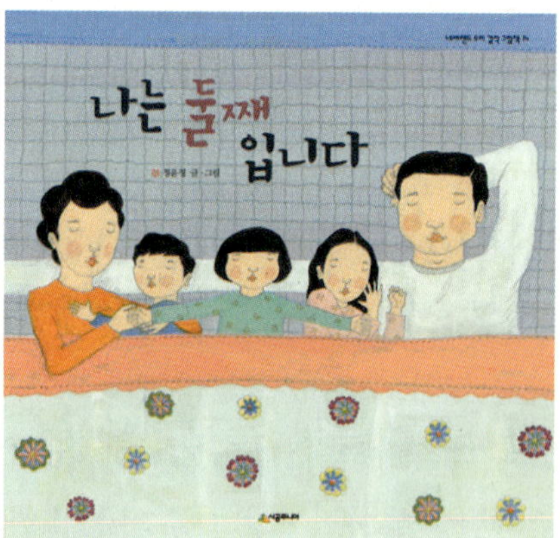

외톨이가 아님을 깨닫게 된다. 그런 깨달음의 과정은 글에 직접적으로 나타나지는 않지만 그림책의 앞쪽에서 가족이 함께 자는 단상에서 홀로 떨어져 나와 있던 둘째가 마지막 장면에서는 한가운데를 차지하며 가족과 함께 자는 모습으로 그려진 것을 통해 알 수 있다. 형제와 관련한 그림책은 주로 첫째 아이와 막내 아이의 시점에 초점을 맞추어 이야기를 전개해 나가는 경우가 대부분인데 이 그림책은 형제들 가운데에 샌드위치처럼 낀 둘째의 마음을 살펴볼 수 있게 한다.

염혜원의 『쌍둥이는 너무 좋아』(2013)는 국내에 얼마 없는 쌍둥이 자매의 이야기를 다룬 그림책이다. 쌍둥이 자매들은 똑같이 생겼고 똑같은 물건을 공유하며 모든 일을 함께한다. 하지만 5세가 되면서 어렸을 때부터 같이 덮고 자던 이불이 둘이 같이 덮기에 너무 작아져 버리자 쌍둥이들의 갈등은 시작된다. 이 쌍둥이 자매의 갈등은 어머니가 각각의 자매에게 새 이불을 지어 주면서 해결된다. 쌍둥이들은 각각 마음에 드는 노란색, 분홍색 천을 골라 새 이불을 짓게 되었고, 서로 다른 침대에서 서로 다른 이불을 둘렀지만 함께 손을 잡아야 잠이 드는 등 여전히 서로와 연결되어 있다. 이때 쌍둥이들이 덮고 자는 이불을 보면, 각자 자신이 고른 천뿐만 아니라 예전에 함께 덮고 자던 이불 조각도 새로 만든 이불의 일부분으로 직조되어 있다. 각자 고른 서로 다른 색깔은 쌍둥이 개인의 개성을 의미하지만 알록달록 무늬의 이불 조각은 두 사람이 쌍둥이임을 다시 한 번 일깨워 주는 장치다. 즉, 이 그림책에서는 이불이 쌍둥이 자매의 갈등의 원인이 되기도 하지만 동시에 쌍둥이 자매의 상호연결성을 상징하기도 한다.

우메다 순사쿠(梅田 俊作) 글, 우메다 요시코(梅田 佳子) 그림의 『누나와 나 *なっちゃんとぼく*』(1992)는 장애 형제를 가진 비장애아의 이야기를 다룬 그림책이다. 유스케는 뚱뚱하고 달리기와 운동을 좋아하지 않는 아이다. 유스케에게는 어렸을 때 교통사고를 당하여 전신이 마비된 채 움직일 수 없는 누나

가 있다. 주변의 도움 없이는 살아갈 수 없는 누나이지만 누나는 끝까지 삶을 포기하지 않고 살아간다. 유스케는 그런 누나가 여전히 좋고 누나가 하고 싶은 말이 자신의 마음속으로 전해진다고 생각한다. 그러던 어느 날 누나는 초경을 시작하게 된다. 가족들은 역경 속에서도 끝까지 삶에 대한 희망을 버리지 않고 어느덧 여자가 된 나츠미를 매우 자랑스럽게 느낀다. 유스케 역시 그런 누나를 보며 많은 생각을 하게 된다. 유스케는 뚱뚱하여 달리기와 운동을 싫어했지만 끝까지 삶과 희망을 포기하지 않는 누나의 모습을 보며 희망과 용기를 얻고 몰래 마라톤 대회에 참여하기로 결심한다. 그러나 매일 연습했음에도 마라톤 대회는 유스케가 결승선에 도착하기도 전에 끝나 버린다. 하지만 유스케는 누나를 생각하며 끝까지 포기하지 않고 마라톤을 완주한다. 이 그림책은 비록 장애를 가졌지만 끝까지 포기하지 않는 누나와 그런 누나로부터 용기를 얻는 동생에 초점을 두어 형제의 끈끈한 정을 표현하였다. 특히 마라톤에서 유스케가 달았던 등번호 '723'은 누나의 이름 나츠미를 연상하게 하는 숫자이기 때문에 동생인 유스케가 누나에 대한 애정과 신뢰가 매우 크다는 것을 알 수 있게 해 준다.

미주 목록

1) 국립국어원 표준국어대사전(2014). http://stdweb2.korean.go.kr/search/View.jsp?idx=501379
2) 국가법령정보센터(2014). http://oneclick.law.go.kr/CSP/OvCnpRetrieveP.laf?popMenu=ov&csmSeq=255&ccfNo=2&cciNo=1&cnpClsNo=1#copyAddress.
3) Rudman, M. K. (1995). *Children's literature: An issue approach*. USA: Longman Publishers.
4) 박지윤(2008). 형제관계 및 대인간 문제해결 능력과 유아의 또래 유능성과의 관계. 계명대학교 교육대학원 석사학위 논문.
5) Perner, J., Ruffman, T., & Leekam, S. R. (1994). Theory of mind is contagious: You catch it from your sibs. *Child Development*, *65*(4), 1228-1238.
6) 윤한민(2012). 첫째아이의 퇴행행동, 어떻게 해야 할까요? 브레인, 35, 46-47.
7) Bank, S. P., & Kahn, M. D. (1983). *The siblings bond*. New York: Basic Books.
8) 최명선, 송현정(2012). 형제자매 갈등 대처하기. 서울: 이담북스.
9) Rinaldi, C., & Howe, N. (1998). Siblings' report of conflict and the quality of their relationships. *Merrill-Palmer Quarterly*, *44*(3), 404-422.
10) 전귀연, 임주영(2006). 형제관계. 서울: 신정.
11) 송영주(2010). 형제자매 변인에 따른 유아의 마음 이해와 마음관련 표현 비교. 열린유아교육연구, 15(5), 477-498.
12) 박미진, 김광웅(2002). 형제의 지위변인 및 형제관계와 아동의 친구 간 갈등해결전략과의 관계. 아동연구, 15(2), 79-105.
13) 김재우, 손경환(2009). 유아의 출생순위, 형제유무와 운동발달과의 관계에 관한 연구. 한국유아교육 · 보육행정연구, 13(1), 233-253.
14) 우수경(2009). 형제 수, 형제 성구성 및 출생순위에 따른 유아의 놀이성과 사회적 능력. 미래유아교육학회지, 16(2), 367-388.
15) 김송주, 이상연, 안성우(2014). 장애형제를 둔 아동의 형제관계 및 행복감의 특성. 특수아동교육연구, 16(1), 211-231.
16) 박유미(2008). 친사회적 그림책을 활용한 문학 활동이 유아의 또래갈등해결전략에 미치는 영향. 어린이미디어연구, 7(1), 19-35.
17) 서정숙, 이주영(2009). 그림책을 활용한 문학활동이 동생에 대한 인식과 정서에 미치는 영향. 한국유아교육 · 보육행정연구, 13(4), 27-49.
18) Rudman, M. K. (1995). *Children's literature: An issue approach*. USA: Longman Publishers.
19) 양혜영(2001). 형제라는 이름의 타인. 서울: 올림.

웹사이트

국가법령정보센터(2014). http://oneclick.law.go.kr/CSP/OvCnpRetrieveP.laf?popMenu=ov&csmSeq=255&ccfNo=2&cciNo=1&cnpClsNo=1#copyAddress
국립국어원 표준국어대사전(2014). http://stdweb2.korean.go.kr/search/View.jsp?idx=501379
김성모(2012). 조선일보. http://news.chosun.com/site/data/html_dir/2012/12/19/2012121900116.html
변진경(2014). 시사IN. http://www.sisainlive.com/news/articleView.html?idxno=19819
통계청(2014). 국제통계연감: 합계출산율. http://kostat.go.kr/wnsearch/search.jsp
통계청. e-나라지표(2011). 가족실태조사: 성별 자녀분포. http://www.index.go.kr/search/search.jsp
통계청. e-나라지표(2014). 한국복지패널: 자녀들의 형제자매 관계만족도. http://www.index.go.kr/search/search.jsp

참고 그림책 목록

신희진(2008). 동생이 뚝 태어났어. 서울: 시공주니어.
염혜원(2013). 쌍둥이는 너무 좋아. 서울: 비룡소.
임정자 글, 김영수 그림(2006). 내 동생 싸게 팔아요. 서울: 아이세움.
정윤정(2008). 나는 둘째입니다. 서울: 시공주니어.
筒井 頼子 글, 林 明子 그림(1982). あさえとちいさいいもうと. 이영준 역(1995). 순이와 어린 동생. 서울: 한림.
梅田 俊作 글, 梅田 佳子 그림(1992). なっちゃんとぼく. 박현주 역(2004). 누나와 나. 서울: 동연어린이.
Amy Schwartz(2013). *Dee Dee and Me*. 한명희 역(2013). 얄미운 언니. 서울: 별숲.
Anthony Browne(1990). *Changes*. 허은미 역(2003). 달라질 거야. 서울: 아이세움.
Audrey Penn(2004). *A Pocket Full of Kisses*. illustrated by Barbara Gibson. 최재숙 역(2007). 주머니 속 뽀뽀손. 서울: 언어세상.
Ezra Jack Keats(1967). *Peter's Chair*. 이진영 역(1996). 피터의 의자. 서울: 시공주니어.
Jenni Desmond(2014). *Eric, The Boy Who loses His gravity*. 이보연 역(2014). 동생만 예뻐해! 경기: 다림.
John Burningham(2010). *There's Going to Be a Baby*. illustrated by Helen Oxenbury. 홍연미 역(2010). 동생이 태어날 거야. 서울: 웅진주니어.
Patricia Polacco(1994). *My Rotten Redheaded Older Brother*. 최순희 역(2007). 빨간 머리 우리 오빠. 서울: 시공주니어.
Patricia Polacco(2006). *Rotten Richie And the Ultimate Dare*. 최순희 역(2008). 오빠와 나는 영

원한 맞수. 서울: 시공주니어.
Ulf Stark(1995). *Storebrorsan*. illustrated by Mati Lepp. 이덕남 역(2003). 우리 형이 최고야. 인천: 북뱅크.

제2장 입 양

한국 사회는 오랜 기간 유교 중심 사회의 안정된 가족 구조를 유지해 왔으나, 현대에 들어 급속한 경제 발전으로 전통적인 가족 구조가 해체되고 있다. 또한 개방적인 성문화, 이혼율의 증가, 경제 위기 등 다양한 사회적 문제들로 한부모 가족, 재혼 가족, 입양 가족, 조부모 가족 등 다양한 가족 구조로 바뀌고 있다. 최경석(2006)은 가족이란 동일 가구에 거주하고, 가족생활 유지를 위한 고유의 역할과 지위를 가진 사람들의 체계라고 정의하였다.[1)] 즉, 현대적 가족은 전통적인 혈연 중심의 가족 구조뿐 아니라 입양, 재혼, 이혼 등으로 이루어진 다양한 사회 집단을 포함하는 개념이라고 말할 수 있다.

『미국 사회사업 사전』(U. S. Department of Health & Human Services, 1987)에 따르면 입양(Adoption & Foster care)이란 부모가 되는 사회적이고 법적인 과정이며, 입양 후에 부모와 아동은 그들이 생물학적으로 관련되는 것과 똑같은 상호 권리와 의무를 가진다고 정의한다. 즉, 입양이란 친부모로부터 아동의 현재와 미래에 대한 모든 권리와 의무가 소멸하고, 행정적 · 법적 권한에 의해 혈연 관계가 없는 타인에게 양육의 권리와 의무가 이양되는 것을 말한다.[2] 유교 중심인 한국 사회는 전통적으로 혈연만이 가족의 구성을 만드는 요인이었다. 그래서 한국 사회는 혈연으로 구성되지 않은 입양 가족에 대해 오해와 편견이 있으며, 이러한 이유로 많은 입양 아동들을 해외로 보내거나 시설에 머물게 하였다.[3] 한국 입양의 역사는 1950년 한국 전쟁 이후 급격하게 증가한 전쟁고아들과 혼혈아들을 해외로 입양하면서부터 시작되었다. 1961년에는 해외 입양의 법적 근거인 「고아 입양 특례법」이 마련되었고, 1970년대부터 1980년대에는 해외 입양이 급격하게 증가하였다. 그러나 1988년 서울올림픽 이후, 해외 입양에 대한 국제 사회의 비난이 일자, 정부는 해외 입양 축소 정책을 펴기 시작했다. 정부의 꾸준한 국내 입양 활성화 정책 추진과 입양에 대한 사회적 인식 제고 등으로 전체 입양 비율 중 해외 입양이 줄어들고, 국내 입양이 차지하는 비율은 증가하였다.[4] 하지만 여전히 해외 입양이 전체 입양 중 40%를 넘는 실정이다.

『구원과 밀매』의 저자 캐서린 조이스(Joyce, 2013)는 한국이 가난한 나라가 아닌데도 입양이 혼외 출산에 대한 해결책으로 대치되고 있다고 꼬집었다.[5] 그녀는 이러한 해외 입양은 생모인 여성과 아동의 인권을 말살시킨다고 주장하고, 특히 해외 입양의 경우 부유한 서구 양부모의 욕구를 채워 주기 위해 입양 아동의 모국 문화와 언어가 단절되기도 한다고 그 위험성을 역설했다. 국제 입양 협약에서도 아동이 태어난 나라에서 입양 가정을 찾아야 하며, 해외 입양은 그 최후의 수단이라고 명시하고 있다. 이제 한국 사회는 더 이상 혈연 중심의 가족 구조만을 고집할 수 없으며, 혼외 출산에 대한 해결책으로 입양이 대체되어서도 안 된다. 입양은 입양 당사자들만의 문제가 아닌 우리 모두가 함께 해결해야 하는 우리 사회의 문제다. 그렇기에 사회적인 편견이나 소수의 인권으로 치부되지 않으려면 입양에 대한 반편견교육 프로그램 개발의 필요성이 시급하다.[6] 이러한 반편견교육 프로그램으로 부모와 아동들뿐만 아니라 한국 사회의 모든 구성원이 입양에 대해 정확한 지식과 정보를 얻고 이에 대한 올바른 인식과 태도를 길러야 한다.

입양 그림책과 시청각 자료 등으로 구성된 반편견교육 프로그램은 예비부모에게 입양의 고정관념과 편견에 대해 비판적 사고를 갖게 하며, 올바르게 행동하고 대응할 수 있는 능력을 기르는 데 도움을 준다.[7] 또한 입양 아동들은 복잡한 사회 문제를 가지게 되기 때문에 입양 그림책은 이런 아동들에게 이러한 문제들을 탐색하는 매체로서 제공될 수 있다.[8]

입양을 다룬 사실주의 그림책은 아동으로 하여금 당면한 문제를 이해할 수 있도록 도와주며, 그것의 해결 방안을 습득할 수 있도록 돕는다는 점에서 교육적 가치 또한 크다.[9] 사실주의 그림책은 실제 사람들에게 일어났던 이야기거나 충분히 일어날 수 있는 사건과 사회의 변화 요인을 가장 실제적으로 다룰 수 있는 장르라고 할 수 있다. 이러한 그림책의 주인공이 사람인 경우 아동들은 자신의 주변에서 일어날 수 있는 일이라 여길 수 있으며, 등장인물이 마치 자신인 것처럼 몰입하기도 한다. 사람이 주인공으로 등장하는 사실주의 입양 그림책은 입양의 의미와 더불어 진정한 가족의 의미를 전달하며, '다름'의 주제를 이야기 구조 안에서 이해하기 쉽게 풀어서 설명할 수 있다.[10] 의인화된 동물 캐릭터가 등장할 때 동물 본래의 모습이 아닌 사람이 부여한 인위성(人位性)을 가지고 아동의 사고와 행동에 깊은 영향을 끼칠 수 있다.[11] 입양 주인공이 동물인 경우 아동들은 묘사된 동물 모습 속에서 동물 사회에 대한 이해를 넘어서 인간 사회로까지 확장된 해석을 할 수 있으며, 입양에 대한 거부감이 감소될 수 있다. 또한 나이, 성, 사회적 지위와 같은 등장인물이 지니는 제약 요소에서 벗어날 수 있다.[12]

입양 관련 그림책은 입양 가족을 소재로 다루며 주인공과 주변 인물들, 내용, 배경 등을 중심으로 부모와 입양 아동의 만남부터 과정, 새로운 가족이기까지의 경험이나 입양 가족과의 갈등 등을 그려낸다.[13] 그런데 국내에 소개된 입양 관련 그림책은 소수이며 더군다나 그중 대다수는 해외 그림책이다. 국내 입양이 증가하는 현실에서도 입양에 관한 국내 그림책은 극히 제한적으로 출간되고 있으며, 그나마 시중에서 구해 볼 수 있는 그림책도 몇 권 되지 않는다. 이는 아동들에게 다양한 현대 가족의 구성에 대한 이해를 도울 수 있는 입양 그림책과 여러 종류의 가족 구조를 다루는 그림책이 절실히 필요하다는 것을 보여 주고 있다.

그림책을 통한 입양 교육은 입양에 대해 고정관념이나 편견이 없는 어린 아동들에게 바른 이해와 올바른 태도를 형성시켜 줄 것이고, 입양 가족과 입양 아동의 치유와 정체감 형성에도 도움을 줄 것이다. 또한 우리 사회에 입양에 대해 올바른 인식을 키우는 데에도 도움을 줄 것이다.

1. 입양과 관련된 통계 현황

1) 국내외 입양 아동 수

2014년 통계청 자료에 따르면 국내외 전체 입양 아동 수는 2004년 3,899명에서 2013년 922명으로 지속적인 감소 추세를 보이고 있다. 특히 2004년에는 국외로 입양하는 아동이 2,258에서 2013년 236명으로 급감했다. 그 후, 2007년에는 국내 입양이 1,306명으로 국외 입양 1,264명을 앞서게 되었고, 2013년에 이르러서는 국내 입양 아동 수가 국외 입양 아동 수의 두 배 이상을 차지하게 되었다. 우리는 이를 통해 지난 10년간 국내 입양에 대한 인식이 매우 향상되었음을 알 수 있다. 국내외 입양 아동 수는 <표 2-1>과 같다.

전체 입양 아동 수는 감소 추세를 보이고 있는데 이는 2011년에 개정되고

2012년 8월에 발효된 「입양특례법」에 따라 자녀를 입양 보내려는 친부모는 반드시 아이의 출생신고를 해야 하고 일주일의 숙려기간도 거쳐야 하는 등의 절차와 양친의 자격조건을 강화하는 등의 복잡한 규정 때문에 기존에 행해지던 비밀 입양이 불가능하게 되었기 때문이다. 이로 인해 2013년 미혼모가 출생 신고를 거쳐 입양을 신청한 아동 수는 2012년에 비해 감소한 것으로 나타났다.

〈표 2-1〉 국내외 입양 아동 수

명＼년	2004	2005	2006	2007	2008	2009	2010	2011	2012	2013
국내	1,641	1,461	1,332	1,388	1,306	1,314	1,462	1,548	1,125	686
국외	2,258	2,101	1,899	1,264	1,250	1,125	1,013	916	756	236
계	3,899	3,562	3,231	2,652	2,556	2,439	2,475	2,464	1,880	922

출처: 통계청(2014).

2) 한국 아동을 입양한 세계 입양국 순위와 변화

1958년부터 2009년까지 한국이 해외로 보낸 입양아는 16만 2,683명으로 전 세계 해외 입양아의 3분의 1에 해당한다. 해외 입양 통계를 보면, 1953년부터 2008년까지 입양국으로는 미국이 67%(10만 9,072명)로 1위이고, 그다음으로 프랑스(1만 1,173명), 스웨덴(9,381명), 덴마크(8,723명) 순이다(서울신문, 2010). 미 연방통계국이 2014년에 발표한 입양 자녀 현황 보고서에 따르면 2009～2011년 기준, 미국에 거주하는 전체 입양아 출신은 24만 4,869명이며, 이 중 한인이 3만 7,623명으로 전체의 15.4%를 차지했다. 특히 아시아 지역에서 출생한 후 미국에 입양된 18세 미만 아동 가운데에서는 중국 다음으로 한국 입양아가 23%인 3만 7,623명으로 집계되어 두 번째로 많았다(미주한국일보, 2014). 한국 아동을 입양한 입양국 순위와 아동 수는 <표 2-2>와 같다.

〈표 2-2〉 1958~2009년 해외 입양 아동 수와 입양국

순위	입양국	해외 입양 아동 수(명) (1958~2009년)	비율(%)
1	미국	10만 9,072	67.04
2	프랑스	1만 1,173	6.86
3	스웨덴	9,381	5.77
4	덴마크	8,723	5.36
기타		2만 4334	14.97
합계		16만 2,683	100

출처: 서울신문(2010. 7. 21.).

2000년 이전의 한국 아동의 해외 입양국으로는 미국, 프랑스, 스웨덴, 덴마크와 같은 유럽 국가들이 상대적으로 많았다면, 2000년 이후에는 캐나다, 호주 등과 같은 비유럽권 선진국에서의 한국 아동 해외 입양이 증가하였다. 물론 여전히 미국이 다른 국가에 비해 압도적으로 많은 한국 아동을 입양하고 있다. 2000년 이후 한국 입양 아동 수 및 입양국은 <표 2-3>과 같다.

〈표 2-3〉 2000년 이후 한국 입양 아동 수 및 입양국

입양국	호주	캐나다	덴마크	프랑스	독일	이탈리아	룩셈부르크	네덜란드	노르웨이	스웨덴	스위스	미국	합계
2000			70					71	128	130		1,794	2,193
2001			69					59	125	117		1,770	2,140
2001~2002	92												92
2002			46					48	106	109		1,779	2,088
2002~2003	108												108
2003		73	56					24	81	111		1,790	2,135
2003~2004	108												108
2004		97	53	42				19	87	121		1,716	2,135
2004~2005	99												99
2005		97	46	38	1			2	79	104		1,630	1,997
2005~2006	69												69
2006		102	40					1		91		1,376	1,610
2006~2007	48												48
2007		50	19						44	66		939	1,323
2007~2008	40												40
2008		105	25		3	1			45	79		1,065	1,323
2008~2009	35												35
2009		93	24	10	2	4			49	94	1	1,077	1,354
2009~2010	30												30
2010		98	21	6		4			47	74	1	863	1,114
2010~2011	19												19
2011		60	16	6	3	6	15		28	60		736	930
2011~2012	26												26
2012		55	10	4			9		29	49	1	627	784
2012~2013	14												14
2013		28	5	2					6	19		138	198

출처: http://www.aican.org/statistics.php

이와 같이 해외 입양국이 다양해지고 국내에서도 입양에 대한 관심이 증가되고 있는 가운데 다문화 시대로 진입한 한국은 국내외 입양에 대한 인식을 새롭게 하고 좀 더 발전적이고 미래지향적인 시각을 그림책에 투영할 수 있어야 한다. 특별히 사회 가치관 변화에 따른 혼외 자녀 및 미혼모 등의 증가로 인하여 국내에서도 서서히 입양 및 영아 유기 문제를 사회 문제의 중요한 일부로 받아들이고 있다(한국가족복지학회, 2004). 이러한 시대 변화 속에서 혈연관계로 맺어진 자녀가 아닌 입양아를 위탁하여 키우거나 그들을 가족의 일원으로 받아들인 가족 내에서 발생할 수 있는 갈등과 해결점을 모색하는 아동문학적 접근 역시 현 시대적으로 중요한 논점이 아닐 수 없다.

2. 토론 문제

- 당신이 생각하는 가족의 개념은 어떠합니까? 입양에 대해 당신은 어떤 시각을 가지고 있습니까?
- 한국은 왜 해외 입양을 보낸다고 생각합니까? 입양에 대한 한국 사회의 시각은 어떠하다고 생각합니까?
- 입양 아동과 입양 가족에 대해 당신은 편견이나 고정관념을 가지고 있지 않습니까? 가지고 있다면 어떤 편견을 가지고 있습니까?
- 입양 아동들은 성장하면서 자아 정체감과 복잡한 가족의 문제, 그리고 여러 사회 문제들을 경험하게 됩니다. 당신은 입양 아동들이 입양된 자신의 현실에 대해 어떻게 느끼며, 이후 어떤 문제들을 경험할 것이라고 생각합니까?
- 아동들에게 특정 이슈를 다룬 그림책을 보여 줄 시기가 정해져 있다고 생각하십니까? 만약 그렇다면 입양 관련 그림책의 대상과 시기는 언제

가 적당하다고 생각합니까?

- 당신은 입양을 다룬 그림책이 아동들에게 입양에 대한 지식을 전달하고 입양의 문제를 이해하게 도우며 문제가 있다면 그 해결 방안을 습득하도록 돕는다고 생각합니까? 그렇다면 입양 그림책에서 어떤 이야기를 다루는 것이 적절하다고 생각합니까?

3. 평가 준거

- 입양 관련 용어는 입양 그림책에 중요한 요인이다. 그러므로 적절하고 정확한 언어를 사용하는 것이 좋다(Rudman, 1995).[14] 카타지나 코토프스카(Katarzyna Kotowska) 글, 그림의 『고슴도치 아이 *Jez*』(1999)는 실제로 자녀를 입양한 작가의 경험을 바탕으로 만들어졌다. 작가는 친부모라는 용어를 사용하여, 생물학적 부모와 양육 부모의 용어를 정확히 구분하고 있다는 점에서 긍정적으로 평가된다.
- 루드만(Rudman, 1995)은 입양 그림책이 입양 아동 자신을 긍정적으로 볼 수 있는 기회를 제공하고, 입양 부모와 가족 구성원들이 입양 아동을 얼마나 사랑하고 있는지를 알 수 있도록 그려져야 한다고 언급하였다.[15] 앤 윌스도르프(Anne Wilsdorf) 글, 그림의 『소중한 주주브 *Jujube*』(1999)는 입양한 가정의 부모뿐만 아니라 그 가정의 형제자매들도 입양된 아동을 사랑하고자 하는 모습이 잘 나타나 있다는 점에서 이러한 평가 준거를 훌륭히 만족시키고 있다고 이해된다.
- 그림은 인종이나 문화에 관한 고정관념들을 반영하지 않아야 한다. 또한 입양 아동의 상황이 너무 비극적이고 단순하게 그려져서는 안 된다. 예를 들어, 라스칼(Rascal) 글, 소피(Sophie) 그림의 『문이 *Moun*』(1994)는

바다를 통해 입양된 고양이 '문이'가 주인공인 그림책으로, 주인공을 고양이로 내세워 인종이나 문화에 관한 고정관념을 피했으며, '문이'의 외모를 다른 식구들과는 조금 다르게 그려 해외 입양 고양이임을 암시하고 있다는 점에서 이 평가 준거를 잘 만족시킨다.

• 입양과 위탁에 특별한 감정적 고려사항이 요구되는 경우를 제외하고 입양 부모는 실제 부모와 같은 모습으로 묘사되어야 하고, 입양 가정의 삶 역시 여느 다른 가족과 같아야 한다. 이향(2008)은 그림책을 아동이 다양한 가족의 형태와 가족 관계를 배울 수 있는 좋은 매체라고 소개하며, 그림책에서 가족 내 환경과 구성원들 간의 관계가 편견이나 고정관념 없이 그려져야 한다고 했다.[16)]

요란 슐츠(Göran Schultz) 글, 모니카 슐츠(Monica Schultz) 그림의 『한국에서 부란이 서란이가 왔어요!』(1989)는 실제 입양된 쌍둥이 아이들의 입양 과정을 다큐멘터리 형식으로 그린 그림책으로 두 아이의 입양 과정을 자세하게 들여다볼 수 있게 해 준다. 또한 이 책에는 다른 그림책에서 찾아보기 힘든 입양아들의 위탁가정과 그 생활상이 사실적으로 묘사되어 있으며, 부모가 입양아의 친부모를 찾는 과정을 지원해 주는 모습 등이 사실적으로 잘 드러나 있다.

• 입양은 복잡한 문제다. 입양 아동들은

성장하면서 자아 정체감이나 가족 내, 그리고 사회의 복잡한 문제들을 경험하게 된다. 그러므로 입양 아동과 가족의 상호작용, 그들 간의 문제 해결에 있어 지나친 단순화는 피해야 한다.[17] 입양 그림책은 입양이라는 소재를 다루면서 그 속에서 민감할 수 있는 가족 문제들을 그림책이라는 지면의 한계 속에서 드러내야 하기 때문에 문제해결에 있어 단순화를 피하기가 쉽지는 않다. 하지만 지나치게 쉽고 우연적으로 주어지는 문제해결은 지양해야 하며 문제에 대한 접근법 역시 단편적인 시각만 드러내지 않도록 경계해야 한다.

- 입양과 위탁은 자동적으로 학대와 연결되지 않아야 한다. 외상, 재해, 비극이 발생할 경우, 입양이나 위탁의 자동적인 결과가 아닌 이야기상의 문맥 안에서 일어나도록 해야 한다.[18]
- 입양 부모는 입양 과정에 적극적으로 참여하고 있는지, 입양 과정이 현실적으로 묘사되고 있는지, 복잡한 입양 문제를 어떻게 다루는지 평가해야 한다.[19] 프란츠 요제프 후아이니크(Franz-Joseph Huainigg) 글, 베레나 발하우스(Verena Ballhaus) 그림의 『내가 입양되던 날 *Du gehörst zu uns*』(2007)은 입양아 토마스의 네 번째 생일날, 입양 부모인 엄마, 아빠가 토마스에게 엄마 배 속이 아닌 특별한 길로 토마스가 왔다고 말해주는 이야기다. 토마스의 입양 부모는 아이를 갖지 못하는 부부로 그려지는데, 입양 부모가 왜 입양을 하게 됐는지에 대한 이유가 설명되어 있다. 이 책은 입양 과정이 쉽게 이뤄지는 작업이 아니라 한 생명이 한 가정의 일원이 되기 위해서는 부모와 사회복지기관과의 협력이 있어야 하며, 이 과정에는 진지한 성찰이 필요하고 오랜 시간이 걸린다는 것을 알 수 있게 도와준다.
- 박현정(2012)은 입양 그림책이 일반 독자에게는 입양에 대한 정보를 제공하여 입양 아동과 가족들을 이해하고 공감할 수 있도록 도와야 하며,

입양 부모나 가족, 입양 아동들을 치유하고 자기 자신들의 행동을 성찰해 볼 수 있도록 도와야 한다고 했다.[20] 입양 그림책은 아동을 위한 책이지만 아동뿐 아니라 부모에게도 도움을 주고 그들 자녀의 삶을 건설적으로 이끌어 줄 수 있도록 도와야 한다. 카타지나 코토프스카(Katarzyna Kotowska) 글, 그림의 『고슴도치 아이 *Jez*』(1999)는 버려진 입양아의 상처를 고슴도치의 가시라는 상징을 사용하여 아이의 몸에 그려 놓았다. 내용이 전개됨에 따라 이 가시는 부모의 사랑에 의해 하나 둘씩 떨어져 나가며 이들은 점차 가족이 되어 간다. 이 책은 일반 독자에게는 입양 아동과 가족의 상처와 아픔을 이해할 수 있게 하며, 입양 부모나 입양 아동에게는 스스로의 상처를 보듬을 수 있게 해 준다는 점에서 심리적 효용이 있는 문학으로 이해된다.

4. 소주제 설명 및 그림책 서평

입양 그림책은 이야기의 시점을 기준으로 입양 아동과 입양 가족이 만나는 과정을 그린 그림책과 만남의 과정뿐 아니라 그 이후의 생활을 포함하고 있는 그림책으로 나눌 수 있다.

1) 만남의 과정을 그린 그림책

앤 윌스도르프(Anne Wilsdorf) 글, 그림의 『소중한 주주브 *Jujube*』(1999)는 흑인 사회에서 백인 아기를 입양하는 내용을 담은 그림책이다. 대부분의 입양 그림책이 백인 사회에서 흑인이나 소수 민족의 아기를 입양하는 것으로 그려지고 있기에 이 그림책은 그 입양국과 이야기 배경의 특수성만으로도 매력적

이다. 주인공인 흑인 여자아이 파라피나는 엄마의 생일 선물로 엄마가 좋아하시는 주주브 꽃을 선사하기 위해 숲에 간다. 그리고 그곳에서 바구니에 담겨 있는 한 아기를 발견하게 된다. 파라피나는 엄마에게 주주브 꽃 대신 발견한 아기를 선물한다. 그녀의 엄마는 아기들이 이 세상 무엇보다 소중하다는 신념을 갖고 있지만 이미 자신에게 9명의 자녀들이 있기에 더 이상 그 아기를 키울 수 없다고 말한다. 9명의 자녀들은 그런 엄마, 아빠의 마음을 돌리기 위해 스스로 아기를 돌보며 부모를 동참시킨다. 어느 날 한밤중에 아기는 불덩이가 되고, 모든 가족은 함께 의사 선생님을 찾아간다. 다행히 아기가 곧 괜찮아질 거라는 의사 선생님 말을 듣고 엄마는 감사해하며 아기를 새 식구로 받아들인다. 엄마는 세상에서 가장 값지고 귀한 금은보화가 바로 아이들이라고 고백하고 이보다 더 소중한 건 이 세상에 없다고 말한다. 이 책은 부모인 엄마가 자신의 자녀들을 어떻게 바라보는지 잘 드러나 있다. 그런 엄마의 인식을 통해 입양 자녀가 사랑받고 행복한 가족의 구성원이 될 것이라고 확신할 수 있다. 많은 입양 그림책이 일차적이고 가장 중요한 부모와의 관계에 집중하다 보니 입양 아동과 입양 가정의 기존 자녀들과의 관계가 자세히 드러나는 일이 많지 않은데 이 책은 입양 가정의 자녀들이 입양 아동을 돌보고 막내 동생으로 삼으려고 헌신적으로 노력하는 모습이 잘 나타나 있다는 점에서 매우 신선하다. 이것은 입양아를 포함한 구성원들이 한 가족을 이루는 데에 있어 가족 구성원 모두의 지지와 노력이 필요하다는 것을 잘 보여 준다는 점에서 매우 고무적이다. 작가는 아프리카에서 태어나 그곳에서 유년기를 보낸 경험을 바탕으로 아프리카 사회를 좀 더 세밀하게 묘사하고 있으며 이 때문에 인종적 고정관념을 반영하고 있지 않아 인종과 사는 환경에 관계없이 입양을 통해 모두가 진정한 가족이 될 수 있다는 것을 강조하여 보여 준다.

마거릿 와일드(Margaret Wild) 글, 테리 덴튼(Terry Denton) 그림의 『엄마가 되어 줄게 *Big Red Hen And The Little Lost Egg*』(1999)는 아기가 없는 빨간 암탉의 이야기다. 자신의 아기는 없지만 남의 아기를 돌보는 것을 좋아하는 빨간 암탉은 어느 날 우연히 작은 알 하나를 발견하게 된다. 빨간 암탉은 주변 동물들에게 알이 누구 것인지 묻지만 그들은 모두 모른다고 말하며 빨간 암탉에게 알을 키워 보라고 한다. 빨간 암탉이 알을 품자, 동물 친구들은 그 알이 누구의 알인지 유추하면서 그래도 빨간 암탉이 사랑할 수 있는지 묻는다. 황새의 알, 부엉이의 알, 갈매기 알, 칠면조 알 등 다양한 다른 동물들의 알이 거론되지만 빨간 암탉은 그것이 하나도 중요하지 않으며 상관없다고 말한다. 이 책의 마지막은 알에서 깬 병아리를 안아 주는 빨간 암탉이 언제까지나 아기를 사랑할 거라고 다짐하는 장면이다. 이 그림책은 아이를 낳아 보지 못했지만 알에 대한 조건 없는 사랑을 가진 엄마, 빨간 암탉의 모성애적 행동을 효과적으로 그리고 있다. 또한 아이를 낳지 못하는 빨간 암탉을 통해서 입양 부모들의 배경에 대해서도 이해할 수 있게 하고, 입양 자녀와 입양 부모가 동일한 동물로 묘사되어 입양의 외적 요소보다는 내적 요소에 집중하게 한다.

이리나 코르슈노프(Irina Korschnow) 글, 라인하르트 미흘(Reinhard Michl) 그림의 『엄마 잃은 아기 여우 *The Foundling Fox*』(1988)는 다소 글밥이 많은 그림책으로 우연한 입양의 과정을 보여 주는 도서다. 어느 날, 숲 속을 지나던 여우 아줌마는 사냥꾼 때문에 엄마를 잃고 배고픔과 두려움에 떨고 있는 아기 여우를 보게 된다. 이 여우 아줌마는 갈 길이 바빴지만 차마 아기 여우를 모른 척할 수 없어 잠시 품고 젖을 준다. 그러고서 아기 여우를 혼자 두고 갈

수 없어 집으로 데리고 가기로 한다. 여우 아줌마는 아기 여우를 입에 물고 집으로 가는 길에 사냥개를 만나 위기에 빠지고, 또 오소리가 나타나 아기 여우를 탐낸다. 여우 아줌마는 자신의 목숨까지 위협을 당하면서도 아기 여우를 지키려고 아기 여우가 자신의 새끼라고 소리친다. 무사히 집에 도착한 여우 아줌마는 자신의 새끼들에게 아기 여우를 소개하고 그들은 서로에게서 똑같은 엄마의 냄새를 맡고는 금세 친해진다. 이야기는 다음날 아기 여우를 이웃에게 소개하는 엄마가 네 마리의 새끼 여우 중 데리고 온 아기 여우가 누구인지를 가려내지 못하는 장면에서 끝난다. 여우 아줌마가 아기 여우를 데리고 오는 험난한 과정에서 이미 아기 여우를 자신의 새끼로 받아들였다는 것을 알 수 있다.

게이코 가스자(Keiko Kasza) 글, 그림의 『초코 엄마 좀 찾아 주세요! *A Mother For Choco*』(1996)는 혼자 사는 외톨이새 초코가 엄마를 찾아 나서는 이야기를 담은 그림책이다. 초코는 길을 따라가면서 기린, 펭귄, 하마에게 자신의 엄마인지를 묻는다. 하지만 그들은 자신과 닮지 않았다는 이유로 엄마가 아니라고 말한다. 그런데 놀랍게도 새와 전혀 닮지 않은 곰 아줌마가 자신이 엄마가 되어 주면 어떻겠냐고 묻고는 함께 집에 가서 살자고 청한다. 초코가 도착한 곰 아줌마의 집에는 악어, 돼지, 하마가 이미 가족이 되어 살고 있었다. 닮은 곳이 전혀 없는 그들은 모두 입양이라는 과정을 통해 가족이 되었던 것이다. 이 그림책은 서로가 닮지 않아도 가족이 될 수 있다는 것을 보여 주며, 동일한 종(種) 혹은 혈연이 아니기 때문에 가족을 이룰 수 없다는 일반적인 이해를 뒤집는다. 특이하게도 입양 부모가 입양 아

동을 찾아 나서는 것이 아니라 입양 아동이 스스로 부모를 찾다가 입양 부모를 만나는 독특한 상황으로 시작된다는 점이 이 책이 가진 매력이다.

2) 만남의 과정과 그 후의 생활을 그린 그림책

카타지나 코토프스카 글, 그림의 『고슴도치 아이』(1999)는 버려진 입양아의 상처를 고슴도치의 가시로 상징화하여 보여 주면서 부모의 사랑이 계속적으로 주어질 때 가시가 하나둘씩 떨어져 나가 결국 모두가 사랑의 힘으로 하나의 가족이 되는 과정을 보여 준다. 이 그림책의 판타지적 요소는 고슴도치 아이뿐만 아니라 입양 과정에서도 효과적으로 등장한다. 작가는 입양을 원하는 부모의 상황과 마음가짐, 그리고 아이와의 만남을 단순하게 표현하지 않고 '세상 모든 것을 다 아는 할머니' '여왕' 등의 상징적인 인물들을 활용하여 그 상황에 효과적으로 몰입시키고 있다. 작가는 입양 아동의 가장 큰 욕구이자 자아상의 근본적인 문제인 친부모 이야기를 거리낌 없이 입양 부모와 주고받는 과정을 보여 주며, 이 과정을 충분히 거쳤을 때에 입양 아동의 가시가 하나도 남김없이 사라졌다고 표현하고 있다. 이것은 입양 아동이 친부모의 존재를 인정할 수 있도록 허용하고 입양 부모가 친부모가 아니어도 자신을 사랑한다는 것을 이해하도록 도우며 이러한 진실한 마음이 서로 오갈 때에 그들이 진정한 가족으로 거듭날 수 있음을 알려 주는 것이다. 이 그림책은 고슴도치 아이가 기러기가 되어 날아가는 장면으로 마무리된다. 부모는 그런 아이를 자랑스럽게 바라보며 아이의 성장을 즐거워한다. 이 부분은 여러 의미로 해석할 수 있겠지만 자식

을 자신의 소유물로 여겨 부모의 틀 안에 가두는 것이 아니라 자신의 곁을 떠날지라도 하나의 온전한 인격체로 봐야 한다는 부모의 관점을 투영하는 것으로 볼 수 있으며 입양 아동의 자아상이 부모와의 진정한 관계성 속에서 올곧게 성장하였음을 보여 주는 관점으로도 해석해 볼 수 있다.

미야니시 타츠야(宮西 達也) 글, 그림의 『고 녀석 맛있겠다 *おまえうまそうだな*』(2003)는 현재 전 7권인 일본 그림책 시리즈로 애니메이션 <고 녀석 맛나겠다>로 만들어질 정도로 인기 있는 그림책이다. 이야기는 공룡 시대에, 아기 안킬로사우루스가 알에서 깨어나 아빠를 찾아 돌아다니다가 티라노사우루스를 만나는 내용으로 시작한다. 티라노사우루스는 군침을 흘리며 안킬로사우루스에게 "고 녀석 맛있겠다."라고 말한다. 아기 안킬로사우루스는 그런 티라노사우루스를 자신의 아빠라고 생각하고 자신의 이름이 '맛있겠다'라고 이해한다. 졸지에 아빠가 된 티라노사우루스는 처음엔 어이없어 하지만 갈수록 이 작은 공룡의 보호자 노릇에 재미를 붙이고 안킬로사우루스를 통해 사랑을 경험한다.

미야니시 타츠야 글, 그림의 『영원히 널 사랑할 거란다 *あなたをずっとずっとあいしてる*』(2006)는 미야니시 타츠야 글, 그림의 『고 녀석 맛있겠다』 시리즈의 네 번째 책으로 엄마 공룡이 길에서 공룡 한 알을 주워서 정성껏 돌보는 이야기로 시작된다. 하지만 정작 태어난 공룡은 초식 공룡인 자신과 다른 육식 공룡인 티라노사우루스였다. 엄마는 아기 티라노사우루스를 키울 수 없다고 숲으로 돌려보내려고 했지만 버리지 못하고 다시 데리고 온다. 어느 날 아기 티라노사우루스 하트는 숲에서 우연히 자신과 닮은 티라노사우루스를 만나고 자신의 정체성을 깨닫게 된다. 이 이야기는 하트가 엄마와 더는 살 수 없다는 것을 알고 육식 공룡의 무리로 옮겨 가는 것으로 결론 난다. 하지만 엄마는 하트가 따 놓은 빨간 열매를 보며 "네가 어디에 있든지 언제까지고 영원히 널 사랑할 거란다."라고 말한다. 이 이야기는 입양 부모가 어떤 처지

에 있더라도 입양아를 양육하고, 입양 자녀를 사랑한다는 확신을 갖게 한다는 심리적 효용을 제공할 수 있다.

백희나 글, 그림의 『삐약이 엄마』(2011)는 니양이라는 뚱뚱하고 식탐 많은 못된 고양이가 병아리를 낳게 된다는 다소 엉뚱한 이야기로 입양이라는 문제를 끌어들이고 있다. 니양이는 병아리에게 삐약이라는 이름을 지어 준 뒤, 먹이를 주면서 아낌없이 보살핀다. 결국 악명 높은 못된 고양이 니양이가 아기 병아리 삐약이를 정성스레 돌보면서 삐약이 엄마로 불리게 되는 이야기다. 다만, 고양이가 달걀을 먹고 병아리를 낳는다는 다소 황당한 설정과 고양이가 왜 병아리에게 헌신적인 사랑을 베푸는지에 대한 개연성 있는 설명과 관련된 감정 묘사가 없어 아쉽다. 하지만 독특하고 유머 있는 등장인물 캐릭터와 그 성격 묘사들이 아이들 독자뿐만 아니라 어른들에게도 즐거움을 유발한다.

야코프 마르틴 스트리드(Jakob Martin Strid) 글, 그림의 『사고뭉치 꼬마 개구리 플록 *Lille frø*』(2005)은 지구의 한 작은 마을에 떨어진 별똥별 안에서 발견된 아기 개구리를 개구리 가족의 막내 플록으로 삼는다는 이야기로 시작된다. 가족들은 플록을 사랑하며 아꼈지만, 플록은 말썽만 피우다가 끝내 집을 나간다. 플록은 동굴 속에서 도사님을 만나 자신의 문제를 얘기하며 고쳐 보려고 하지만 결국 또 말썽을 피우다가 쫓겨난다. 홀로 남겨진 플록은 어디로 가야 할지 막막해하는데, 그때 플록의 가족이 찾아온다. 플록은 자신이 여전히 말썽꾸러기라고 말하지만 엄마와 가족들은 그런 플록에게 "괜찮다."고 말하며 자신들과 함께 있자고 한다. 이 그림책은 대체로 착하고, 순종적인 아이로 그려지는 다른 입양 그림책 주인공과는 달리 주인공을 말썽꾸러기로 그리고 있다는 점에서 특별하다. 이런 주인공 성격의 설정은 매우 사실적이며 입양 아동을 있는 그대로 수용하는 가족의 포용력을 잘 보여 주고 있다.

핌 판 헤스트(Pimm Van Hest) 글, 닌케 탈스마(Nynke Talsma) 그림의 『우리는 한가족이야 *Rosita*』(2009)는 로지타라는 다섯 살짜리 여자아이의 입양 이야기다. 피부색이 달라도 부모가 친부모라고 믿었던 로지타는 친구의 이야기를 통해 자신이 입양되었다는 것을 알게 된다. 그 이후 로지타는 입양 부모로부터 친부모에 대한 이야기와 자신의 입양 과정을 듣게 된다. 이 그림책은 친부모의 입양 당시 상황을 글과 그림을 통해 잘 보여주면서 친부모가 입양을 보낸 이유는 자식을 사랑하기 때문이며 친부모에게도 입양이 쉽지 않은 결정이었다는 것을 알게 한다. 이 이야기를 통해 주인공 로지타가 입양을 긍정적으로 받아들일 수 있도록 만든다. 이 그림책은 친부모의 이야기가 상당히 많이 등장하여 입양을 선택할 수밖에 없는 친부모의 상황과 그 입장에 대해 진지하게 생각해 볼 수 있게 돕는다.

제랄드 스테르(Gérald Stehr) 글, 프레드릭 스테르(Frédéric Stehr) 그림의 『진짜 동생 *Foufours decouvre un secret*』(2002)은 자신이 입양아라는 걸 알아 버린 주인공 지즐레트가 정신적으로 혼란을 겪으며 비뚤어진 행동을 보이는 이야기다. 이 책은 입양아라는 사실을 알아차렸을 때 겪는 입양 아동의 혼란과 복잡한 심리, 그리고 마음과 달리 비뚤어지는 행동의 모습을 실제적으로 잘 묘사하였다. 다행히 친구인 푸푸르의 도움으로 지즐레트는 마음을 열게 되고, 다시 가족을 받아들인다. 입양 그림책에서는 가족 간의 문제뿐만 아니라 입양 아동의 내적 심리와 상실감, 정체성의 문제를 다루는 것이 반드시 필요하다. 천즈위엔(陳致元) 글, 그림의 『악어오리 구지구지 *Guji Guji*』(2000)에서도 위의 작품과 같이 입양아라는 사실을 접했을 때 입양 아동 자신이 겪는 슬픔과 상실, 그리고 정체성의 문제를 상세하게 다루고 있다.

미주 목록

1) 최경석, 김양희, 김성천, 김진희, 박정윤, 윤정향(2006). 한국 가족복지의 이해. 서울: 인간과 복지.
2) 이갑숙, 손진현(2008). 국내입양에 대한 인식과 태도 조사. 한국콘텐츠학회, 8(12), 357-365.
3) 이민영(2003). 예비부모대상 입양에 대한 반편견교육 프로그램 개발과 실시효과. 숙명여자대학교 교육대학원 석사학위 논문.
4) 윤은영(2013). 국내 입양제도의 실태 및 개선방안. 사회과학연구, 30(2), 191-222.
5) Joyce, K. (2013). *The child catchers*. 박준영 역(2014). 구원과 밀매. 서울: 뿌리의 집.
6) 박현정(2012). 입양가족을 소재로 한 그림책의 출판 현황과 내용 분석. 가톨릭대학교 교육대학원 석사학위 논문.
7) 이민영(2003). 예비부모대상 입양에 대한 반편견교육 프로그램 개발과 실시효과. 숙명여자대학교 교육대학원 석사학위 논문.
8) April, A. M., & Patrica, A. C. (2011). Connecting the Dots: Exploring Themes in Adoption Picturebooks. *Early Childhood Education, 39,* 313-321.
9) 현은자, 박소윤, 조민희(2011). 사회적 이슈를 다룬 사실주의 그림책에 대한 유아의 문학적 반응. 어린이문학교육연구, 12(2), 75-99.
10) 박현정(2012). 입양가족을 소재로 한 그림책의 출판 현황과 내용 분석. 가톨릭대학교 교육대학원 석사학위 논문.
11) 김현경, 현은자(2006). 그림책에 나타난 곰의 이미지 연구. 어린이문학교육연구, 7(1), 1-39.
12) Nikolajeva, S. C. (2006). *How Picturebooks Work*. New York: Routledge.
13) 박현정(2012). 입양가족을 소재로 한 그림책의 출판 현황과 내용 분석. 가톨릭대학교 교육대학원 석사학위 논문.
14) Rudman, M. K. (1995). *Children's literature: An issue approach*. USA: Longman Publishers.
15) Rudman, M. K. (1995). *Children's literature: An issue approach*. USA: Longman Publishers.
16) 이 향(2008). 국내 · 외 창작그림책에서의 다양한 가족의 형태 및 가정환경 분석. 이화여자대학교 교육대학원 석사학위 논문.
17) April, A. M., & Patrica, A. C. (2011). Connecting the Dots: Exploring Themes in Adoption Picturebooks. *Early Childhood Education, 39,* 313-321.
18) Rudman, M. K. (1995). *Children's literature: An issue approach*. USA: Longman Publishers.
19) Rudman, M. K. (1995). *Children's literature: An issue approach*. USA: Longman Publishers.

20) 박현정(2012). 입양가족을 소재로 한 그림책의 출판 현황과 내용 분석. 가톨릭대학교 교육대학원 석사학위 논문.

웹사이트

이정은(2014). 미 입양한국아동 1038명. 미주한국일보. http://www.koreatimes.com/article/850986

정은주(2010. 7. 21.). 숫자로 본 해외입양. 서울신문. http://www.seoul.co.kr//news/newsViewphp?code=seoul&id =20100721011007&keyword

통계청(2014). 국내외입양현황 통계. http://kosis.kr

The Australian Intercountry Adoption Network. (2014). International adoption statistics by country of origin. Retrieved from http://www.aican.org/statistics.php?region=0&type =birth

U.S. Department of Health & Human Services (1987). https://www.childwelfare.gov/adoption/intro.cfm

참고 그림책 목록

백희나 글, 그림(2011). 삐약이 엄마. 서울: 스토리보울.

宮西 達也(2003). *おまえうまそうだな*. ポプラ社. 백승인 역(2004). 고 녀석 맛있겠다. 서울: 달리.

宮西 達也(2006). *あなたをずっとずっとあいしてる*. written by 宮西 達也. ポプラ社. 허경실 역(2011). 영원히 널 사랑할 거란다. 서울: 달리.

陳致元(2000). *Guji Guji*. written by 陳致元. 信誼基金. 박지민 역(2003). 악어오리 구지 구지. 서울: 예림당.

Anne Wilsdorf(1999). *Jujube*. written by Anne Wilsdorf. Ecole des Loisirs. 이정임 역(2001). 소중한 주주브. 서울: 웅진닷컴.

Frédéric Stehr(2002). *Foufours decouvre un secret*. written by Gérald Stehr. Ecole Des Loisirs. 최윤정 역(2004). 진짜 동생. 서울: 바람의 아이들.

Jakob Martin Strid(2005). *Lille frø*. written by Strid, Jakob Martin. Gyldendal A/S. 김수희 역(2008). 사고뭉치 꼬마 개구리 플록. 서울: 어린이작가정신.

Katarzyna Kotowska(1999). *Jez*. written by Katarzyna Kotowska. Egmont Polska. 최성은 역(2005). 고슴도치 아이. 서울: 보림.

Keiko Kasza(1996). *A Mother For Choco*. written by Keiko Kasza. Puffin. 신형건 역(2006). 초코 엄마 좀 찾아 주세요! 서울: 보물창고.

Monica Schultz(1989). *Här kommer Bu-ran och Seo-ran från Korea. written by Göran Schultz.*

Bokförlaget Natur och Kultur. 황덕령 역(2008). 한국에서 부란이 서란이가 왔어요! 서울: 고래이야기.
Nynke Talsma(2009). *Rosita*. written by Pimm Van Hest. Clavis. 정낙선 역(2011). 우리는 한 가족이야. 서울: 고인돌.
Reinhard Michl(1988). *The Foundling Fox*. written by Irina Korschnow. Scholastic Paperbacks. 김정희 역(2005). 엄마 잃은 아기 여우. 서울: 경독.
Sophie(1994). *Moun*. written by Rascal. l'école des loisirs. 홍성혜 역(2009). 문이. 서울: 마루벌.
Terrry Denton(1999). *Big Red Hen And The Little Lost Egg*. written by Margaret Wild. Viking Children's Books. 김현좌 역(2009). 엄마가 되어 줄게. 서울: 해솔.
Verena Ballhaus(2007). *Du gehörst zu uns*. written by Franz-Joseph Huainigg. Betz Annette. 김경연 역(2008). 내가 입양되던 날. 서울: 주니어김영사.

제3장 이 혼

이혼(Divorce)이란 법률상 유효하게 성립한 혼인을 생존해 있는 결혼 당사자들이 합의 또는 재판상 절차를 거쳐서 그 결합 관계를 소멸시키는 것을 말한다. 이혼은 인위적으로 혼인 관계를 소멸시킨다는 점에서 부부 중 어느 일방의 사망에 의한 혼인 관계의 해소와는 달리 부부가 모두 생존해 있는 동안에 부부 관계에서 일어나는 여러 가지 문제로부터 탈피하기 위한 하나의 방법이며 동시에 부부 관계를 해소시킬 방법을 법률상으로 인정하는 제도다.[1] 따라서 부부 관계가 소멸되기는 하나, 그 관계를 통해 형성된 부모와 자녀의 관계는 그대로 지속되기 때문에 이혼 그 자체를 가족의 해체로 규정지을 수는 없다고 보는 관점도 존재한다.[2] 즉, 이혼이라는 것은 법률과 관련 있는 제도로 법적인 절차를 반드시 따라야 함을 의미한다.

얼마 전 발표된 2013년 통계청 통계에 따르면 2013년에 발생한 이혼은 11만 5,300건이었으며 인구 1천 명당 이혼 건수를 보여 주는 지표인 조이혼율은 2.3건이었다. 2010년 이후부터는 해마다 비슷한 조이혼율을 보이고 있지만 이혼 건수를 본다면 여전히 많은 사람들이 이혼을 하는 것으로 나타났다. 하지만 이혼에 대한 사회의 부정적인 시각은 여전하여 이혼 당사자나 이혼 가정의 아이들이 어려움을 겪고 있다. 아직도 우리 사회는 이혼을 결혼의 실패, 인생의 실패로 보는 경향이 있고 이와 더불어 이혼이 지극히 개인적인 사생활의 일부이기 때문에 당사자의 이혼 문제를 주변 사람들이 언급하거나 들춰내는 것은 결례라고 생각하여 언급을 삼가는 것이 일반적이다.

이혼 가정의 문제를 조금 더 살펴보자면 크게 이혼 당사자인 부부와 그 아이들의 문제로 나누어 볼 수 있겠다. 우선 이혼 가정의 당사자인 성인들은 제일 먼저 경제적 어려움에 부딪힌다. 여성이 경제 활동을 해야만 하는 모자 이혼 가정의 경제적 빈곤과 이를 법적으로 어떻게 구제하고 있는지를 연구한 결과를 살펴보면 오늘날 이러한 한부모 가정들을 법적으로 구제하려는 다양한 시도는 있지만 현실적으로 그들이 느끼는 경제적인 문제들은 훨씬 더 많고 심각한 것으로 보인다.[3] 자녀를 양육하는 문제로 이혼 과정에서도 부부가 마찰을 보이지만 이혼 후의 양육비에 관련된 서로 간의 갈등도 심각하고 다양하게 나타나기 때문이다. 이러한 과정에서 이들이 새롭게 직업을 구하는 경우 대부분 업무 부담이 많고 소득이 적은 직종을 구하게 된다는 연구도 있어 이들이 겪는 어려움의 다른 차원을 보여 준다.[4]

이혼의 사유로 한부모 가정이 된 가족은 이러한 경제적 어려움으로 인해 또 다른 문제들에 직면하게 되는데 그중 가장 큰 문제가 바로 자녀 양육 문제다. 한 명의 부모가 경제적 부양을 해야 하는 까닭으로 아이들의 양육 문제에 소홀하게 될 수밖에 없게 되기 때문이다. 한 연구에 따르면 부모의 양육태도가 이혼 가정 아이들의 사회적 적응에 영향을 미치는 것으로 나타났는데[5] 이는 경제적 부양의 이유로 자녀 양육 문제에 소홀해지게 되는 이혼 가정의 부모들에게 자녀 양육 활동에 대한 적극적인 지원과 관심이 필요함을 의미한다. 이혼 과정 전반에 걸쳐 이혼 당사자들은 심리적으로 크게 위축될 수밖에 없다. 결혼에 실패했다는 좌절감과 더불어 아이들에 대한 책임을 다하고 있지 못하다는 죄책감이 그 원인이다. 이러한 죄책감과 우울감에서 빠져나오지 못한다면 그들이 양육해야 하는 아이들에게도 부모의 부정적인 심리가 그대로 투사될 수 있다. 이것이 이혼 당사자인 성인들의 심리적인 문제에도 관심을 가져야 하는 까닭이다.

이혼 과정에서 상당수의 아동들은 이미 마음의 상처를 얻게 된다. 특히 학령기 아동의 경우 이혼을 하면서 각각의 부모가 주거지를 옮기는 경우가 많은데 이 과정에서 아동들은 전학을 하게 된다. 이는 곧 가정 환경과 사회 환경이 동시에 바뀌게 되는 것을 의미한다. 심리적으로 불안한 아이들에게 새로운 환경에 적응하는 것은 매우 힘든 일이다. 아이들은 이러한 불안감 때문에 학교생활과 사회생활에 있어 공격성이나 과잉행동 같은 부적응 행동을 보일 수 있다. 또한 애착 관계 상실로 인한 낮은 자존감과 본인이 버림받았다는 피해의식 등의 심리적 문제도 제기되는데, 학령기 후기 아동은 한쪽 부모를 원망하며 분노를 표출하는 경향을 보이기도 한다.[6] 이처럼 이혼으로 인해 발생할 수 있는 부모와의 갈등 역시 아이들에게는 어려운 문제일 수 있다.

앞으로 논의하게 될 이혼과 관련된 그림책은 이혼이라는 제도뿐 아니라 위에서 언급한 성인과 이혼 가정의 아동들이 겪는 문제점들과 그들의 심리상태를 잘 들여다볼 수 있는 도구가 될 수 있다. 그림책은 이혼 가정의 아동들을 심리적으로 지지해 주고 공감해 줄 수 있을 뿐 아니라 그들의 상황을 독자들이 이해할 수 있도록 돕는 일종의 다리 역할을 하게 될 것이다. 또한 부모의 이혼을 경험하지 않은 대다수의 아이들에게도 이혼 가정의 아이들에 대한 이해를 돕는 매개체로 그림책이 활용될 수 있다. 실제로 한 연구에 따르면 저학년 아동들에게 이혼 관련 그림책을 읽어 주었을 때 다수가 그림책에 나타난 글과 그림의 의미를 잘 이해하고 있었다. 또한 그들은 다양한 형태의 가족에 대한 이해를 바탕으로 세상에 대한 이해, 자기에 대한 이해의 폭을 확장시켜 나가는 모습을 보였다. 즉, 아동들은 이 과정에서 각자 그 나름대로의 가족의 의미를 형성해 나가며 다른 가족 구성원들에 대해서도 생각하는 모습을 보여 주었다.[7] 다른 연구에서도 이혼 자체에 관한 다양한 정보들과 이혼 가정의 친구들에 대한 아동 스스로의 관점을 정리하는 데 그림책이 효과적인 것으로 나타났다.[8] 또한 이와 비슷한 맥락에서 크라메란드와 스미스(Kramerand & Smith, 1998) 역시 이러한 책들이 이혼 가정 아이들의 성장발달과 관련된 자기 인식, 자기 이해, 공감능력, 스트레스 감소, 전략 수립, 문제해결 등을 도와준다고 말했다.[9]

하지만 아직까지도 이혼 관련 그림책은 많이 부족한 것이 현실이다. 그림책에 나타난 다양한 가족 형태를 분석한 김선영(2003)의 연구에 따르면 이혼 가정을 그린 그림책은 네레 마어(Nele Maar) 글, 베레나 발하우스(Verena Ballhaus) 그림의 『아빠는 지금 하인리히 거리에 산다 *Papa Wohnt Jetzt in der Heinrichstrabe*』(2001)와 배빗 콜(Babette Cole) 글, 그림의 『따로따로 행복하게 *Two of Everything*』(1998) 단 2권인 것으로 나타났고[10] 이향(2008)의 연구에서는 『아빠는 하인리히 거리에 산다』(2011), 『따로따로 행복하게』(1998), 클레이레 징거(Claire Singer) 글, 아네테 뢰더(Annette Roeder) 그림의 『아빠는 궁전을 사주신대요 *Und Papa Schenkt Mir Dann Ein Schloss!*』(2003), 에밀리 멘데즈 아폰데(Emily Menendez-Aponte) 글, 로버트 W. 앨리(Robert W. Alley) 그림의 『난 이제 누구랑 살지? *When Mom and Dad Divorce: A Kid's Resource*』(1999), 다니엘 로리(Danielle Lowry) 글, 보니 매튜스(Bonnie Matthews) 그림의 『로지의 이혼 방해 작전 *What Can I Do?*』(2007) 등 총 5권을 제시했다.[11] 실제로 이혼 가정 아동들의 독서 치료와 관련된 연구들을 살펴보아도 독서 치료에 활용되는 이혼 관련 그림책이 극히 제한적이라는 사실을 알 수 있다.[12] [13] [14] 더 아쉬운 사실은 이혼과 관련된 국내 작가들의 그림책은 단 한 권도 없다는 것이다. 국내에서도 이혼 문제가 사회적으로 급증하고 있는 만큼 이혼에 대한 이해를 돕고 심리적인 치유 효과도 가져올 수 있는 작품이 필요하다.

1. 이혼과 관련된 통계 현황

1) 이혼율

우리나라에서 2013년의 이혼 건수는 11만 5,300건으로 전년 대비 1천 건, 약 0.9% 증가했으며 조이혼율(인구 1천 명당 이혼 건수)도 2.3건으로 전년과 유사한 수치를 보였다. 이혼 건수는 국제통화기금(IMF) 사태 직후인 2000년대 초반부터 증가하기 시작했지만 부동산 경기가 잠시 회복되던 2000년대 중반에는 감소했고 2008년 9월 글로벌 금융위기가 시작되자 다시 증가했다. 지난

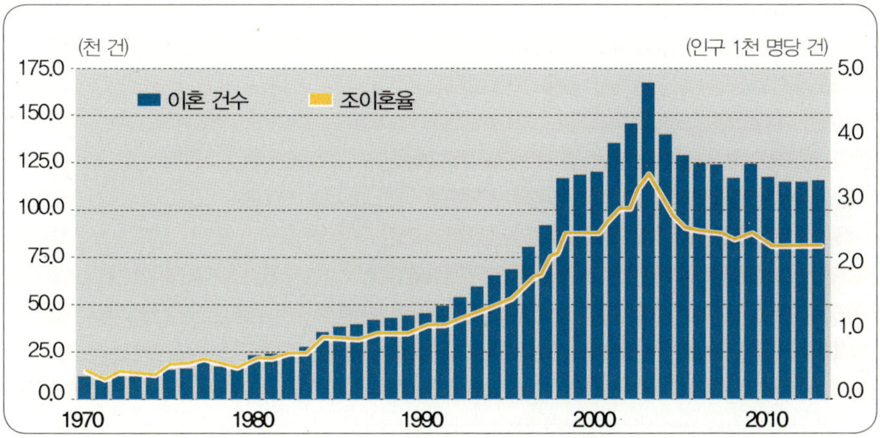

[그림 3-1] 이혼 건수 및 조이혼율 추이

출처: 통계청, e-나라지표(2015).

2003년 이후로 이혼은 계속 감소하는 추세를 보였는데 여기에는 협의이혼 전 상담과 이혼숙려기간을 제도적으로 도입한 것이 큰 영향을 미친 것으로 보인다. 하루만에 가능했던 협의이혼 절차가 까다로워져 이혼 당사자들이 미성년 자녀양육 문제, 재산 문제 등에 대해 좀 더 신중을 기하게 된 것이다.

2) 이혼 연령층과 자녀문제

남성과 여성 모두 주 이혼 연령층은 40대 초반으로, 남성이 전체의 19.3% 여성이 전체의 19.8%를 차지한다. 이를 통해 우리는 40대 초반의 부모와 함께 거주하는 자녀들이 겪는 문제가 클 수 있음을 유추할 수 있다. [그림 3－2]를 살펴보면 이혼 부부 중 미성년 자녀가 있는 경우는 51.2%로 이혼 가정의 절반 이상이 미성년 자녀가 있는 가정인 것으로 나타났다. 이는 이혼 문제가

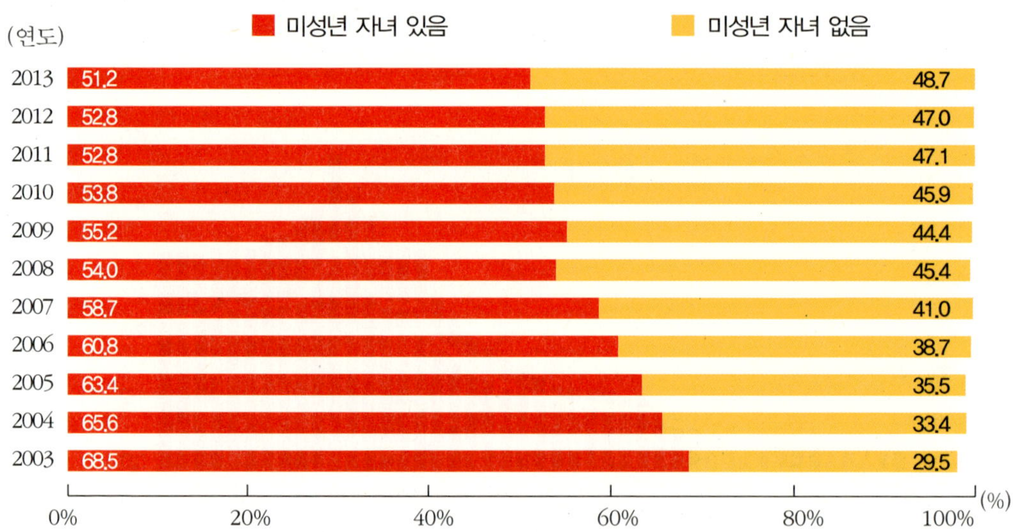

[그림 3–2] 미성년 자녀 유무별 이혼 구성비

출처: 통계청, e–나라지표(2015).

부부 당사자들의 문제를 넘어서 자녀들에게도 큰 영향을 미칠 수 있는 문제임을 보여 준다.

3) 황혼이혼

2013년 통계에 따르면 전년 대비 60대 이상 남성의 이혼은 8.5%, 여성의 이혼은 14.3% 증가하였다. 2004년부터 지난 10년 동안 황혼이혼 건수는 꾸준히 증가한 것으로 보인다. 최근 미디어에서도 이러한 황혼이혼 문제에 집중하고 있는데 이것은 평균 수명의 연장과 관련되어 있다. 더 나아가 황혼이혼의 증가는 노인들의 결혼과 이혼 문제가 사회적인 문제로까지 대두되고 있음을 보여 준다. 이와 같은 문제들은 앞으로 더욱 확대될 것이다.

〈표 3-1〉 60대 이상 이혼 건수

(단위: 천 건, %)

	2003	구성비	2004	2005	2006	2007	2008	2009	2010	2011	2012	2013	구성비	전년 대비 증감률
남	6.1	(3.6)	5.6	5.9	6.5	7.3	8.5	8.9	9.0	9.1	9.7	10.5	9.1	8.5
여	2.4	(1.5)	2.3	2.6	2.9	3.5	4.2	4.1	4.1	4.3	4.7	5.4	4.6	14.3

출처: 통계청, e-나라지표(2015).

이러한 측면들을 고려해 볼 때 한국에서의 이혼은 특별히 한 세대에만 국한된 현상이 아니고 여러 층위에 걸쳐 나타나는 현상으로서 우리는 이를 통해 이미 이혼이 한국 사회에서 중요한 사회 문제로 대두되었음을 확인할 수 있다. 또 이혼은 이혼 당사자의 문제일 뿐 아니라 가족 구성원인 자녀의 심리 · 사회적 적응 문제와도 깊이 관련되어 있다는 점을 확인할 수 있다.

2. 토론 문제

- 당신은 이혼에 대하여 어떻게 생각합니까? 우리 사회는 이혼에 대해 어떤 시각을 가지고 있습니까? 이혼에 대한 사회의 시각이 이전 세대와 비교해 볼 때 변화가 있다고 생각합니까?
- 당신은 아이들이 부모의 이혼에 대해 어떻게 이해하고 받아들이고 있다고 생각합니까? 주변의 예를 살펴보고 말해 봅시다.
- 당신은 이혼 문제를 다룬 책들을 언제 아이들에게 소개하는 것이 적절하다고 생각합니까? 아이들에게 적절한 이혼 관련 그림책을 선정할 경우 어떠한 내용을 다루는 것이 좋다고 생각합니까?
- 당신은 부모의 이혼을 경험한 아이와 그렇지 않은 아이들 간에 이혼 관련 그림책에 대한 반응이 다를 것이라고 생각합니까? 어떠한 차이가 있을 것이라 생각합니까?
- 당신은 이혼 문제를 다룬 책들을 읽어 줄 때 성인이 어떤 태도를 가져야 한다고 생각합니까? 이때 성인과 아동의 관계는 어떠해야 한다고 생각합니까?
- 당신은 이혼 문제를 매우 사실적으로 드러내는 그림책이 아동의 교육 자료로서 적당하다고 생각합니까? 왜 그렇게 생각합니까?

3. 평가 준거

- 이혼과 관련된 정확한 정보를 전달해야 한다. 특히 관련 통계나 법 등의 정보가 자주 바뀌는 점을 고려해야 한다.[15] 문학은 항상 작가의 태도와 그 당시 사회의 시선들을 담고 있는데 이러한 법적인 정보들을 제공하게 되면 개개인이 사회 구성원으로서 건강하고 긍정적인 관점을 가지고 살 수 있도록 도와줄 수 있을 것이다. 사람들이 이혼에 대하여 가지고 있는 편견들, 결혼을 유지하는 방법과 이혼의 원인, 최신 이혼율과 이혼 인구, 이혼 관련 도움을 줄 수 있는 단체들에 대한 사실적인 정보는 아이들과 어른 모두에게 필요하다.
- 이야기는 이혼과 관련된 문제와 양상들을 현실적으로 전달해야 한다. 이혼의 원인에 대한 내용을 묘사할 때에는 누군가의 탓으로 돌리거나 단 하나의 원인으로 인해 이혼에 이르게 되는 등의 비현실적인 내용은 피해야 한다. 이혼은 항상 복잡한 이유로 발생하게 되는데 이것이 단 하나의 원인으로 축소되거나 한 사람만의 잘못으로 그려진다면 이혼은 해결해야 할 문제가 아니라 책 속에 묘사된 한 가지 원인을 제공한 그 한 사람에 대한 분노로 귀결될 수 있다.
- 아이 앞에서 부부가 상대방을 비난하는 내용은 피하는 것이 좋다. 이렇게 되면 이혼은 서로 중재 과정을 거쳐 해결할 수 없는 것으로 인식될 수 있다. 또 이혼과 관련하여 자녀 탓을 하면 안 되는데 이는 대부분의 아이들이 이혼의 원인이 본인들 때문이라고 생각하게 되기 때문이다. 따라서 아이 때문에 이혼하는 것이 아니라는 사실을 명확하게 나타내야 한다. 여기서 더 나아가 이혼 과정을 아이와 함께 공유하고 차분하게 알리는 내용이 필요하며 이혼 후의 과정들을 담고 있는 책들은 부모와 정기적으로 만나는 모습과 더불어 감정적인 회복 과정에서 부모, 조

부모, 친구, 선생님 등의 좋은 협력자들의 모습과 그들이 이혼 가정의 아동들을 지지해 주는 모습이 나타나야 한다.[16] 부모의 이혼을 겪은 아동들에게 성인들이 사랑으로 그들의 양육에 도움을 주면 아동들의 인생에 긍정적인 자산이 될 수 있다.[17]

- 그림책에서 주인공 아이의 모종의 노력을 통해 부모가 재결합하게 되는 방식의 결말은 피해야 한다. 이혼 가정의 아동들은 부모의 재결합에 관해 막연한 환상을 갖고 있는 것으로 나타나지만[18] 실제로 부모들이 이혼을 결정하면 그 상황에서 아동이 할 수 있는 일은 아무것도 없기 때문이다. 이런 의미에서 아동의 노력이 이루어 내는 행복한 결말은 이혼에 대해 아동 스스로가 문제 상황을 정확히 이해하고 그 문제에 대하여 어떻게 대처해야 하는지를 터득하는 데에 현실적인 도움을 주지 못한다. 이보다 더 위험한 것은 이러한 그림책으로 인해 아이들이 부부관계의 악화나 이혼 상황 자체를 아동 자신의 탓으로 돌리는 등 죄책감을 갖게 되는 일이라 할 수 있다. 국내에 출판된 책 중 국민서관의 다니엘라 붕게(Daniela Bunge)의 『사랑의 목도리 *Schneetreiben*』(2006)는 노인들의 이혼과 사랑을 다룬 책으로 오늘날 우리 사회가 황혼이혼을 이슈화하고 있는 만큼 독자들에게는 새롭게 다가갈 수 있는 책이다. 하지만 주인공인 여자아이가 별거 중인 할머니와 할아버지가 다시 사랑할 수 있도록 적극적으로 노력하는 모습, 그에 따라 할머니 할아버지가 재결합하는 모습 등이 그려지고 있는데 이는 지극히 비현실적인 것이다. 문제해결의 방식이 매우 우연적이고 현실적으로 일어나기 어려운 상황을 그려 내고 있다는 점에서 아동 독자들에게 거짓된 신념을 심어 줄 수도 있어 주의가 요망된다.
- 아동들이 이혼 상황에서 가질 수 있는 희망, 두려움, 화, 죄책감, 슬픔, 사랑 등의 복잡하고 폭넓은 감정들을 글과 그림을 통해 폭넓게 다루어

주어야 한다.[19] 아동들은 감정에 관한 어휘와 인지의 부족으로 자신들을 고통스럽게 하는 상황과 감정들에 대하여 표현하기 어려운데 그림책은 이런 아동들에게 시각적인 이미지를 통해 그들이 쉽게 이해할 수 있도록 감정을 표현하는 모습이나 다양한 상황들을 제시할 수 있다. 그 중에서도 특히 이혼 가정 아동들의 어려움에 관하여 공감하고 표출할 수 있는 사실적이고 정직한 감정들이 제시되어야 한다.[20]

- 책은 다양한 독자들에게 여러 가지 도움을 줄 수 있어야 한다. 이혼 가정의 아동에게 도움을 주기 위해서는 아동이 가질 수 있는 궁금증에 대한 답을 명확하게 제시해 주어야 한다. 요컨대 아동에게 주어진 상황을 현실적으로 묘사하고 아동들이 궁금해할 만한 것들과 그에 대한 답을 책에서 직간접적으로 보여 주어야 한다. 아동들은 실제로 이혼에 관하여 궁금한 것이 있지만 혹시나 자신들의 잘못된 언행으로 상황이 더 악화 될까 봐 어른들에게 묻지 못한다.[21] 이는 이혼이라는 상황이 담고 있는 부정적인 느낌 때문일 수 있다. 따라서 이러한 아이들의 궁금증에 대한 해답을 그림책이 제시해 줄 필요가 있다. 또한 이러한 책들은 이혼 가정의 아동을 친구로 둔 또래집단이나 이혼을 접해 본 적이 없어 이혼 가정의 친구들에게 어떻게 대처해야 할지 모르는 아동들이 상심에 빠진 친구를 지지하고 격려할 수 있도록 도울 수 있다.

4. 소주제 설명 및 그림책 서평

이혼과 관련된 그림책은 국내 저자에 의해 출판된 것이 거의 없어 다음에 소개하는 작품들은 대부분 국외 그림책이다. 이들 그림책은 이혼에 대한 아이들의 감정을 표현한 그림책, 이혼 후 부모의 양육을 다룬 그림책, 이혼에 관한 정보를 담은 그림책, 이혼에 대한 새로운 시각을 제시한 그림책으로 분류되었다.

1) 이혼에 대한 아이들의 감정을 표현한 그림책

실제로 이혼을 겪기 전과 겪은 후 아이들의 감정은 다양하게 나타난다. 분노로 일관하지도 않으며 슬픔으로 일관하지도 않는다. 이때 아이들은 평소에 겪지 못한 감정들을 짧은 기간 동안 폭넓게 경험하게 되는데 이러한 이혼 가정 아이들의 다양한 감정을 다룬 책들은 다음과 같다.

샌드라 레빈스(Sandra Levins) 글, 브라이언 랭도(Bryan Langdo) 그림의 『초콜릿 푸딩 때문에 *Was It the Chocolate Pudding?*』(2005)는 부모가 이혼하는 과정에서 아동이 이혼의 원인을 자신의 탓이라고 생각했다가 그것이 아니라는 사실이 밝혀지자 다시 안도하고 기뻐하는 모습을 아이들의 눈높이에 맞추어 그린 책이다. 실제로 부모의 이혼 과정에서 아동들은 부모의 이혼 원인을 자신의 탓으로 돌리기도 하는데, 이 책은 이러한 아이들의 심리상태를 잘 포착하였다. 이른 아침 엄마가 없는 사이 두 형제들은 침대 위에서 초콜릿 푸딩을 먹기 위해 푸딩의 포장을 뜯는다. 하지만 포장을 뜯는 것이 서툰 형은 푸딩을 벽에 쏟고 동생은 그것을 벽에 발라 가며 한바탕 신나게 논다. 잠시 후 집으로 돌아온 엄마는 아이들이 푸딩을 가지고 집을 엉망진창으로 해 놓은 것을 보고 기분이 좋지 않아 아빠와도 싸우게 된다. 이를 본 아이들은 굉장히 초조해한다. 결국 엄마

는 짐을 싸서 집을 나가게 되고, 이때 큰아이는 매우 불안해한다. 자신 때문에 엄마가 화가 났고 이러한 까닭으로 엄마와 아빠가 따로 살게 되었다고 생각한 것이다. 더 가슴 아픈 것은 바로 이 사실을 누구에게도 말하지 않고 혼자만의 비밀로 간직하기로 했다는 점이다. 비록 엄마와 아빠가 함께 살지 않지만 이 책은 부모 각자의 집에서 자녀들과 따로따로 함께하는 모습을 보여주기도 한다. 어느 날 큰아이는 마음속 비밀을 부모에게 털어놓는다. 바로 자신의 잘못으로 엄마와 아빠가 헤어진 것 같다며 엄마에게 미안하다고 용서를 구한 것이다. 엄마는 이 이야기를 듣고 큰아이를 꼭 안아 주며 그것이 아니라고 따뜻하게 말해 준다. 더불어 지금은 새로운 환경에 적응하는 단계이고 가족 모두에게 앞으로 좋은 일이 일어 날 것이라는 희망도 함께 이야기해 준다. 이 이야기를 들은 두 아이들이 덩실덩실 춤을 추는 것으로 이 책은 끝이 난다. 아이의 입장에서 부모의 헤어짐이 자신들 때문일지도 모른다는 막연한 마음의 짐을 내려놓은 뒤 신나게 춤을 추는 마지막 장면에서 독자들은 주인공 아이들의 심리에 공감할 수 있을 것이다.

지니 프란츠 랜섬(Jeanie Franz Ransom) 글, 캐스린 쿤츠 피니(Kathryn Kunz Finney) 그림의 『말하고 싶지 않아 *I don't want to talk about it*』(2000)는 부모의 이혼에 대하여 아동들이 어떤 감정을 느끼는지 의인화된 동물을 통하여 보여준다. 이렇게 동물들이나 장난감 등의 사물로 의인화된 내용들은 아동들이 부모의 이혼으로부터 느끼는 심리적 부담감을 덜어 주는 역할도 한다. 부모의 입에서 이혼이라는 말이 나오자 주인공은 거북처럼 자신의 내면의 벽 안으로 숨고 싶어 한다. 그 이후에도 이 책은 코끼리, 야생마, 고슴도치, 악어, 물고기, 곰 등 여덟 가지 동물의 모습으로 주인공이 변화하는 모습을 보여 주면서 동물들과 아이의 감정을 연결해 보여 준다. 이렇듯 이 책은 주인공의 내면에 숨겨진 강력한 감정들을 초현실적인 동물의 모습으로 나타내고 있는데 이혼 과정을 겪은 아동들은 이 책을 읽으면서 자신들이 느꼈던 여러 가지 감정들이 정확히 무엇을 의미하는지 다시 한 번 더 명료하게 알게 될 것이다. 또한 이 책을 읽어 주거나 읽게 되는 성인들 역시 아이들이 느끼게 되는 실제 감정들을 부모가 오롯이 받아들이고 존중해 주는 모습이나 이혼 과정을 차분히 설명해 주고 앞으로 일어나게 될 일들을 아이와 함께 공유하는 모습 등을 통해 어른으로서 자신이 해야 할 일을 발견할 수 있다. 뿐만 아니라, 성인들은 이 책을 통해 이혼 과정에서 아이들이 경험하는 심리상태를 간접적으로 알 수 있으며 그들을 대하는 성인의 바람직한 모습에 대해서도 학습할 수 있을 것이다.

네레 마이 글, 베레나 발하우스 그림의 『아빠는 지금 하인리히 거리에 산다』(1998)는 부모의 이혼으로 힘들어하는 아이가 스스로 성장해 가는 모습을 담담하게 보여 주는 책이다. 이 책에서 아이는 이혼으로 인해 아파하지만 그 아픔을 스스로 극복할 수 있는 존재로 그려지고 있다. 그 극복의 과정이 순탄하지만은 않지만 그럼에도 독자들은 이와 같은 힘든 과정들이 결국엔 아이의 인생에 단단한 밑거름이 될 것임을 느낄 수 있다. 엄마와 아빠가 헤어지는 것을 원치 않는 아이는 분노를 표출하며 투정을 부려 보지만 소용없다. 아빠가 집을 나간 이후 아이는 엄마와 살게 되고 아빠는 혼자서 하인리히 거리에 살게 된다. 아이는 아빠가 보고 싶을 때면 아빠의 집에 가서 아빠와 함께 시간을 보내다 오곤 한다. 다음으로 이 책에서 주목할 부분은 바로 보보와 도도의 등장인데, 먼저 책의 표지를 보면 아이가 두 인형을 안고 있는 모습을 볼 수 있다. 바로 보보와 도도다. 이후 책장을 넘기면 우리는 책의 첫 장면부터 이 두 인형이 엄마와

아빠를 상징하고 있음을 알 수 있다. 아이의 엄마와 아빠에 대한 감정은 보보와 도도를 통해 표출된다. 아이는 어른들에게는 하지 못하는 행동과 말을 보보와 도도에게 하게 되는데 독자는 이를 통해 이혼 상황을 겪고 있는 아이의 심리상태를 간접적으로 엿볼 수 있다. 결국 아이는 이 상황을 현실로 인정하게 된다. 아이는 아빠 집의 자기 침대에는 도도를, 엄마 집의 자기 침대에는 보보를 눕힌다. 이는 비록 엄마와 아빠가 따로 살고 있지만 아이가 늘 자신과 함께 있음을 느끼며 현실을 인정하게 됨을 의미한다. 이 책의 화자는 상당히 객관적인 시각에서 아이의 감정을 보여 준다. 그림 속 아이의 표정 변화는 거의 없으며 글 자체도 독자와, 그리고 아이와 일정한 거리를 유지하며 사실적으로 서술하고 있다.

2) 이혼 후 부모의 양육을 다룬 그림책

부모의 역할은 이혼 후에도 변함없이 중요하다. 부부간의 관계는 끝이 났지만 그들의 자녀와의 관계는 계속 유지되어야 하기 때문이다. 이러한 관계를 유지하기 위해 부모들은 노력해야 하고 특히 양육 문제에 있어서만큼은 협동적인 관계여야 하며, 그림책도 이러한 모습을 그려 내야 한다. 각각의 부모와 정기적으로 만나거나 함께 시간을 보내는 모습, 이혼 후에도 변함없이 아이의 감정을 지지해 주고 그들을 사랑하는 모습 등이 바로 그것이다. 하지만 성인은 아동에게 책을 읽어 주기 전 반드시 우리의 현실이 항상 이와 같지는 않다는 점을 생각해 봐야 한다.

낸시 코펠트(Nancy Coffelt) 글, 트리샤 투사(Tricia Tusa) 그림의 『프레드랑 나랑 함께 살아요! *Fred Stays with Me!*』(2007)는 이혼 후 아이가 느끼는 부모의 빈자리와 그 빈자리로 인한 외로움, 그것을 수용해 주는 부모의 모습을 그리고 있는 책이다. 이 책의 주인공은 '어느 땐 엄마와 살고 어느 땐 아빠와 사

는' 이혼 가정의 한 여자아이이다. 그리고 이 아이의 곁에는 프레드라는 강아지가 있다. 프레드는 어느 집을 가도 천덕꾸러기 취급을 받는다. 엄마네 집에 가서는 이웃집 푸들을 보면 짖고 차 안을 진흙투성이로 만드는 등 말썽을 부리고, 아빠집에 가서는 아빠의 양말을 물어 숨겨 놓거나 아빠의 바지를 물에 푹 젖게 만들기 때문이다. 급기야 엄마 아빠는 프레드에게 화를 내면서 함께 살 수가 없다고 소리친다. 이때 여자아이가 "프레드는 나랑 살면 된다."고 이야기한다. 사실 이 책을 처음 읽을 때는 이 책이 주는 메시지가 무엇인지 잘 파악되지 않는다. 책 속의 아이는 항상 밝은 얼굴을 하고 있는데 부모의 이혼 후에 아이의 표정이 과연 저렇게 항상 밝을 수 있을지를 생각하게 한다. 물론 이 책에서는 아이의 곁에 감정을 공유할 대상인 프레드가 항상 함께 있어서 가능한 일이었는지도 모른다. 그런데 웃고 있는 아이 곁에서 말썽을 부리는 프레드는 다름 아닌 아이의 또 다른 내면이다. 아이의 분신과도 같은 말썽쟁이 프레드와 함께 살기를 거부하는 부모의 모습은 어쩌면 실제 이혼 후 부모들이 자녀들의 부정적인 감정 표출을 거부하는 모습을 우회적으로 표현한 것일지도 모른다. 결국 이 책 속의 부모는 천덕꾸러기 프레드의 모습까지도 전적으로 수용한다. 엄마는 이웃집 푸들이 프레드의 친구가 될 수 있도록 돕기도 하며 아빠는 프레드가 놀 새 장난감을 사고 양말들을 싹 치우기로 한다. 이후 아이가 엄마, 아빠, 프레드와 새로운 집에서 어떻게 지낼까를 생각해 보는 것도 이 책을 읽는 독자에게 남겨진 커다란 즐거움이라 할 수 있다.

마리안 드스멧(Marian Desmet) 글, 닝커 탈스마(Nynke Talsma) 그림의 『나는 두 집에 살아요 *Ik Woon In Twee Huizen*』(2009)는 이혼 후에도 부모가 아이를 변함없이 사랑하고 있음을 아이의 시선에서 따뜻하게 그려 낸 책이다. 이 책은 이혼하기 전 행복했던 평범한 가정의 모습을 보여 주는 것에서 시작한다. 부모의 이혼 과정을 겪은 아이라면 누구나 그러하듯 이 책의 주인공인 니나도 부모의 이혼 과정을 지켜보게 된다. 니나는 탁자 밑에 들어가 몸을 웅크리고, 엄마의 립스틱으로 벽에 낙서를 하거나, 의자를 걷어차고, 물을 엎지르는 행동을 보이며 자신의 불안한 심리를 여러 가지 행동으로 보여 준다. 하지만 그 이후의 이야기는 다른 책들과 조금 다르게 전개된다. 아이와 엄마, 아이와 아빠는 날마다 전화로 이야기를 나눈다. 아빠는 학교에서 아이가 어떻게 지냈는지 물어보고 엄마는 아이가 오늘 무얼 먹었는지 알고 싶어 한다. 생일잔치도 양쪽으로 나눠 두 번이나 하고 심지어 니나가 수영장에서 처음으로 다이빙을 한 날에는 부부가 함께 그 모습을 지켜본다. 이 부분만 읽는다면 이혼 가정의 아이가 아닌 평범한 가정의 부모와 자녀 관계를 보는 듯하다. 아이는 이러한 사소한 일상생활을 통해 엄마 아빠가 서로에 대해선 사랑을 말하지 않지만 자신에게만큼은 여전히 사랑을 표현하고 있음을 느낀다. 그래서 아이는 두 집에 산다는 게 이상한 일이긴 하지만 두 집에 사는 것도 좋다고 당당하게 독자에게 고백할 수 있는 것이다. 이러한 점은 이혼 가정의 부모들이 아이들에게 매일 전화를 하고 얼굴을 보고 사랑한다 말하고 안아 주는 일상의 평범한 행동을 통해 아이들의 심리를 안정되게 할 수 있음을 보여 주고 있다.

클레이레 징거 글, 아네테 뢰더 그림의 『아빠는 궁전을 사주신대요』(2003)는 조금 다른 관점의 그림책이다. 이 책의 주인공인 테오는 이혼 후 엄마와 함께 살며 목요일을 아빠와 함께 보낸다. 엄마는 늘 테오를 자전거에 태워 유치원에 데리고 가는데 어느 날 아빠가 빨간 스포츠카를 타고 테오 앞에 등장한다. 아빠와 함께 빠르고 멋진 스포츠카를 타고 달린 이야기를 엄마에게 하는 테오. 엄마는 그 이야기를 듣고 보조석이 달린 파란 오토바이를 테오에게 태워준다. 그 뒤 부모는 번갈아 가며 소방차, 마법 양탄자, 우주선, 잠수함 등 경쟁적으로 테오에게 물질 공세를 펼친다. 하지만 정작 테오는 이런 것들을 바란 것이 아니다. 결국 테오는 엄마와 아빠에게 자신을 데리러 올 때 아무것도 들고 오지 말라고 부탁한다. 그날 테오는 엄마와 아빠의 손을 잡고 걸어서 집으로 돌아온다. 이 책은 그림을 통해 아이와 부모의 심리를 간접적으로 묘사하고 있는데, 먼저 첫 표지를 살펴보면 테오는 명도가 높은 색으로 채색되어 있는 반면, 뒤에 팔짱을 끼고 서 있는 부모는 검은 테두리로만 표현되었을 뿐 속은 텅 비어 있다. 이렇듯 이 그림책은 엄마 아빠가 서로의 자존심을 내세우는 과정에서 상처를 받는 것은 다름 아닌 아이라는 사실을 전달하면서 아이가 부모에게 원하는 진정한 사랑이 무엇인지 진지하게 생각해 보게 한다.

3) 이혼에 관한 정보를 담은 그림책

국내에 출판된 이혼과 관련된 그림책 중 이혼에 관한 정보를 담은 그림책은 매우 부족한 현실이다.

에밀리 멘데즈 아폰데 글, 로버트 W. 앨리 그림의 『난 이제 누구랑 살지?』(1999)는 이혼과 이혼 후의 과정을 전반적으로 조망하며 각 상황에서의 아동과 부부의 감정, 그들이 겪은 일과 앞으로 겪게 될 일, 각각의 대처 방법 등을 자세히 보여 주는, 국내에서 출판된 유일한 이혼 관련 정보 그림책이다. 이 책의 화자는 한결같이 따뜻한 말투로 아이들이 혼란스러워 할 여러 상황을 설명하고 아이들의 마음의 상처를 달래 준다. 비록 엄마와 아빠가 이혼을 했지만 여전히 널 사랑하고 있으며 상황은 점점 더 좋아질 것이라고 위로해 준다. 또한 이혼 과정에 있어 이혼이 아이의 잘못이 아님을 명확히 제시해 주기도 하고 아이들의 심리를 자세하게 읽어 내 진단을 내려 주기도 한다.

4) 이혼에 대한 새로운 관점을 제시한 그림책

배빗 콜 글, 그림의 『따로따로 행복하게』(2000)는 부모가 서로를 미워하고 대립하는 과정을 아이들의 시각에서 시종일관 유쾌하게 묘사한다. 이 책은 부모의 이혼이 아이들의 잘못이 아니라고 단호하게 말해 준다. 더 나아가 아이들이 스스로 이 상황을 극복하기 위하여 적극적으로 행동하는 모습을 보여 준다. 작품 속 드미트리어스와 폴라는 자신들과 비슷한 친구들을 모아 의견을 구하고 목사님을 찾아가 엄마 아빠의 '끝혼식' 주례를 서 달라고 부탁한다. 엄마와 아빠는 두 아이들이 계획한 대로 끝혼식을 치르고 그 뒤 각자 행복하게 살아간다. 아이들도 끝혼식 후 더욱 행복하게 지내는 엄마와 아빠의 집을 자유롭게 오고 간다. 이처럼 이 책은 이혼 의식을 즐겁고 유쾌한 끝혼식으로 그려 내어 이혼이 마냥 슬프고 우울한 것이 아니라 오히려 이혼 당사자들과 주변인들에게는 새로운 삶의 출발점일 수도 있다는 시각을 제공한다. 하지만 이 책에서 모든 상황의 주체를 두 아이들로 그리고 있는 것이 과연 합당한

지에 대해서는 추가적으로 논의할 필요가 있다. 다시 말해, 이 책에서는 아이들이 주체가 되어 부모가 이혼할 수 있도록 스스로 계획을 세우고 실행한다. 또한 부모의 이혼 후에는 각자의 집 아래 터널을 파서 자유롭게 오고 가는 능동성을 보이기도 한다. 그러나 이러한 아이들의 태도는 유쾌하기는 하지만 전혀 현실성이 없을뿐더러 적절한 것도 아니다. 실제 현실의 이혼 과정에서 아이들이 부모의 대립과 갈등을 보고 상황을 개선하기 위해 할 수 있는 일은 거의 없으며 판단 능력도 부족하기 때문이다.

물론 이처럼 심각한 주제의 내용을 유희의 일부로 표현하는 것에 심리적 효용이 없다고는 할 수 없으나 이러한 장난스러운 이혼 과정의 묘사에 과연 아동이 얼마나 공감할 수 있을지는 의심스럽다. 따라서 이 책은 책을 읽어 주는 성인의 역할이 훨씬 더 중요하다. 이 책의 내용대로 이혼을 유쾌하고 쉽게 해결할 수 있는 문제로 바라보기보다 부모가 서로를 이해하지 못하고 갈등하는 모습에 초점을 맞추어 이야기를 나눈다거나 이러한 상황이 아동 독자의 상황과 어떻게 다르고 또 동일한지를 이야기로 풀어 나가는 과정이 필요할 것이다.

미주 목록

1) 유영주, 김순옥, 김경신(2013). 가족관계학. 경기: 교문사.
2) 조성연(2009). 가족관계. 경기: 양서원.
3) 조윤주(2006). 이혼으로 인한 한부모가정의 자녀양육문제에 관한 연구－모자가정의 경제적 빈곤의 법적 구제방안을 중심으로. 울산대학교 교육대학원 석사학위 논문.
4) 한준아(2008). 이혼 가정 아동의 자아지각 및 문제 행동. 연세대학교 대학원 박사학위 논문.
5) 이숙미(2009). 이혼가정 아동이 지각한 부모의 양육태도가 아동의 심리 사회적 적응에 미치는 영향. 광운대학교 정보복지대학원 석사학위 논문.
6) 한준아(2008). 이혼 가정 아동의 자아지각 및 문제 행동. 연세대학교 대학원 박사학위 논문.
7) 민시내(2007). 초등학교 저학년 어린이의 그림책 수용에 관한 문화교육적 연구. 경인교육대학교 교육대학원 석사학위 논문.
8) 정순영(2004). 다문화 그림책을 활용한 교육활동이 유아의 가족구조 및 이혼에 대한 태도에 미치는 영향. 성균관대학교 교육대학원 석사학위 논문.
9) Kramerand, P. A., & Smith, G. G. (1998). Easing the pain of divorce through children's literature. *Early Childhood Education Journal, 26*(2), 89-94.
10) 김선영(2003). 그림책에 나타난 가족형태 및 가족관계 분석. 성균관대학교 대학원 석사학위 논문.
11) 이향(2008). 국내 · 외 창작그림책에서의 다양한 가족의 형태 및 가정환경 분석. 이화여자대학교 교육대학원 석사학위 논문.
12) 김유희(2002). 부모의 이혼을 경험한 시설아동을 위한 독서치료의 효과. 숙명여자대학교 대학원 석사학위 논문.
13) 박유정(2010). 가족 관련 그림책을 이용한 교육활동이 유아의 가족 인식에 미치는 영향. 한국교원대학교 대학원 석사학위 논문.
14) 이선애(2008). 놀이중심의 독서 활동 프로그램이 부모 이혼에 대한 지각에 미치는 효과. 대구대학교 재활과학대학원 석사학위 논문.
15) Rudman, M. K. (1995). *Children's Literature: An issues approach.* New York: Longman Publisher.
16) Weimin, M. (2007). The divorce culture and picture books for young children. *International Journal of Early Childhood, 39*(2), 23-35.
17) 이숙미(2009). 이혼가정 아동이 지각한 부모의 양육태도가 아동의 심리 사회적 적응에 미치는 영향. 광운대학교 정보복지대학원 석사학위 논문.
18) 김유희(2002). 부모의 이혼을 경험한 시설아동을 위한 독서치료의 효과. 숙명여자대학교 대학원 석사학위 논문.
19) Rudman, M. K. (1995). *Children's Literature: An issues approach.* New York: Longman

Publisher.
20) Kramerand, P. A., & Smith, G. G. (1998). Easing the pain of divorce through children's literature. *Early Childhood Education Journal, 26*(2), 89-94.
21) Weimin, M. (2007). The divorce culture and picture books for young children. *International Journal of Early Childhood, 39*(2), 23-35.

웹사이트

통계청(2015). e-나라지표. http://www.index.go.kr

참고 그림책 목록

Babette Cole(1998). *Two of Everything*. 고정아 역(2008). 따로따로 행복하게. 서울: 보림.
Claire Singer(2003). *Und Papa Schenkt Mir Dann Ein Schloss!* illustrated by Annette Roeder. 유혜자 역(2005). 아빠는 궁전을 사주신대요. 서울: 가문비.
Daniela Bunge(2006). *Schneetreiben*. 엄혜숙 역(2009). 사랑의 목도리. 서울: 국민서관.
Danielle Lowry(1999). *What Can I Do?* illustrated by Bonnie Matthews. 유미숙 역(2007). 로지의 이 혼 방해 작전. 서울: 미래아이.
Emily Menendez-Aponte(1999). *When Mom and Dad Divorce : A Kid's Resource*. illustrated by Robert W. Alley. 노은정 역(2003). 난 이제 누구랑 살지? 서울: 비룡소.
Jeanie Franz Ransom(2000). *I don't want to talk about it*. illustrated by Kathryn Kunz Finney. 이순미 역(2009). 말하고 싶지 않아. 서울: 보물창고.
Marian Desmet(2009). *Ik Woon In TWee Huizen*. illustrated by Nynke Talsma. 정신재 역(2012). 나는 두 집 살아요. 서울: 두레아이들.
Nancy Coffelt(2007). *Fred Stays with Me!* illustrated by Tricia Tusa. 신형건 역(2009). 프레드랑 나랑 함께 살아요! 서울: 보물창고.
Nele Maar(1998). *Papa Wohnt Jetzt in der Heinrichstrabe*. illustrated by Verena Ballhaus. 이지연 역(2001). 아빠는 지금 히인리히 거리에 산다. 서울: 아이세움.
Sandra Levins(2005). *Was It the Chocolate Pudding?* illustrated by Bryan Langdo. 신민석 역(2008). 초콜릿 푸딩 때문에. 서울: 루크북스.

제4장 다문화가족

한국 사회는 2000년대 초부터 결혼이주여성과 외국인근로자 등의 유입이 크게 늘어나면서 다문화사회로 진입하였다. 지난 2010년 10월 여성가족부, 국가브랜드위원회, 동아일보가 공동으로 실시한 '다문화에 대한 국민 인식 조사'에서 한국이 다문화사회라는 사실에 대하여 동의한 응답자는 전체 응답자 중 74.7%에 해당하였다. 또 이 결과 보고에서 연령이나 세대별로 응답 비율에 차이가 없어 한국 사회 전체에 '다문화'에 대한 인식 자체가 높아졌음을 알 수 있다.[1] 이는 기존에 한국 사회가 자부하던 단일민족국가의 이미지에서 점차 벗어나, 보다 다양한 문화가 한국 사회에 통합되어 공존하는 다문화사회로의 변화를 맞이하고 있음을 말해 주는 것이다.

OECD가 2000년부터 2008년까지 국가별 국내 거주 외국인 수 증가율을 비교한 자료에 따르면, OECD 국가들의 평균 증가율이 5.9%인 데 비해 한국은 19.86% 수치를 보이며 그 증가율이 가장 높은 나라로 나타났다. 이처럼 다른 국가들과 외국인 유입 증가율의 추이를 비교해 볼 때 한국 내 거주 외국인 수의 증가 속도가 매우 빠르다는 것을 확인할 수 있다.[2] 2014년 행정안전부가 발표한 지방자치단체 외국인 주민 현황 자료 결과에 따르면 국내 거주 외국인 주민 수는 약 157만 명으로, 이는 우리나라 전체 주민등록 인구의 3.1%에 해당하는 수치다.

한국 사회 내 거주하는 외국인 수가 점점 늘면서 2005년 이후 국가적으로 다문화가족(Family Constellations)이라는 정책적 용어를 사용하기 시작했다. 이때 다문화가족을 윤갑정, 지은주, 이혜은(2009)은 국제결혼가정, 외국인근로자가정, 새터민가정으로 구분하였는데,[3] 현재 다문화가족에 대한 개념은 연구자에 따라 다양하게 정의되고 있는 실정이다. 국내 법률 제12079호「다문화가족 지원법」제2조(2011.4.4. 개정)에 명시된 정의를 바탕으로 다문화가족을 재정의해 보면, 다문화가족은 결혼이민자 및 그들의 가족, 외국인노동자 및 그들의 가족, 북한이탈주민 및 그들의 가족, 외국인거주자 및 그들의 가족까지 포함하고 있다.

이처럼 한국 사회 내에 다문화가족의 수는 빠르게 증가하고 있지만 다문화가족을 대하는 차별적인 시선과 부정적인 태도는 여전히 숙제로 남아 있다. 여성가족부(2013)에서 실시한 전국 다문화가족 실태 조사 연구에 따르면, 결혼이민자들이 한국 생활의 어려움으로 언어 문제, 경제적 문제, 자녀 교육 문제 외에 '외로움'을 호소한 비율이 지난 3년간 4.6% 증가하였고 이는 결혼이민자의 사회적 네트워크의 취약성을 반영한다고 볼 수 있다. 또한 그들 중 41.3%가 외국인이라는 이유로 차별이나 무시를 당한 적이 있다고 응답하였다. 이 외에도 결혼이민자들의 이혼율 증가와 그들 자녀들의 학업 중도 포기 문제, 다문화가족 구성원과 그들이 속한 사회적 구성원들 간의 문화적 차이에서 오는 갈등 문제 등도 우리가 깊이 생각해 보아야 할 문제다.

설동훈(2005)은 아동들을 대상으로 결혼이민자 가정의 자녀가 집단 따돌림을 당하는 이유를 연구하였는데, 그 결과 '엄마가 단순히 외국인이라서'가 34.1%, '아동의 의사소통이 안 돼서'가 20.7%, '태도와 행동이 달라서'라는 이유가 13.4%를 차지했다.[4] 김민진(2011)은 결혼이민자 가정 자녀의 집단 따돌림의 이유가 아동들 간의 상호작용에 의해 생성되기보다는 부모나 교사와 같은 성인들에 의해 생성된 차별적 인식을 그대로 받아들인 결과라고 말한다.[5] 이처럼 다문화가족에 관한 문제는 단순히 성인들 사이의 문제가 아니라, 아동들에게까지 그 영향을 미치고 있다는 것을 드러내며 무엇보다 현실적이고 근본적인 해결방법을 고안해야 할 필요성을 보여 준다.

이러한 맥락에서 보면 그림책은 아동들이 일상생활 속에서 보다 친근하고 쉽게 변화를 이끌어 낼 수 있는 가장 현실적인 교육 도구다. 특히 비숍(Bishop, 1992)은 다문화 그림책이 그림과 스토리를 통하여 다른 문화를 쉽게 이해하고 공감할 수 있게 하는 효과적인 교육매체라고 말했다.[6] 박윤경(2007) 또한 다문화 그림책은 아동 자신이 처하거나 간접적으로 겪을 수 있는 문제를 경험하고 그 해결책을 찾도록 돕고, 문화의 유사성 및 보편성을 이해하도록 하여 다른 사람들과의 소통을 도울 수 있다고 주장한다.[7] 게다가 김수미, 현은자(2010)에 따르면 현대 그림책은 매체의 성격상 독자의 연령에 있어 경계가 없어지는 추세이므로[8] 다문화가족 관련 문제에 직면한 성인에게도 아주 효과적인 해결 도구가 될 수 있다.

하지만 안타깝게도 국내에서 다문화가족을 다룬 그림책이 출판된 경우는 매우 적다. 맥과이어 라스킨(McGguire-Raskin, 1996)은 다문화적 텍스트에서 작가의 문화적 배경이나 민족적 배경에 따라 동일한 사건이라 하더라도 달리 묘사될 수 있다고 말했다.[9] 따라서 다문화가족에 관한 국내 작가의 시선으로 한국의 상황을 보다 실감 나게 다루는 그림책의 개발이 절실히 필요하다. 나아가 다문화가족 관련 그림책의 소재거리도 더욱 다양해져야 한다. 특히 국내 다문화가족 중 가장 많은 비중을 차지하고 있는 중국(조선족 포함), 베트남,

필리핀, 태국 등의 생활방식 및 문화에 대한 정보와 가치를 전달해 주는 그림책은 앞으로 더 많이 출판되어야 한다.

여기서는 품절되거나 절판된 책들을 제외하고 총 10권의 국내 창작 다문화 도서를 선정하여 이를 소주제별로 분류하였고, 결혼이민자와 외국인거주자에 관한 그림책에는 재한 외국인과 재외 한국인 모두를 다룬 내용이 포함되어 있다.

1. 다문화가족과 관련된 통계 현황

1) 외국인 주민 수 변동 추이

2014년 7월에 행정안전부가 발표한 국내 거주 외국인 주민 수는 약 157만 명에 달한다. 이는 2008년 89만 명, 2011년 126만 5천 명, 2014년 현재 159만 명으로 꾸준히 그 수가 늘어나고 있는 추세다. 국내 거주 외국인 주민 수 변동 추이는 [그림 4-1]과 같다.

(단위: 천 명)

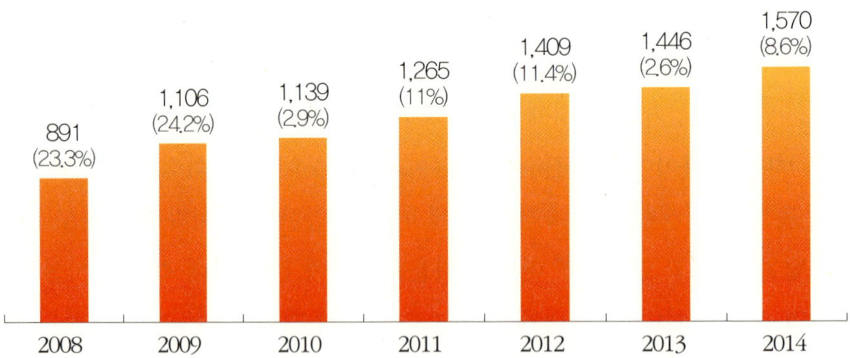

[그림 4-1] 외국인 주민 수 변동 추이

출처: 행정안전부(2014).

2) 외국인 주민 유형별 현황

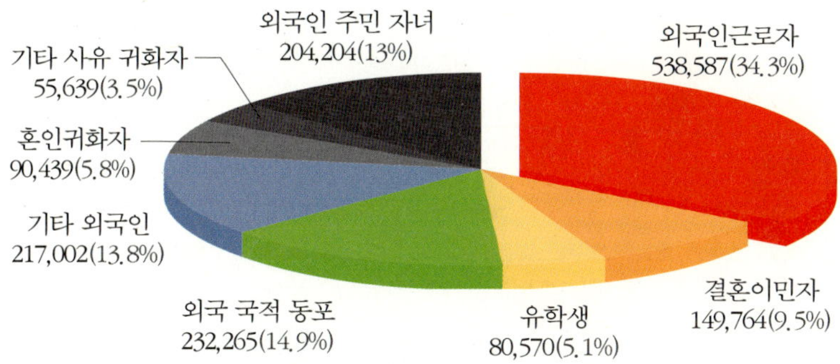

[그림 4-2] 외국인 주민 유형별 현황

출처: 행정안전부(2014).

2014년 7월에 행정안전부가 발표한 자료에 따르면, 국내 외국인거주자 중 가장 큰 비중을 차지하는 유형은 34.3%(약 53만 명)를 차지한 외국인근로자다. 뒤이어 외국 국적 동포(14.9%, 약 23만 명), 기타 외국인(13.8%, 약 22만 명), 외국인거주자 자녀(13%, 약 20만 명), 결혼이민자(9.5%, 약 15만 명) 순으로 조사되었다. 그 외의 유형에는 혼인귀화자, 유학생, 기타 사유 귀화자가 있었다. 외국인 주민 유형별 현황은 [그림 4-2]와 같다.

3) 외국인 주민 국적별 분포

2014년 7월에 행정안전부가 국내 거주 외국인 주민을 대상으로 국적별 분포를 조사한 자료에 따르면 한국계 중국인이 38.7%로 가장 많은 수를 차지했고 뒤이어 중국, 베트남, 남부아시아 순으로 해당 국적 주민이 많은 것으로 나타났다. 이 외의 국적은 미국, 필리핀, 중앙아시아, 일본, 인도다. 외국인 주민 국적별 분포는 [그림 4-3]과 같다.

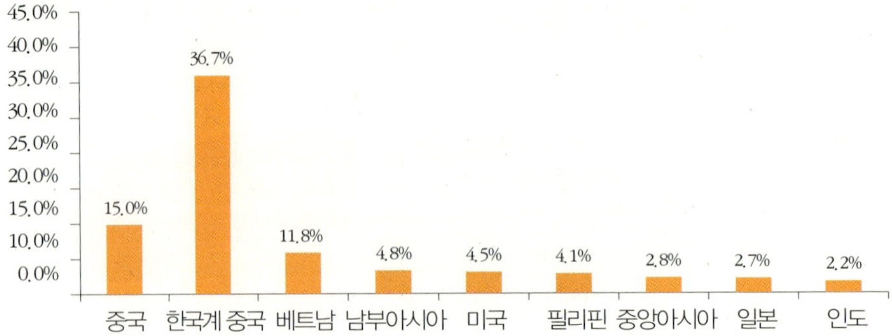

[그림 4-3] 외국인 주민 국적별 분포

출처: 행정안전부(2014).

4) 결혼이민자 및 귀화자 자녀 현황

2014년 행정안전부가 발표한 자료에 따르면 결혼이민자 및 귀화자의 자녀 수는 총 약 20만 4천 명에 달하는 것으로 조사되었다. 이 중 만 6세 이하 자녀의 수가 12만 명에 달하여 전체 수의 59.4%를 차지하였다. 이어서 만 7~12세, 만 13~15세, 만 16~18세 자녀의 수가 각각 약 5만 명, 1만 9천 명, 1만 2천 명으로 나타났다. 결혼이민자 및 귀화자 자녀 현황은 〈표 4-1〉과 같다.

〈표 4-1〉 결혼이민자 및 귀화자 자녀 현황

(단위: 명)

구분	계	만 6세 이하	만 7~12세	만 13~15세	만 16~18세
자녀 수	204,204	121,310	49,929	19,499	12,466
비율	100%	59.4%	24.5%	9.5%	6.6%

출처: 행정안전부(2014).

5) 다문화가족 자녀의 학업 및 대안학교

2013년 여성가족부가 발표한 자료에 따르면, 다문화가족 자녀의 학업 중단의 가장 큰 이유는 '친구나 선생님과의 관계' 때문으로 23.8%를 차지했다. 뒤이어 '가정 형편이 어려워서'는 18.6%를 차지했고, 이외에도 '학교 공부가 어려워서' '학교생활, 문화가 달라서' '부모의 이혼 등 가족 문제 때문에'라는 여러 사유가 조사되었다. 다문화가족 자녀의 학업 중단 사유는 [그림 4-4]와 같다.

(단위 : %)

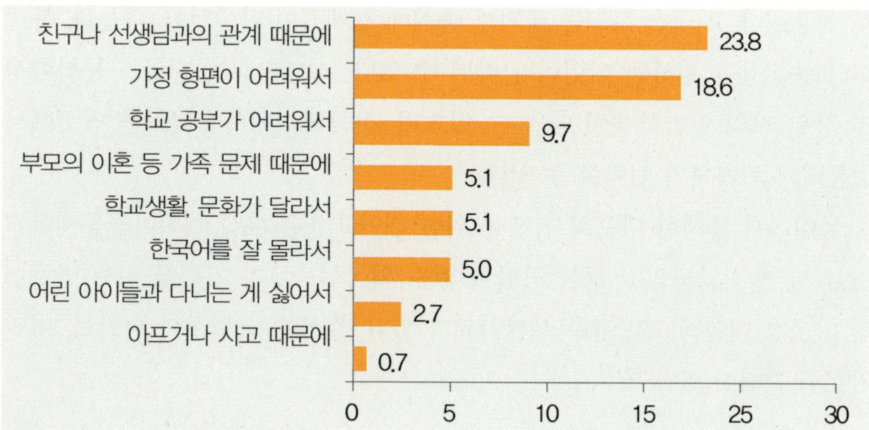

[그림 4-4] 다문화가족 자녀의 학업 중단 사유

출처: 여성가족부(2013).[10)]

우리나라는 1990년대 후반에 다문화 대안교육이 본격화되었고 크게 다음의 세 가지 형태의 대안학교가 확립되었다. 첫째, 공교육 체제 속 부분적 대안교육으로 심성교육, 특성화교육을 포함한 정규교과 교육을 말한다. 둘째,

공교육 곁에서 운영되는 방식의 교육과정으로, 생태교육이나 환경친화교육, 공동체 전인교육을 말한다. 셋째, 공교육 밖에 위치한 학교로서 계절제 캠프나 방과후 프로그램에서의 대안교육을 말한다.[11)]

이러한 다문화 대안학교는 다문화가족인 국제결혼가족, 이주가족, 난민가족, 중국동포가족, 탈북새터민가족에 속한 학생뿐 아니라, 학교가 있는 지역의 일반학생이 입학할 수 있는 등의 기준이 각각 다르다. 새날학교는 국제결혼을 통해 한국에 입양되어 한국어 사용에 어려움이 있는 자녀와 유학생 자녀, 새터민 자녀, 선교사 자녀 등을 입학조건으로 한다. 아시아공동체학교는 1순위가 미등록 이주 근로자 자녀, 2순위가 외국인근로자들 자녀, 3순위가 다문화결손가족의 자녀, 4순위가 다문화가족의 자녀이며 한국인 자녀의 입학도 허용된다. 지구촌 학교는 국적과 출신에 관계없이 다중언어, 다문화, 특성화 초등교육을 원하는 어린이가 다닐 수 있다. 해밀학교는 전국 다문화학생 및 강원 지역 일반학생이 다닐 수 있으며, 한국폴리텍다솜학교는 전국에서 다문화가족 자녀가 입학할 수 있다.

국내에서 출생한 다문화 학생을 위한 대안교육은 부산 아시아공동체학교(2006)에서 시작되었고 돌볼 사람이 없는 외국인근로자 자녀를 위해 만들어진 다문화 대안학교로 광주 새날학교가 있다. 현재는 공립형과 위탁형, 미인가로 구분되어 있다.[12)]

〈표 4-2〉 대안학교 종류[13)]

구분	설립 연도	대안학교명	특성
공립형	2011	(서울)다솜학교	다문화 학생을 위한 최초의 공립형 대안학교임
	2011	(제천)한국폴리텍다솜학교	다솜학교와 동시에 같은 뜻으로 운영함
	2013	(인천)한누리학교	중도 입국 자녀를 위한 초·중·고 통합 다문화 대안학교임
위탁형	2006/2011	(부산)아시아공동체학교	2006년 설립 후 2011년 위탁형으로 전환함
	2007/2011	(광주)새날학교	2011년에 역시 위탁형으로 전환함
	2011	(서울)다애다문화학교	중학교 설립으로 다문화 대안학교가 제도권으로 흡수함
	2013	(인천)한누리학교	공립학교이면서 위탁형인 다문화 대안학교임
미인가 혹은 사립	–	(광주)새날학교 분교형태	인천(3곳), 경기(3곳), 전남(3곳), 충남, 충북, 경남, 부산 등 전국 12곳에 분교를 설치 운영함
	2011	(안산)들꽃 피는 학교	그룹홈 아이들 수업으로 시작한 대안학교임
	2010	(안산)한국다문화학교	국제결혼가정, 이주가정, 난민가정, 중국동포가정, 탈북새터민가정 등을 위한 학교임
		(고양시)예일크리스천 국제학교	미국학력인가 학교로 졸업생 전원 미국100대 대학 및 국내 유명대학 입학을 자랑하며 원어민 교사가 수업함
	2011	(서울)지구촌학교	초·중학생 통학형 대안학교임
	2013	(강원도)해밀학교	중·고등학생 기숙형 대안학교임

6) 한국인과 외국인 부부의 이혼

2014년 통계청 발표에 따르면, 한국인과 외국인 부부의 이혼 건수는 2003년 약 16만 6천 건, 2004년 13만 8천 건, 2007년 12만 4천 건, 2008년 11만 6천 건으로 감소 추세를 보이다가 2009년 12만 4천 건으로 잠시 증가했고 이듬해인 2010년부터는 11만 6천 건, 2011년 11만 4천 건으로 다시 감소했다. 2013년에는 11만 5천 건의 이혼이 있었던 것으로 조사되었으며, 2003년부터 꾸준히 한국인과 외국인 부부의 이혼 수가 줄어드는 추세를 보이고 있으나, 이는 한국인과 외국인 부부가 결혼하는 숫자의 약 1/3에 해당하는 수치다. 한국인과 외국인 부부의 이혼 현황은 〈표 4-3〉과 같다.

〈표 4-3〉 한국인과 외국인 부부의 이혼

(단위: 천 건, %)

구분	2003	2004	2005	2006	2007	2008	2009	2010	2011	2012	2013	구성비	전년 대비 증감률
총 이혼 건수	166.6	138.9	128.0	124.5	124.1	116.5	124.0	116.9	114.3	114.3	115.3	100.0	0.9
외국인과의 이혼	2.0	3.3	4.2	6.1	8.3	11.0	11.5	11.1	11.5	10.9	10.5	9.1	3.7
한국남성+외국여성	0.5	1.6	2.4	3.9	5.6	7.9	8.2	7.9	8.3	7.9	7.6	6.6	-3.7
한국여성+외국남성	1.5	1.7	1.8	2.2	2.7	3.1	3.2	3.2	3.1	3.0	2.9	2.5	-3.9

출처: 통계청(2014).

2. 토론 문제

- 현재 다문화가족에 관한 한국 사회의 시각은 어떠합니까? 한국 사회에서 다문화가족으로 살아가는 데 어떤 문제가 있을 것 같습니까?
- 당신은 다문화가족에 대하여 평소에 어떤 생각을 갖고 있습니까? 다문화가족에 대하여 당신이 가지고 있는 편견이 있다면 그 편견이 어디에서 발생한 것이라고 생각합니까?
- 다문화가족에 대하여 평소에 아이와 생각을 나누어 본 적이 있습니까? 아이는 다문화가족을 어떤 시선으로 바라보고 있습니까?
- 다문화가족에 관한 책은 언제 읽어 주는 것이 좋다고 생각합니까? 다문화가족에 관한 책이 다문화가족에 대한 편견을 감소시키는 데 도움이 된다고 생각합니까?
- 다문화가족에 관한 책을 읽으면서 아이들과 어떠한 주제의 이야기를 함께 나누겠습니까? 다문화가족에 관한 책을 함께 읽을 때 성인의 역할은 무엇이라고 생각합니까?

3. 평가 준거

다문화가족 관련 그림책 평가 준거는 피나쪼(Finazzo, 1997)[14]가 제시한 좋은 다문화 책의 선정 기준과 루드만(Rudman, 1995)[15]의 좋은 그림책 평가 준거를 기초로 하였다.

- 각 그림책은 결혼이민자, 외국인노동자, 북한이탈주민, 외국인거주자 및 그들의 자녀까지 다양한 다문화가족의 형태를 골고루 보여 주어야

한다. 다문화가족의 형성 과정을 표현할 때 편견을 드러내서는 안 된다. 윤재인 글, 오승민 그림의 『찬다 삼촌』(2012)은 최근 우리 사회에 빠르게 증가하고 있는 외국인노동자와 가족이 되어 가는 과정을 담아 낸 책이다. 다문화가족의 형태에서 우리가 흔히 생각하는 결혼이민자 가족이 아닌, 외국인노동자가 기존의 한국 가족 안에 함께 어우러져 가는 따뜻한 과정을 담았다. 이 때문에 우리는 이 책을 외국인노동자도 우리 가족의 또 다른 일원이 될 수 있다는 따뜻한 메시지를 전달하는 그림책으로 평가할 수 있다.

- 다문화가족의 삶에 관한 긍정적인 측면과 부정적인 측면이 균형 있게 다루어져야 한다. 이는 다문화가족의 현실 상황을 잘 반영하고 있어야 함을 전제한다. 김서정 글, 한성옥 그림의 『함께 걷는 길』(2010)은 주인공 이리나가 러시아에서 엄마와 새아빠가 있는 한국으로 오면서 정서적인 안정을 찾는 긍정적인 측면과 한국 학교 환경에 잘 적응하지 못 하는 부정적인 측면을 모두 보여 주고 있다는 점에서 다문화가족이 안고 있는 긍정적 · 부정적 측면을 모두 다루고 있는 책이라 말할 수 있다. 현재 국내 다문화가족의 중도 입국 자녀들이 겪는 교육환경 적응에의 어려움이 또 하나의 사회 문제로 제기되고 있는 상황이기 때문에 이러한 내용은 시대 현실을 매우 사실적으로 반영한 작품이라 할 수 있다.
- 다문화가족 구성원들 간의 갈등 및 그들과 우리 사회 혹은 타인과의 갈등은 이야기의 흐름 안에서 그 원인과 해결 과정이 함께 제시되어야 한다. 이 과정에서 이야기 속 등장인물들이 적절한 방식으로 성장하는 과정이 그려져야 한다. 이종은 글, 김민수 그림의 『멋지다! 얀별 가족』

(2014)은 주인공이 겪는 갈등의 원인과 해결 과정이 모두 이야기의 흐름 안에서 함께 제시되고 있고, 이 과정에서 등장인물이 스스로 생각을 깨우쳐 행동의 변화를 보이는 성장 과정을 그리고 있다. 이러한 주인공의 모습을 통해 이 책을 읽는 독자 또한 다문화가족에 관해 바르게 인식할 수 있도록 유도하는 책이다.

- 등장인물은 수동적이고 소극적이기보다 능동적이고 적극적으로 묘사되는 것이 좋다. 이야기 안에서 다문화가족 구성원 각자가 하나의 오롯한 존재로서 말과 행동, 성격이 형성되었음을 알게 해 주어야 한다. 또한 인물들의 감정은 적극적으로 표현되어야 하고 표현된 감정은 존중되어야 한다. 엄혜숙 글, 이광익 그림의 『세탁소 아저씨의 꿈』(2012)에 등장하는 세탁소 아저씨는 자신이 처한 힘든 상황을 적극적인 자세로 헤쳐 나가는 모습을 보여 준다.
- 다문화가족이 살아가는 다양한 삶의 방식들이 드러나야 한다. 임희옥 글, 김충식 그림의 『예슬이 엄마 이름은 구티엔』(2008)에서는 다문화가족 구성원들 간의 적극적인 상호작용뿐만 아니라 그들이 이웃들과도 활발하게 의사소통하는 모습을 볼 수 있다. 이러한 이야기는 독자들에게 다문화가족에 대한 이해력과 포용력을 증진시킬 수 있는 기회를 제공한다.
- 서로 다른 문화에 관한 정확한 정보가 제공되어야 한다. 서로 다른 문화권에 관한 언어 및 의 · 식 · 주에 관한 정보를 정확히 반영해야 하고, 서로가 알고 이해해야 하는 문화와 전통을 객관적이고도 긍정적인 방식으로 묘사해야 한다. 또한 그림은 물리적 특성과 기타 세부 사항을 사실적으로 묘사해야 한다. 윤재인 글, 민소애 그림의 『손님』(2009)은 필리핀 현지의 의 · 식 · 주에 관한 세부 사항들을 그림을 통해 사실적으로 묘사하고 있는 책으로 평가할 수 있다. 뿐만 아니라 새해 첫날 창문

을 활짝 열어 놓아야 신이 복을 주신다거나 고양이가 세수를 하면 반가운 손님이 찾아온다고 이야기하는 모습을 통해 다른 문화권의 세부 정보 또한 얻을 수 있다.

4. 소주제 설명 및 그림책 서평

다문화가족에 관한 그림책은 묘사된 가족의 형태에 따라 결혼이민자, 외국인노동자, 외국인거주자, 북한이탈주민의 모습을 그린 그림책으로 나뉠 수 있다.

1) 결혼이민자에 관한 그림책

이종은 글, 김민수 그림의 『멋지다! 얀별 가족』(2014)의 주인공 얀별에게는 코끼리가 사는 나라에서 온 얼굴이 까무잡잡한 새엄마가 있다. 얀별이는 새엄마를 좋아하지만 곧 태어날 얀별이의 동생이 새엄마의 피부색을 닮아 까맣게 태어나 자신이 친구들에게 놀림받을까 봐 걱정이 된다. 그런 얀별이의 마음도 모르고 할머니, 아빠, 새엄마는 아직 태어나지도 않은 동생에게만 신경을 쓰는 것 같아 더욱 속이 상한다. 그런 얀별이를 달래기 위해 동화책을 읽어 주던 새엄마의 배에서 동생의 움직임을 느낀 얀별이는 가슴이 두근거리는 신기한 경험을 한다. 이 순간을 계기로 얼굴이 까매도 곧 태어날 동생이 자신의 동생이라는 사실에는 변함이 없다는 것을 깨닫고 얀별이의 마음은 가벼워진다. 얀별이는 할머니, 아빠의 진심 어린 위로 속에 동생이 태어나기를 기대하며 가족 모두가 웃고 있는 '멋지다! 얀별 가족' 그림을 완성한다. 이 이야기에서는 갈등이 지나치게 극적이거나 쉽게 해결되지 않고 해결 과정에서 주인공도 서서히 성장해 나가는 모습을 보인다. 다만 '코끼리'라는 한 단어로 암시된 새엄마의 모국에 관한 좀 더 세부적이고 정확한 정보가 제공되었으면 하는 아쉬움이 남는다.

임희옥 글, 김충식 그림의 『예슬이 엄마 이름은 구티엔』(2008)에서 은지는 어린이집에 새로 온 친구 예슬이를 엄마에게 소개하면서 얼굴이 좀 이상하게 생겼다고 말한다. 이런 은지에게 은지의 엄마는 예슬이의 엄마 구티엔 씨가 베트남 사람이고, 그래서 생김새가 조금 다른 것일 뿐 이상한 것은 아니라고 차분하게 설명해 준다. 은지의 엄마는 구티엔 씨에게 이웃으로서 먼저 다가간다. 서로 자신의 나라 음식 조리법을 가르쳐 주면서 엄마들끼리 가까워지고, 이는 아이들의 또래 관계에도 긍정적인 영향을 미친다. 이 작품은 그들의 이웃과 활발히 소통하려는 다문화가족 구성원들의 노력을 잘 보여 주고 있다. 나아가 글과 그림 모두 음식(쌀국수)이나 옷(아오자이)과 같은 다른 문화에 대한 정확한 정보를 제공하고 있다.

2) 외국인노동자에 관한 그림책

윤재인 글, 오승민 그림의 『찬다 삼촌』(2012)의 화자는 아빠와 단둘이 살고 있는 어린 여자아이이다. 주인공 아이는 어느 날 갑자기 등장한 낯선 존재인 찬다 삼촌의 이름이 웃기다고 말하며, 손가락으로 밥을 먹는 찬다 삼촌을 신기해한다. 그러는 동시에 "아빠, 찬다 삼촌 오늘 집에 가?"라는 질문을 통해 찬다 삼촌이 떠나지 않기를 바라는 마음을 은근히 드러낸다. 찬다 삼촌이 마음에 든 건 아니라고 반복해서 말하는 주인공의 모습을 통해 역설적으로 주인공 아이가 찬다 삼촌을 무척 마음에 들어 하고 있다는 것을 알려 준다. 나중에는 혼자 집에 있는 찬다 삼촌을 걱정하고, 서툴지만 서로 이야기를 나누며 일상을 보낸다. '매일매일 매일매일 매일매일'이라는 표현을 통해 찬다 삼촌과 매일 함께하고 싶다는 주인공의 마음을 표현하기도 한다. 아빠와 주인공, 그리고 찬다 삼촌이 함께 있는 방 안 풍경을 보여 주며 이야기는 마무리된다. 이 책은 솥을 만드는 힘든 일에 투입된 외국인노동자의 실제 모습을 이야기한다. 또한 서로 다른 언어로 인한 소통의 혼선, 서로 다른 생김새에 낯설어하는 모습 등을 순수하고 솔직한 어린아이의 시선에서 그려 낸다. 이때 찬다 삼촌은 능동적이고 적극적인 인물로 묘사되고 있다. 이처럼 이 책은 이질적인 구성원들이 새로운 가족으로 자리하기까지의 과정을 차분한 시선으로 따뜻하게 그려 냈다. 또한 찬다 삼촌 고향의 이국적 자연풍경과 모국어가 글과 그림에서 각각 객관적이고도 긍정적인 방식으로 묘사되었다.

3) 외국인거주자에 관한 그림책

엄혜숙 글, 이광익 그림의 『세탁소 아저씨의 꿈』(2012)은 재일 조선인인 김황의 실제 이야기로서 작가는 가상의 한 남자아이인 '나'의 눈을 통해 그의 이야기를 들려준다. 이 남자아이는 세탁소 아저씨와 동물 이야기를 하면서 친해진다. 세탁소 아저씨의 출판기념회 자리에서 '나'는 아저씨의 어린 시절 꿈 이야기를 듣게 된다. 아저씨는 타국에서 재일 조선인 이민자로 살아가면서 고향을 그리워하고, 외로운 초등학교 시절을 보냈다. 또한 재일 조선인이기에 포기해야 했던 꿈 때문에 겪었던 좌절을 자신의 노력으로 극복해 나갔다. 세탁소 아저씨는 자신은 일본에서 태어나서 자랐지만 조선학교를 다녔고, 국적은 한국이라고 말한다. 그리고 자신은 이 모든 곳에 속해 있지만, 이 모든 곳에 속해 있지 않기도 하다고 말한다. 그러면서 일본과 한국, 북조선을 오가며 이 세 곳을 하나로 잇는 다리가 되고 싶다는 꿈을 이야기한다. 재일 조선인이라는 이민자의 삶을 이야기하고 있는 이 책은 재일 조선인이 생겨나게 된 과정에 관한 정보도 객관적으로 제시해 주고 있다. 일본 사회에 적응하는 과정에서 부딪쳤던 여러 힘든 갈등 상황들을 세탁소 아저씨는 적극적인 태도로 이겨 내고 한국인이라는 정체성을 잃지 않으면서도 그 사회 구성원으로서 훌륭하게 성장한 모습을 보여 준다.

김서정 글, 한성옥 그림의 『함께 걷는 길』(2010)의 화자인 이리나는 한국 아빠와 재혼한 엄마와 함께 살기 위해 러시아 블라디보스토크에서 왔다. 이 책에는 새로운 가족을 만나는 두려운 마음과 낯선 한국의 학교생활, 언어 적응에 대한 어려움이 잘 드러나 있다. 또한 한국 학교에서의 어려움을 극복하지 못하고 결국 아시아공동체학교로 전학을 간 이리나가 비슷한 환경을 가진 친구들을 만나 비로소 공감대를 형성하며 학교생활에 잘 적응해 나가는 모습도 그려져 있다. 아시아공동체학교 학생들 각자는 자신들의 나라 음식과 문화를 좋아하지만 동시에 한국 음식을 맛있게 먹고 꿈 많은 보통의 초등학생이라는 점도 강조되어 있다. 이 책은 결혼이민자 자녀인 이리나를 통해서, 다문화가족 자녀들에게 일어날 수 있는 한국 학교생활 적응에의 어려움과 갈등 상황 등을 이야기해 준다. 이 과정에서 이리나는 자신과 같은 입장에 있는 아이들이 다니는 아시아공동체학교로 전학을 가는 대안을 선택해서 적극적이고 능동적으로 자신에게 처해진 상황을 극복하려 노력한다. 다문화가족 자녀들의 학교생활과 교육의 대안적 방식에 대하여 생각해 볼 수 있는 기회를 주는 책이다.

윤재인 글, 민소애 그림의 『손님』(2009)은 한국 아빠와 필리핀 엄마 사이에서 태어난 소위 코피노 아동, 수진이의 이야기다. 서울에 살던 수진이는 경제적 상황으로 필리핀 이모의 손에 맡겨졌지만 이모 또한 그 아이를 맡을 형편이 안 되어 또 다른 필리핀 가정에 수진이를 맡기게 되었고 수진이는 현지 가족과 함께 살게 된다. 한편, 그 현지 가정의 아버지는 돈을 벌러 갔으며 본본은 그 아버지를 기다리고 있다. 하지만 본본의 기대와 달리 집에 온 손님은 아빠가 아닌 한국에서 온 김수진이라는 아이였다. 본본은 툭하면 울음을 터뜨리고 알아들을 수 없는 말로 화를 내는 수진이가 못마땅해 소금까지 뿌려 가며 내쫓으려 한다. 이후 동네 아이들에게 괴롭힘을 당하고 있는 수진이를 못 본 척까지 하지만, 나중에는 미안한 마음에 수진이의 상처에 약을 발라 준다. 이때 수진이는 본본이 하는 말을 조금 알아들을 수 있다는 사실을 말하고, 본본은 그런 수진이에게 조금씩 마음을 열어 간다. 이 책은 또 다른 형태의 외국인 거주자의 모습을 조명하고 있다. 다문화가족의 구성원이었던 수진이가 필리핀의 한 가정에 다시 편입되면서 또 다른 새로운 다문화가족의 구성원으로 살아가는 과정이 잘 담겨져 있다. 이 이야기는 본본과 수진이의 관계가 회복되는 과정을 통해, 아동 독자들에게 이해력과 포용력을 증가시킬 수 있는 기회를 제공하며, 그림은 필리핀 현지의 상황을 세부적이고 사실적으로 잘 담고 있다.

4) 북한이탈주민에 관한 그림책

임희옥 글, 서선정 그림의 『내 동무 정찬이』(2008)는 북한이탈주민이라는 다문화가족의 형태를 보여 주고 있다. 북한에서 온 정찬이가 사용하는 단어는 어린이집 친구들이 사용하는 단어와 다른 것이 많다. 닭알두부(달걀찜), 부루(부추), 디대(계단) 등. 이렇게 서로 다른 언어를 사용하는 정찬이와 어린이집 친구들은 서로 가르쳐 주며 배워 나간다. 정찬이는 북한 어린이들도 제기차기를 좋아하고 그네를 탄다고 말하며 북한 어린이들과 우리나라 어린이들이 친구가 될 수 있다는 사실을 인식시켜 준다. 아이들에게 북한말은 영어나 중국어보다 더 친근한 언어이고, 이를 배우는 과정을 통해서 북한이탈주민인 정찬이와 더 가까워지는 모습을 담고 있다. 서로 다른 문화권인 북한과 우리나라의 언어에 관한 다양하고 정확한 정보를 제시하고 있고, 이를 알기 쉽게 그림으로 다시 한 번 묘사하고 있다. 다만 앞으로 '새터민'이라는 용어는 '북한이탈주민' 또는 '탈북자'로 사용되어야 할 것이다.

미주 목록

1) 우경임(2010). 당신의 다문화 인식은…. 동아일보. http://news.donga.com/Series/List_70030000000644/3/70030000000644/20101016/31908037/1
2) 유병규(2010). 국내다문화 사회의 불균형 성장. 매경이코노미. http://m.mk.co.kr/news/headline/2010/693353
3) 윤갑정, 지은주, 이혜은(2009). 다문화 그림책에 대한 내용분석 및 유아반응: 국내 다문화 가정을 반영한 그림책을 중심으로. 미래유아교육학회지, 16(4), 45-72.
4) 설동훈(2005). 국제결혼 이주여성 실태조사 및 보건 · 복지 지원 정책 방안. 서울: 보건복지부.
5) 김민진(2011). 그림책을 활용한 유아다문화 교육 관련 연구 동향 분석. 어린이문학교육연구, 12(1), 43-63.
6) Bishop, R. S. (1992). Extending multicultural understanding. In B. E. Cullinan (Ed), *Invitation to read: More children's literature in the reading program*, 81-91. Newark, DE: International Reading Association.
7) 박윤경(2007). 지식 구성과 다문화 문식성 교육. 독서연구, 18, 97-126.
8) 김수미, 현은자(2010). 그림책의 성인독자. 어린이문학교육연구, 11(2), 179-200.
9) McGguire-Raskin, L. (1996). Multiculturalism in children's picture books: An analysis of insider vs. outsider text. *Journal of Children's Literature, 22*(1), 22-27.
10) 여성가족부(2013). 2012년 전국다문화가족 실태조사 연구. 한국여성정책연구원, 13-23, 567.
11) 남기석(2002). 대안교육의 수요창출과 효용성에 관한 고찰. 교육연구, 21, 105-122.
12) 박형민(2012). 다문화예비학교 보고서. 국가평생교육진흥원.
13) 이은영(2014). 공립 다문화 대안학교의 초등교육 프로그램 운영에 관한 연구. 인하대학교 대학원 석사학위 논문.
14) Finazzo, D. (1997). *All for the children: Multicultural essential of literature*. Albany, NY: Delmar Publishing.
15) Rudman, M. K. (1995). *Children's literature: An issue approach*. USA: Longman Publishers.

웹사이트

우경임(2010). 당신의 다문화 인식은….동아일보. http://news.donga.com/Series/List_70030000000644/3/70030000000644/20101016/31908037/1

유병규(2010). 국내다문화 사회의 불균형 성장. 매경이코노미. http://m.mk.co.kr/news/headline/2010/693353

통계청(2014). 한국인과 외국인 부부 이혼현황. www.kostat.go.kr

행정안전부(2014a). 결혼이민자 및 귀화자 자녀 현황. www.moi.go.kr
행정안전부(2014b). 2014년 지방자치단체 외국인주민 현황. www.moi.go.kr

참고 그림책 목록

김서정 글, 한성옥 그림(2010). 함께 걷는 길. 서울: 웅진주니어.
엄혜숙 글, 이광익 그림(2012). 세탁소 아저씨의 꿈. 서울: 웅진주니어.
윤재인 글, 민소애 그림(2009). 손님. 서울: 느림보.
윤재인 글, 오승민 그림(2012). 찬다 삼촌. 서울: 느림보.
이종은 글, 김민수 그림(2014). 멋지다! 얀별 가족. 서울: 노루궁뎅이.
임희옥 글, 김충식 그림(2008). 예슬이 엄마 이름은 구티엔. 서울: 아이코리아.
임희옥 글, 서선정 그림(2008). 내 동무 정찬이. 서울: 아이코리아.

제5장 성

대부분의 성교육 전문가들은 성(Sexuality)이 인간의 삶에 발전적이고 지속적인 힘으로 작용한다고 이해하고 있다. 이러한 점에서 성에 대한 이해는 인간의 삶을 이해하는 밑거름이다. 그러나 어린이들이 이러한 성을 알아 감에 있어 누가, 무엇을, 어디서, 언제, 어떻게 도울 것인가에 대해서는 많은 의견의 차이가 있을 것이다. 어떤 부모들은 성을 알아 가는 방법의 문제를 중요하게 생각하겠지만 어떤 부모들은 이러한 주제에 대한 언급 자체를 반대할 수도 있다. 부모들은 언제부터 이러한 앎이 시작되어야 하는가에 대해서 다양한 견해를 가지고 있으며 어떤 내용을 다루고 어떤 내용을 피해야 하는가에 대해서도 일치점을 찾기가 쉽지 않다.

한국 사회에서뿐만 아니라 서구 사회에서도 성과 관련된 주제들은 종교적이고 도덕적인 이유로 오랫동안 금기시되었고 특히 어린이들이 이러한 주제들을 공개적으로 논하는 것은 어려운 상황이었다. 따라서 미신이거나 종교, 환상, 허구적 이야기들을 통해 성에 대하여 간접적인 이해를 가질 수밖에 없었다. 그러다 보니 각 문화마다 성에 대한 무수한 오해나 비사실적인 이해들이 존재할 수밖에 없었고 이런 사태를 묵인해 오다가 20세기 중반이 넘어선 후에야 성에 대한 바른 정보의 중요성을 인식하게 되었다. 특히 현대 사회는 성에 대한 개방적인 태도가 확산되고 아동 성범죄도 계속 증가하고 있기 때문에 성에 대한 올바른 인식을 심어 주고 나아가 성학대나 성폭력에 대처하는 법까지 길러 줄 수 있는 잘 조직된 어린이 성교육의 필요성이 대두되었다. 이는 현재의 성교육이 남녀의 해부학적 차이와 특성을 알려 주는 인지적 교육의 형태로 시행되고 있는 것을 넘어서, 신뢰와 협력의 태도를 길러 주는 인권교육 및 전인교육의 한 분야로 인식될 필요가 있음을 시사한다.

사회적 가치의 문제를 가지고 아동문학을 조명하려 했던 루드만(Rudman)은 성을 다루고 있는 문학을 크게 두 가지로 구분하고 있는데, 하나는 성을 교육하기 위한 자료로서의 도서이고, 또 하나는 성의 문제를 문학적 관점에서 다루고 있는 도서다.[1] 이 두 도서류는 성에 대하여 접근하는 방식이 서로 다르며 그 창작 동기와 목적 면에서도 서로 이질적이다.

먼저 아동교육기관이나 가정에서 가장 많이 사용하는 성교육 자료로서의 그림책을 생각해 볼 수 있다. 특히 약 38.5%의 유아교육기관 교사들이 그림책을 가장 효과적인 아동 성교육 매체로서 인식하고 이를 지지하고 있다는 연구도 있다.[2] 또한 교사들에게 성교육 자료집 개발 형태의 선호도에 대한 설문조사를 실시한 결과, 그림책의 형식이 36.6%로서 가장 높은 선호도를 보였다. 이와 같이 성교육에 있어 그림책 활용의 선호도가 높은 이유는 그림책이 보다 쉽고 자연스럽게 아동들에게 접근할 수 있는 매체로서 각종 그림들과 함께 제시되는 구체성을 가지고 있기 때문이다. 최문심(2004)의 연구는 성교육 도서를 활용한 성교육이 초등학생들의 성지식과 성태도 면에서 향상을 가져왔다고 보고했다.[3] 또한 이러한 성교육 그림책은 다른 활동이나 매체들과 통합적으로 제시될 때 유아의 성지식과 태도 면에서 좀 더 효과적인 교육

적 결과를 가져왔다는 연구도 있다.[4)]

한편, 성 자체를 주제로 삼는 이야기거나 인간의 성적 다양성과 이에서 파생하는 인권 문제, 다문화사회에서의 성적 가치 문제들을 사회 문화적인 안목에서 다루고 있는 그림책도 있다. 그러나 이러한 관점에서 출판된 국내 작가의 그림책은 거의 없는 실정이다. 이러한 현상에는 한국인들의 성에 대한 보수적인 인식도 한몫하고 있다. 비록 국내 시장에도 외국의 경우처럼 성소수자나 이것과 관련된 문제들을 심층적으로 그려 낸 그림책이 적극적으로 소개되고 있지는 않지만 성이 글의 서사나 그림에 암시되어 있거나 남녀 간의 사랑의 감정과 그 행위를 진솔하고 자연스러운 시선으로 그려 내고 있는 그림책은 이미 한국에도 여러 권 번역되어 나와 있다. 이들 도서에 대한 평가는 성을 단순히 교육하고자 하는 도덕적인 차원 말고도 주제를 미학적으로 형상화해야 하는 문학적인 차원의 문제가 개입되어 있다. 또한 현대 사회의 이슈를 반영하는 거울로서의 문학의 역할도 배제될 수 없다. 문학은 사회를 바라보는 하나의 가설적 틀을 제공하는 것이기도 하기 때문이다.[5)] 그리고 문학을 읽는다는 것은 자신과 다른 관점을 알아 가는 과정으로 이해되기도 한다.[6)] 그러므로 이러한 주제를 다루고 있는 그림책의 목적과 가치는 성교육 자료로서의 정보성 도서와는 다를 수 있다.

이러한 점들의 논의를 위해 브리태니커 백과사전에 의거한 각 용어의 개념정의를 살펴보면 다음과 같다. 성(性)은 "성별의 구분을 의미하는 일반적인 의미와 성행위, 성관계 등의 특별한 의미를 함께 포함한다. 성은 인간이 살아가는 동안에 항상 접할 수밖에 없는 문제이므로 신체구조와 심리구조, 사회적 규범과 특정 사회조직에 의해 지지되고 있는 복합적인 것으로 이해해야 한다."라고 명시되어 있다.[7)] 성교육(性教育)이란 "성(性)에 관한 과학적인 지식과 함께, 관련된 사회규범을 지도하는 교육으로서 생물학적 성기능에 대한 지식뿐만이 아니라 성에 대한 올바른 가치관 형성을 도모하는 교육"을 의미한다.[8] 따라서 성교육이란 성에 대한 과학적인 사실, 남녀 상호 간의 도덕적인 태도 및 올바른 적응방법, 성적인 현상과 성에 관련된 문화적 행위에 대한 건전한 태도, 성적인 위험과 성병에 대한 예방지도 등의 넓은 범위의 교육으로 재정의할 수 있다. 이 중에서 남녀평등과 성폭력에 대한 내용은 다른 장에서 집중하여 다루므로 여기서는 이를 제외한 나머지 항목들을 조명하기로 한다. 이러한 사회적으로 예민한 성문제가 사실적으로 아동문학 속에 구현되는 일에 대하여는 의견의 찬반이 존재할 수 있다. 이미 국외에서는 이러한 논의 자체가 자연스러운 현상으로서 성뿐 아니라 다양한 사회적 이슈에 대한 작가 고유의 관점이 그림책 안에 자연스럽게 묻어나기도 하고 그 관점 자체를 문제 삼아 연구되고 논의되기도 하지만, 한국의 경우 이러한 관점의 문학적 재현을 번역 문학을 제외하고는 찾아보기 힘들다. 여기서는 국내에 번역되어 나온 국외 그림책 일부를 소개한다.

1. 성과 관련된 통계 현황

1) 최초 성교육과 최초 성경험

성에 대한 인식은 한국의 경우도 시대가 변화하면서 많이 달라져 왔다. 2011년 통계청에서 제시한 성교육에 대한 실태부터 살펴보면, 최초 성교육 연령은 유아기에서 이미 시작되고 있고 초등학교 중학년 정도의 나이면 이미 많은 수가 성교육을 경험한다. 따라서 오늘날 의무교육을 받는 대부분의 아동 청소년이 성교육을 받고 있다는 점을 확인할 수 있다([그림 5-1] 참조). 이처럼 성에 대한 교육 연령이 낮아지고 있는 이유는 많은 아동들이 이미 어린 나이에 성 관련 미디어를 접할 수 있다는 사실 때문이며 이외에도 다양한 이유 때문에 첫 성경험의 연령층도 매우 낮아졌기 때문이다([그림 5-2] 참조).

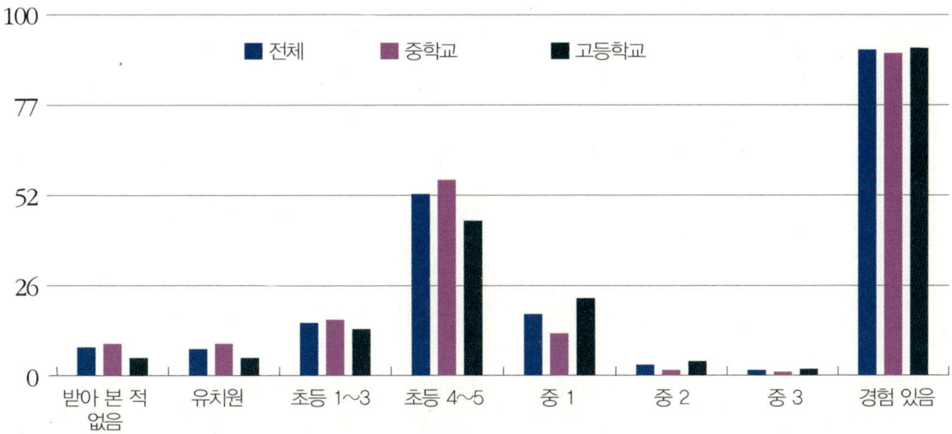

[그림 5-1] 최초 성교육 경험 연령(2011년)

출처: 통계청(2011).

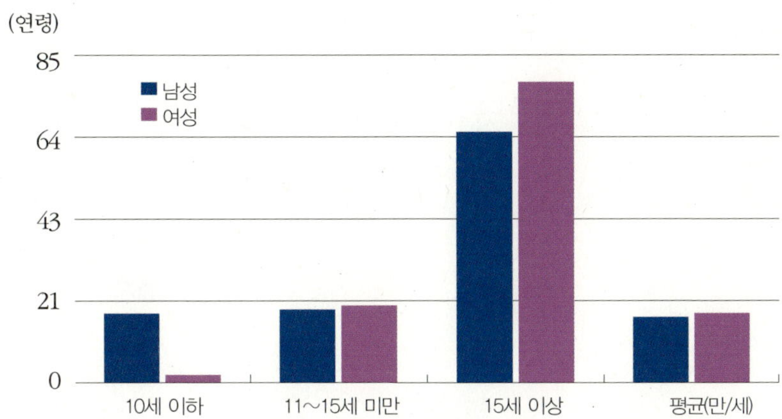

[그림 5-2] 최초 성관계 경험 연령(2011년)

출처: 통계청(2011).

2) 성에 대한 인식 변화

한국은 성 가치관에 있어 여전히 보수적인 면모를 가지고 있다. 이러한 점은 국내외 '혼인 외 자녀'에 대한 조사 및 비교 통계에서 드러난다. 2006년 통계청 자료인 〈표 5-1〉을 살펴보면, 한국은 프랑스, 영국 등의 서구 사회의 사례와 비교하여 매우 적은 수의 '혼인 외 자녀'가 보고되고 있으며 이는 OECD 국가 중에서도 가장 낮은 비율을 차지하고 있다.

〈표 5-1〉 OECD 주요국과 비교(총 출생아 수 대비 혼인 외의 자의 구성비)

(단위: %)

	한국	일본	미국	영국	프랑스	이탈리아	독일
2001년	1.0	1.7	33.5	40.1	44.7	9.9	25.0
2002년	1.1	1.9	34.0	40.6	45.2	10.9	26.1
2003년	1.3	1.9	34.6	41.5	46.2	13.0	27.0
2004년	1.3	2.0	35.8	42.3	47.4	14.9e	27.9
2005년	1.5	2.0	36.8p	42.9	48.4	13.8e	29.2
2006년	1.5	–	–	–	–	–	–

주: p는 잠정치, e는 추정치

출처: 통계청(2006).

2. 토론 문제

- 당신은 성에 대한 대부분의 정보를 주로 어디에서 얻었습니까? 당시 얻은 정보들은 얼마나 정확했습니까?
- 예전에 받은 성교육과 오늘날 시행되는 성교육에는 어떠한 차이점이 있다고 생각합니까?
- 당신은 지금 자신의 몸에 대해서 어떻게 느끼고 있습니까? 성교육은 자신의 몸을 사랑하는 것부터 시작되어야 한다는 주장에 대해 어떻게 생각합니까?
- 당신은 성과 사랑의 관계를 어떻게 규정합니까? 성이 없는 사랑과 사랑이 없는 성에 대해 어떤 이해를 가지고 있습니까?
- 미혼모, 자유로운 성적 표현 등에 대한 당신의 생각은 어떠합니까? 이들에 대한 예전과 오늘의 이해는 어떤 차이가 있다고 생각합니까?
- 당신은 성에 대하여 사실적으로 그리고 있는 그림책이 어린이들에게 반드시 필요하다고 생각합니까? 아동들은 성을 다루고 있는 그림책을 어떻게 받아들일 것이라고 생각합니까?

3. 평가 준거

- 어린이들에게 혼란을 야기하지 않기 위해서 성과 관련된 용어를 언급함에 있어 완곡어법을 사용하지 않고 정확한 사전적 용어를 사용하는 것이 좋다.[9] 또 일러스트레이션의 경우에도 사실적인 형태로 신체의 각 부분을 나타내 주는 것이 좋다. 게일 살츠(Gail Saltz) 글, 린 크라바스(Lynne Avril Cravath) 그림의 『참 놀라운 몸 *Amazing You!: Getting Smart*

About Your Private Parts』(2005)의 경우 아동 도서로는 드물게 성과 관련된 신체 부분의 용어들이 정확하게 사용되었다. 예를 들어, 음순이나 질, 고환과 같은 정확한 용어가 그대로 등장하고 전달하고 있는 정보 자체도 매우 사실적이다. 한편, 국내 그림책 『나는 여자, 내 동생은 남자』의 경우, 정확하고 사실적인 그림과 설명에도 불구하고 생식기에 대한 부정확한 용어를 사용한 점이 아쉽다.

- 모든 성 관련 그림책은 인간 존엄성을 훼손하지 않아야 한다. 글과 일러스트레이션에서 성에 대하여 왜곡하거나 희화화하지 않는 균형 잡힌 표현이 바람직하며 성도 존엄한 인간성의 한 기능임을 자연스럽게 보여 주도록 해야 한다. 이러한 기준을 두고 볼 때 배빗 콜(Babette Cole)의 유명 작품 『엄마가 알을 낳았대 *Mommy Laid An Egg*』(1996)에 엄마와 아빠의 성행위가 하나의 놀이처럼 묘사된 점은 보는 관점에 따라 서로 다른 견해를 낳을 수 있다. 반면, 파스칼 퇴라드(Pascal Teulade) 글, 장 샤를 사라쟁(Jean-Charles Sarrazin) 그림의 『나는 사랑의 씨앗이에요 *Graine d'Amour*』(2002)의 경우는 성행위를 사실적으로 묘사하고 있지는 않지만 성에 관한 정보가 매우 과학적이고 엄마와 아빠의 모든 행위는 사랑에 기초한 행위라는 점을 강조하고 있으며 이러한 맥락에서 아기의 출생도 사랑의 씨앗 탄생으로 그렸다는 점에서 정보 전달뿐 아니라 생명의 가치라는 메시지를 담고 있는 그림책으로 평가될 수 있다.
- 성 관련 그림책은 성에 관한 관점과 태도의 다양성을 지향할 수 있다.[10] 그림책 문학 역시 하나의 세계관의 반영으로 이해해야 한다. 그런 의미에서 그림책에 구현된 성적 가치관에 반대되는 입장을 가진 독자에게 죄책감을 주는 교육 방법은 효과적이지 못할 수 있다.[11] 그러므로 다양한 성적 행동들에 따르는 책임 있는 결과들을 사실적으로 제시하는 것이 도덕성을 강조하는 접근보다 효과적일 수 있다.

• 성은 무엇보다 사랑이나 결혼 등의 바람직한 가치에 기초해서 표현되어야 하며 모든 연령대에서 사랑의 가능성과 행복감을 긍정적인 가치로 그려 내는 것이 좋다. 문제성보다는 건강한 삶의 일부로서의 기능이 강조되어야 한다. 만일 문제의식이 표현되었더라도 이는 사실적이어야 하며 그 해결책 역시 개연성이 있어야 한다.[12] 그러나 행복한 결말이 항상 결혼으로 마무리되는 것은 좋지 않다. 결혼은 모든 여성들의 꿈이라거나 모든 커플이 아이를 가지기를 원할 것이라는 기대도 기정사실이 아니라 하나의 견해로서 다루어져야 한다. 이러한 관점에서 살펴보면 길리언 실즈(Gillian Shields) 글, 엘리자베스 하버(Elizabeth Harbour) 그림의 『사랑에 빠진 강아지 *Puppy Love: The Story Of ESME & SAM*』(2008)는 사랑하는 사람들의 목표를 결혼과 출산에 두었다는 인상을 주기도 한다. 그러나 사랑에 있어 여성의 역할이 수동적이지 않고 그 적극성이 성장해 가는 모습을 그렸다는 점은 주목할 만하다. 반면, 리오넬 르 네우아닉(Lionel Le Néouanic)의 작품 『사랑에 빠진 마녀 루시 *Lucie Fer, Un Amour De Sorciére*』(1999)의 경우, 모든 사랑이 성취되는 것은 아니라는 현실적인 주제를 가지고 사랑에 접근했다는 점이 새롭게 조명될 수 있다.

• 양성의 역할과 기능을 규명하는 데 주의해야 한다.[13] 예를 들면, 아버지의 역할이 출산 과정에서 배제되지 않도록 주의해야 한다. 남녀의 기능과 역할을 유형화하여 제시하거나 남녀에 대한

성 지식을 전달할 때도 한쪽 성에 치우치거나 불공정하게 다루어서는 안 된다.[14] 이러한 기준에서 볼 때, 페테르 곳할트(Peter Gotthardt) 글, 키슨 로고드(Kirsten Raagaard) 그림의 『나는 엄마 반쪽 아빠 반쪽이에요 *Da Emma Blev Emma*』(2008)는 아기를 가지는 과정에서부터 출산하는 과정까지 아빠의 입장에서 무엇을 해야 하는지에 대해 매우 구체적으로 그려 놓았다는 점이 주목된다. 따라서 이 도서는 엄마와 아빠의 역할이 정형화되어 있지 않으며 그 분량에 있어 불공정한 치우침이 없다고 판단된다. 최근에 출판되는 대부분의 그림책에는 성역할을 묘사함에 있어 이 같은 공정을 기하려는 의도가 대부분 반영되어 있다.

- 성교육 자료와 성에 관한 그림책의 목적은 모든 독자들에게 정확한 정보를 제공하고 사랑과 결혼에 기초한 성행위의 소중함을 깨닫고 이를 통해 자신의 몸과 타인을 사랑하고자 하는 마음을 배가시키며 자신의 행위에 대한 책임 있는 선택을 하도록 안내하는 것이어야 한다.[15] 따라서 그림책은 주제와 관련 없는 불필요한 성적 접촉을 표현하여 난잡한 성을 옹호하는 메시지를 주지 않도록 해야 한다.[16]

4. 소주제 설명 및 그림책 서평

국내에 번역되어 나온 그림책 중에는 성을 묘사하고 있는 하위 주제에 따라 자기 몸의 이해를 다루는 그림책, 남자와 여자의 차이를 보여 주는 그림책, 생명의 탄생 과정을 제시하는 그림책, 사춘기와 성에 관한 태도를 다루는 그림책, 성과 에로스의 관계를 보여 주는 그림책, 성 관련 이슈들을 반영하는 그림책으로 나눌 수 있다.

1) 자기 몸의 이해를 다루는 그림책

성에 대한 접근은 먼저 자신의 몸을 정확하게 아는 일에서 시작된다. 유아 그림책의 경우 성에 대한 집중적인 설명보다는 자신의 몸에 있는 생식기와 이와 관련된 구석구석을 살펴보고 이것의 기능을 이해하는 일로부터 자연스럽게 시작해도 좋을 것이다. 국내 창작 그림책인 허은미 글, 이혜리 그림의 『우리 몸의 구멍』(2000)은 우리 몸의 성에 초점을 맞추어서 씌어진 그림책이 아니다. 그러나 세상에 있는 다양한 구멍들로부터 점점 우리 몸의 구멍들로 그 대상 범위가 좁아지고 각각의 구멍들은 제각기 자신만의 기능들을 가지고 있다는 것을 보여 준다. 마지막으로 수많은 구멍들 중에 아기가 나오는 구멍도 있다는 것을 엄마의 몸을 통해서 보여 주고 이를 배꼽의 기능과 연결시킨다. 그림책 속 아이들은 남자아이, 여자아이들이 어깨동무를 하고 자연스럽게 자신과 서로의 배꼽을 들여다보며 몸 구석구석을 탐색하는 모습이 그려져 있다. 이 그림책을 읽고 나서 아동들은 자신의 몸에 있는 기관들은 작은 것일지라도 모두 유용한 기능을 가지고 있다는 것을 이해하게 된다.

번역 그림책인 게일 살츠 글, 린 크라바스 그림의 『참 놀라운 몸』(2005)은 "거울에 네 모습을 비춰 보렴. 뭐가 보이니?"라는 질문으로 시작된다. 머리, 손, 발가락으로 옮겨진 관찰은 자신 말고는 아무도 볼 수 없는 곳까지 미친다. 한 남자아이는 자신의 바지 속 성기를 비밀스럽게 들여다본다. 이것이 비밀이라고는 하지만 곧 매우 사전적인 정보가 사실적인 그림과 함께 제시된다. 이때 음순이나 질, 고환과 같은 정확한 용어가 그대로 등장하고 성인이 되었을 때 몸의 변화도 매우 사실적으로 그려진다. 이 책의 우수한 점은 남자와 여자가 적절한 비율로 등장하면서 그 비중에 있어 어느 쪽 성도 희생되지 않는다는 점이다. 이어서 이 책은 아이가 태어나는 과정을 과학적으로 설명하면서 우리의 몸은 참 신기하고 놀랍다며 결론을 맺는다.

2) 남자와 여자의 차이를 보여 주는 그림책

남자와 여자가 태어날 때부터 몸의 생김새와 생리현상이 다소 다르다는 점을 설명하는 그림책은 아동들에게 성차에 대한 관심을 불러일으키지만 이것이 성역할의 차이를 규명하려는 목적은 아니라는 점이 중요하다. 다시 말해, 남자와 여자의 생물학적인 외모와 성적인 기능의 차이는 존재하지만 이 점이 남녀 사이의 어떤 특정한 성격이나 직업, 역할의 차이를 반드시 규정하지는 않는다는 사실이 드러나야 한다.

비룡소 출판사에서 나온 정지영 글, 정혜영 그림의 책 『나는 여자, 내 동생은 남자』(1997)는 남녀를 비교하여 남매간의 몸의 차이를 보여 주는 책이다. 이 도서는 첫 장면부터 화장실에서 오줌을 누는 모습을 대칭적으로 보여 주며 남녀간의 서로 다른 자세를 보여 준다. 이 그림과 더불어 아동 독자에게 남자와 여자는 무엇이 다르며 왜 다를까에 대한 궁금증을 가지도록 만든다. 이야기가 진전됨에 따라 아이들에게 2차 성징이 시작되는 모습, 성인이 되어 가면서 몸에 생기는 변화를 인물이 자연스럽게 받아들이는 모습들을 사실적인 그림과 함께 남녀를 적절하게 구분하여 제시한다. 아이의 출생은 여자인 엄마와 남자인 아빠가 나눈 사랑의 결실이라는 사실도 보여 준다. 여자와 남자는 모두 사랑받기에 충분하고 소중한 사람이라는 메시지를 전달하며 마친다.

빅토리아 파시니(Vittoria Facchini) 글, 그림의 『너랑 나랑 뭐가 다르지? *Piselli e farfalline, Son piú belli i maschi o le bambine?*』(1999) 역시 남녀 간의 차이를 그리고 있다. 그러나 이 그림책은 남녀가 서로 생물학적으로 다르다는 점을 보여 주지만 이것이 남자와 여자가 좋아하고 잘하는 것, 성격 등이 꼭 달라야 한다는 것을 의미하지는 않는다고 언급하고 있다. 이 책은 물론 남녀가 서로의 생김새가 다르다는 점 때문에 서로에게 사랑을 느끼는 것이 사실이며 남자가 사랑 표현에 있어 좀 더 적극성을 띠게 되는 경우가 많기는 하지만 남자의 적극성이 모든 사례에서 일률적으로 나타나는 것은 아니라고 말한다. 이 그림책에 등장하는 남녀는 모두 서로에게 사랑을 느끼고 있으며 어느 누구도 뒤지지 않게 사랑 표현에 적극성을 띤다. 이 책이 갖고 있는 또 하나의 특징은 남녀의 몸의 차이가 사랑을 만들어 낸다고 표현하면서 사랑에 빠지면 어떤 감정이 들며 몸과 마음에 어떤 현상이 일어나는지 하나하나 묘사해 주고 있다는 점이다. 또 이러한 사랑의 감정은 모든 연령대 사람들에게 적용되며 서로 다른 기쁨의 종류로 나타날 수 있다고 설명하고 있다. 결론적으로 사랑의 감정은 행복한 감정이며 이러한 점에서 남자와 여자가 서로 다르다는 점은 서로에게 매력으로 작용할 수 있는 부분으로서 그 사랑의 결실에 있어 아주 중요하다는 점을 강조한다. 출산 과정에서의 아빠의 역할도 자세하게 그리고 있다는 점에서 현대 사회의 문화적 가치를 잘 담아 내고 있는 그림책으로 추천한다.

3) 생명의 탄생 과정을 제시하는 그림책

아동이 부모를 가장 난감하게 하는 질문 중에 하나는 자신이 어떻게 생겨났는지에 대한 것이다. 부모들은 이러한 질문에 대답을 어떻게 해야 할지 무척 난감해하지만 그림책은 이러한 상황에 있는 부모에게 하나의 해결책이 될 수 있을 것이다. 생명 탄생의 원인과 과정을 다루고 있는 그림책은 아주 많다.

파스칼 퇴라드 글, 장 샤를 사라쟁 그림의 『나는 사랑의 씨앗이에요』(2002)는 정자가 주인공이 되어 난자와 만나기까지의 경로, 아기로 태어날 때까지의 과정을 사실적으로 그려 내어 과학적인 정보를 쉽게 전달해 주고 있다. 엄마 아빠의 성적 묘사와 육체 행위를 부각시키지 않고 다만 아기가 탄생하기 위하여 정자가 어떤 과정을 거쳐야 했는가에 초점을 맞추고 있다는 점에서

다소 온건한 접근을 보여 준다. 이에 반해 페테르 곳할트 글, 키슨 로고드 그림의 『나는 엄마 반쪽 아빠 반쪽이에요』(2010)의 경우는 엄마와 아빠가 사랑에 빠지는 감정에서부터 아이의 기원을 설명하고 있다. 부모가 침대에 있는 장면과 정자와 난자가 만나는 장면을 따로 배치시키고 있으나 설명은 충분히 전달되고 있다. 이 책은 엄마와 아빠가 반반씩 아기의 생김새와 출산 과정에 기여했음을 알려 주고 있으며 출산 과정에 아빠가 적극 참여하는 모습을 보여 주고 있고 성을 사랑에 기초해 다루고 있다는 점에서 추천할 만한 책이다.

배빗 콜의 『엄마가 알을 낳았대』(1996)는 성교육 도서로 좀 더 대중적인 책이다. 그림책 속 엄마 아빠는 아이가 태어나는 과정을 아이의 수준에 맞게 설명해 준다는 미명 아래 공룡이 아기를 가져다주었다거나 아기는 요리하듯 양념을 섞거나 구워서 만든다는 등의 부정확한 정보를 준다. 그러나 영악한 아이들은 도리어 부모에게 성에 대한 정확한 정보를 알려 주기 시작한다. 이 책의 특징은 성행위를 놀이의 형태로 다양하게 제공하고 있다는 점이다. 또한 아이의 시선에서 단순화된 그림으로 생명의 탄생 과정을 그리고 있지만 그 정보가 부모가 놀랄 만큼 매우 정확하다.

4) 사춘기와 성에 관한 태도를 다루는 그림책

통계청 조사에 따르면, 현대 청소년의 사춘기는 빠르면 초등학교 중학년부터 시작되며 평균 시작 나이는 만 10세다. 따라서 사춘기의 2차 성징에 대한 정보와 교육은 그보다 더 빠른 시기에 이루어지는 것이 좋다. 그러나 이러한 성적 변화들은 때때로 유아들에게도 나타난다. 이는 성조숙증이라는 생물학적 발병률이 높아지고 있기 때문이기도 하지만, 유아기에 유아가 자신의 성기를 타인에게 보여 주거나 자신의 성기를 가지고 자위행위를 하기도 하면서 자연스럽게 발기가 되기도 하기 때문이다. 그렇다면 성인들이 이러한 문제들을 어떻게 다루어 주어야 할까? 다음의 그림책은 우선 아동들이 자신의 몸에 나타나는 여러 가지 현상들을 포함하여 자신의 몸을 사랑하고 이를 잘 관리하며 타인과의 관계 속에서 예의를 지켜야 한다고 가르치는 데 도움을 준다.

배빗 콜의 『이상한 곳에 털이 났어요! *Mommy Laid An Egg: Or, Where Do Babies Come From?*』(1993)와 피터 메일리(Peter Mayle) 글, 아서 로빈스(Arthur Robins) 그림의 『왜 내 몸이 변하는 걸까? *"What's Happening to Me?" A Guide to Puberty*』(2000)는 초등학생을 위한 그림책으로 사춘기에 나타나는 성징들을 매우 사실적으로 설명해 주고 있다. 이 책은 몸의 변화는 성인이 되어 가는 과정에 나타나는 지극히 자연스러운 현상이며 이러한 변화는 사람마다 조금씩 다르게 나타나므로 크게 걱정할 문제가 아니라는 점을 언급한다. 또 이와 같은 2차 성징 때문에 아기를 가질 수 있게 되는 것이라고 말해 준다.

이혜옥 글, 김태란 그림의 『깨끗 공주와 깔끔 왕자』(2009)는 자신의 몸과 성에 대한 사랑은 자신의 몸을 청결히 하는 것에서 시작된다는 메시지를 준다. 목욕이나 몸의 일부를 씻는 과정에서 우리의 몸이 자연스럽게 표현되고 이를 깨끗이 하는 장면을 묘사하면서 자신의 몸을 탐색할 기회를 준다. 아이들의 성적 관심과 성 놀이 등은 한은선 글, 김순영 그림의 『고추가 간지러워요』(2008)라는 그림책에서 표현된다. 아동들을 지도하는 성인은 아동들이 성에 관심을 가지고 성을 놀이의 대상으로 여기는 것을 자연스러운 현상으로 받아들여야 하며 이러한 현상을 다른 놀이로 자연스럽게 유도하는 법을 배우도록 권고한다.

5) 성과 에로스의 관계를 보여 주는 그림책

모든 그림책이 성에 대한 교육 자료로서 창작되는 것은 아니다. 어떤 그림책은 실제로 어른들이 관심 있어 할 만한 사랑이라는 주제를 스토리텔링과 그림에 반영하거나 소재의 일부분으로 암시하기도 한다. 맥스 벨트하우스(Max Velthuijs) 글, 그림의 『사랑에 빠진 개구리 *Frog in Love*』(1999)의 경우 사랑에 빠진 감정 변화에 주목하여 이를 주제화하였다. 이 책은 다른 종(species)과도 사랑에 빠질 수 있다는 점을 강조하고 사랑에 빠지면 신체 및 정서와 행동에 어떠한 변화가 일어나는지를 개구리의 펄쩍 뛰어오르는 생리현상과 관련시켜 흥미롭게 형상화하였다. 한편, 이 책에서 짝사랑에 빠진 개구리가 사랑을 성취해 나가는 과정을 통해 남성성의 구애에서의 적극성이 강조되었다면, 길리언 실즈 글, 엘리자베스 하버 그림의 『사랑에 빠진 강아지』(2008)의 경우는 좀 다르다. 두 강아지는 계층이 다르나 서로가 서로에게 사랑에 빠지게 되고 사랑의 감정은 남녀 모두 서로의 집을 찾아갈 정도로 적극성을 띠게 되는 모습을 보인다.

성이 암시된 그림책에는 안너마리 반 해링언(Annemarie van Haeringen)의 『긴 머리 공주 *De prinses met de lange haren*』(2000)가 있다. 많은 공주 그림책들이 정형화된 공주 이미지의 묘사에서 탈피하려는 모습을 보이지만 성적인 암시를 그려 낸 그림책은 많지

않다. 이 그림책에도 한 나라의 공주로서의 체면이나 위엄을 불편한 옷처럼 여기는 한 명의 씩씩한 공주가 등장한다. 이러한 모습은 화장실에 앉아 있는 모습처럼 공주가 공주답지 않다거나 전혀 우아해 보이지 않는 공주의 모습이 묘사된 몇 가지 장면에서 그 힌트가 던져지게 된다. 특히 많은 왕자들의 구애 속에서도 자신의 머리가방을 들어 주는 서커스 단원 남자에게 마음을 준다는 점에서 더욱 그러한 모습이 암시된다. 사랑하는 서커스 단원 남자와 함께 도망치는 길에서 공주의 머리카락은 남자와의 멋진 잠자리를 마련해 주는 역할을 하게 된다. 이 남자는 공주가 그동안 시달려 왔던 머리를 자르라는 압박을 가하지 않는 유일한 사람으로 여자의 머리가방을 들어 줄 정도로 자상한 면모를 보이며 여성 존중을 몸소 보여 주는 역할을 하고 있는 것이다.

아델하이트 다히메네(Adelheid Dahimène) 글, 하이데 슈퇴링거(Heide Stöllinger) 그림의 『당나귀 부부 *Esel*』(2002) 역시 그림을 통해 많은 성적 암시와 성적 행위를 묘사한다. 은혼식을 올릴 정도로 결혼한 지 오래된 두 당나귀 부부는 젊은 나이의 커플처럼 서로에 대해 질투하고 사랑하며 접촉하고픈 마음을 표현한다. 둘은 서로를 너무 사랑하기 때문에 다투고 헤어지기도 하지만 다른 이성을 만나게 되면서 조강지처의 소중함을 다시 깨닫게 된다. 이러한 과정을 통해서 이들은 이전보다 서로를 더욱 사랑하게 된다. 이 도서는 동물들 간의 사랑을 성적인 코드로 보여 주고 또 사랑과 성의 관련성을 암시적으로 표현하였다.

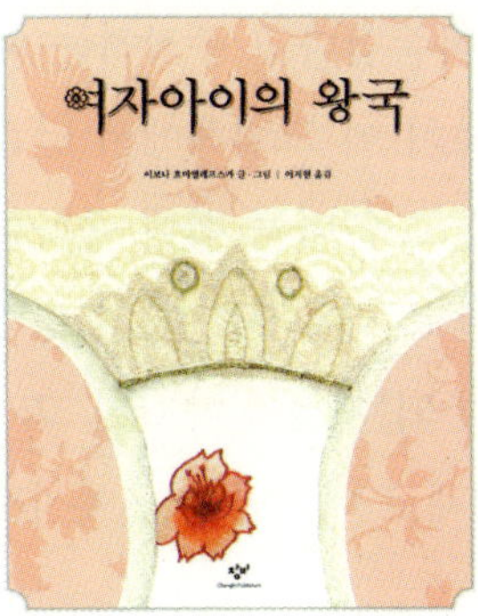

이보나 흐미엘레프스카(Iwona Chmielewska) 글, 그림의 『여자아이의 왕국 *Królestwo dziewczynki*』(2011)은 한 여자아이가 성장 과정에서 사춘기를 거치면서 겪게 되는 신체 변화와 이때의 감정 변화를 다양한 은유와 환유를 통해서 시적으로 묘사해 준다. 여자아이는 처음에는 생소

하고 낯설게 느껴지던 이러한 변화에 점차 익숙해지면서 자신의 성을 사랑하게 된다.

6) 성 관련 이슈들을 반영하는 그림책

성에 관한 문제는 현재 혼외 출산이나 성적 지향의 문제와 같은 사회 이슈들로 확대된다. 이러한 사회 이슈들을 바라보는 관점에도 다양한 생각이 존재하지만 이러한 민감한 주제들을 아동 도서에 반영해야 하는지도 중요한 쟁점이 되고 있다. 여기에서는 번역된 그림책 중 미혼모와 성평등, 그리고 이에 암시된 모성애를 다룬 책을 소개해 본다.

미혼모 관련 그림책 중에 리오넬 르 네우아닉 글, 그림의 『엄마가 된 마녀 루시 *Graine de sorcière : Le Bébé de Lucie Fer*』(2000)는 악마와 사랑에 빠진 후 졸지에 미혼모가 되어 버린 마녀의 이야기를 다루고 있다. 엄마가 될 준비가 되어 있지 않은 루시는 결혼 밖에서의 임신 스트레스에 치여 모성애가 무엇인지 미처 알지 못하며 이후에 닥칠 출산과 양육을 몹시 두려워한다. 이러한 루시가 점점 모성애를 느껴 가고 아이에게 사랑의 마음을 전하는 엄마의 모습으로 바뀌어 간다. 헬메 하이네(Helme Heine)의 작품 『세상에서 가장 아름다운 달걀 *The Most Wonderful Egg in the World*』(1987) 역시 모성애를 다루고 있는 그림책이다. 저마다 자신이 낳은 달걀이 아름답다고 주장하는 어미 닭들의 모습에서 보편적인 모성애가 암시된다. 특히 이 그림책에서 달걀이 상징하는 바, 자녀의 성별이 중요하게 다뤄지지 않고 있다는 점이 주목할 만하다. 그리고 어떠한 모양이든 모든 알이 아름답다고 결론짓는 왕의 평가에서 아름다움이란 구애를 목적으로 한 외모에서 비롯되는 것이 아니며 그가 지닌 외모 혹은 성별과 상관없이 모두가 소중한 생명체로 태어난다는 메시지를 전해 준다.

미주 목록

1) Rudman, M. K. (1995). *Children's literature: An issue approach*. USA: Longman Publishers.

2) 김현실, 서현아(2010). 그림책을 활용한 유아 성교육에 대한 교사의 인식 및 실태. 생태유아교육연구, 9(3), 1-29.

3) 최문심(2004). 초등학생의 성지식과 성태도 및 아동용 성교육 도서 분석과 성교육 대책에 관한 연구. 춘천교육대학교 교육대학원 석사학위 논문.

4) 백라지(2004). 동화를 활용한 통합적 성교육 활동이 유아의 성지식과 성에 대한 태도에 미치는 영향. 인제대학교 대학원 석사학위 논문.

5) Gilbert, J. (2004). Literature as sex education. *Changing English, 11*(2), 233-241.

6) Spitz, E. H. (1999). *Inside Picture Books*. New Haven & London: Yale University Press.

7) 한국브리태니커(1994). 한국브리태니커 백과사전. 서울: 한국브리태니커주식회사.

8) 한국브리태니커(1994). 한국브리태니커 백과사전. 서울: 한국브리태니커주식회사.

9) Rudman, M. K. (1995). *Children's literature: An issue approach*. USA: Longman Publishers.

10) Jennifer, E. (2009). We're Here, We're Queer, but we're just like heterosexuals: A cultural studies analysis of lesbian themed children's books. *Educational Foundations, 23*, 61-78.

11) Gilbert, J. (2004). Literature as sex education. *Changing English, 11*(2), 233-241.

12) Nikolajeva, M. (2009). *Aesthetic Approaches to Children's Literature An Introduction*. 조희숙 역(2009). 아동문학의 미학적 접근. 서울: 교문사.

13) 최문선(2010). 성교육 그림책 연구. 헤세연구, 23, 203-224.

14) Gooden, A. M., & Gooden, M. A. (2001). Gender representation in notable children's picture books: 1995-1999. *Sex Roles, 45*, 89-94.

15) Rudman, M. K. (1995). *Children's literature: An issue approach*. USA: Longman Publishers.

16) Browne, M. (1993). A review of the literature on inappropriate sexual contact between children: description, family dynamics, and effects. *Doctoral Research Paper*, Biola University.

웹사이트

통계청(2011). http://kostat.go.kr/portal/korea/index.action

퓨 리서치(2013). http://www.pewsocialtrends.org

참고 그림책 목록

이혜옥 글, 김태란 그림(2009). 깨끗 공주와 깔끔 왕자. 서울: 별똥별.

정지영 글, 정혜영 그림(1997). 나는 여자, 내 동생은 남자. 서울: 비룡소.

한은선 글, 김순영 그림(2008). 고추가 간지러워요. 서울: 별똥별.

허은미 글, 이혜리 그림(2000). 우리 몸의 구멍. 서울: 길벗어린이.

Adelheid Dahimène(2002). *Esel*. illustrated by Heide Stöllinger. 김경연 역(2003). 당나귀 부부. 서울: 달리.

Annemarie van Haeringen(2000). *De prinses met de lange haren*. 이명희 역(2001). 긴 머리 공주. 서울: 마루벌.

Babette Cole(1993). *Mommy Laid An Egg: Or, Where Do Babies Come From?* 최성희 역(2008). 이상한 곳에 털이 났어요! 서울: 삼성당.

Babette Cole(1996). *Mommy Laid An Egg*. 고정아 역(2003). 엄마가 알을 낳았대. 서울: 보림.

Gail Saltz(2005). *Amazing You!: Getting Smart about Your Private Parts*. illustrated by Lynne Avril Cravath. Dutton Juvenile. 강수정 역(2007). 참 놀라운 몸. 서울: 깊은책속옹달샘.

Gillian Shields(2008). *Puppy love: The Story of ESME & SAM*. illustrated by Elizabeth Harbour. 홍연미 역(2008). 사랑에 빠진 강아지. 서울: 웅진주니어.

Helme Heine(1987). *The Most Wonderful Egg in the World*. 김서정 역(1998). 세상에서 가장 아름다운 달걀. 서울: 시공주니어.

Iwona Chmielewska(2011). *Królestwo dziewczynki*. 이지원 역(2011). 여자아이의 왕국. 서울: 창비.

Justin Richardson, Peter Parnell(2005) *And Tango Makes Three*. illustrated by Henry cole. 강이경 역(2012). 사랑해 너무나 너무나. 서울: 담푸스.

Lionel Le Néouanic(1999). *Lucie Fer, Un Amour De Sorciére*. 이진경 역(2003). 사랑에 빠진 마녀 루시. 서울: 행복한아이들.

Lionel Le Néouanic(2000). *Graine de sorcière: Le Bébé de Lucie Fer*. 이재현 역(2003). 엄마가 된 마녀 루시. 서울: 해피북스.

Max Velthuijs(1999). *Frog in love*. 이명희(1995). 사랑에 빠진 개구리. 서울: 마루벌.

Peter Mayle(2000). *What's Happening to Me? A Guide to Puberty*. illustrated by Arthur Robins. 김민화 역(2006). 왜 내 몸이 변하는 걸까? 서울: 서돌.

Pascal Teulade(2002). *Graine d'Amour*. illustrated by Jean-Charles Sarrazin. 신혜정 역(2003). 나는 사랑의 씨앗이에요. 서울: 다섯수레.

Peter Gotthardt(2008). *Da Emma Blev Emma-og hvordan det gik til*. illustrated by Kirsten Raagaard. 이승숙 역(2009). 나는 엄마 반쪽 아빠 반쪽이에요. 서울: 담푸스.

Vittoria Facchini(1999). *Pidelli e farfalline, son piú belli i maschi o le bambine?* 김소희 역(2002). 너랑 나랑 뭐가 다르지? 서울: 비룡소.

제6장 노 화

인간은 시간의 흐름을 거스르지는 못한다. 젊게 지낼 수 있는 시간이 연장되기는 했지만 모든 사람은 나이가 들면 삶의 질적인 변화를 겪게 되고 노인이 된다. 사전적으로 노인은 '나이가 많아 늙은 사람'을 뜻한다.[1] 즉, 노인은 삶의 단계적 특성에 따라 출생 후 한 평생을 사는 동안 성장기, 청년기, 장년기를 거쳐 노년기에 접어든 사람인 것이다.[2] 그러나 노인에 대한 정의는 언제부터, 어떤 사람을 노인이라고 할 수 있는지에 대해 답을 주지 않는다.

노년기는 2차 성징과 같이 뚜렷한 신체적 변화를 수반하지 않고 생물학적으로 명확하게 정의할 만한 변화를 찾기 힘들기 때문에 노인을 정의하기는 무척 어렵다. 따라서 성인기 이후에 대한 정의는 다분히 주관적일 수밖에 없다. 또 문화와 계층, 시대에 따라 기준이 변하기 때문에 특정 연령대로 시기를 일반화하는 것도 문제가 있다.[3] 보통 60세 혹은 65세 이상을 노인으로 보고 있으나 이는 심신의 건강이나 기능 상태를 나타내기보다는 법적 규정이나

통계 또는 노인복지 대상의 기준으로 더 의미가 있다.[4)]

하지만 모든 노인은 생물학적 · 생리학적 · 심리학적 측면을 포함하여 여러 측면에서 삶의 질적 변화를 겪는다. 즉, 노화(Aging)의 과정을 경험하는 것이다. 국립국어연구원이 제공하는 사전에서는 노화를 '질병이나 사고에 의한 것이 아니라 시간의 흐름에 따라 생체 구조와 기능이 쇠퇴하는 현상'이라고 풀이한다.[5)] 노인이 되면 생체 구조와 기능이 쇠퇴하여 폐활량이 줄어들고 청각과 후각도 쇠퇴한다. 악력도 약해지고 신경전달 속도도 느려진다. 여러 장기의 중량도 감소한다. 그리고 가장 보편적으로 나타나는 노화 현상으로는 적응 능력의 저하를 꼽을 수 있다.[6)]

노화를 겪으며 노인이 되는 것은 연속적인 과정이다. 몇 월 며칠부터 노인이 되거나 어떤 증상부터 노화라고 부를 수 없다. 언제까지 청년이고 언제부터 장년인지가 분명하지 않은 것처럼 말이다. 그럼에도 불구하고 현대 사회에서 노인은 특별히 분리된 집단으로 관리된다. 노인 인구의 증가와 출산율 저하에 따른 고령화 사회가 야기하는 문제들이 만만치 않기 때문이다. 한정란(2000)은 대표적인 고령화 문제로 인구 구조의 변화가 야기하는 부양 부담의 문제와 노인 집단의 세력화에 따라 제한된 자원을 둘러싼 세대 간의 갈등 문제 등을 들었다.[7)] 10여 년 전에 예상되었던 이러한 문제들은 이제 시급한 현안이 되었다. 급속도로 진행되는 고령화 사회를 살고 있는 다음 세대는 곧 이 문제들을 해결해야 하는 주체가 될 것이다. 아동들과 노인에 대한 이야기를 나누며 노인에 대해 생각할 기회를 주어야 할 필요성이 여기에 있다. 그들은 많은 수의 노인을 포함하는 공동체의 구성원들이 조화롭게 살아가는 사회를 만들어야 하는 과제를 안고 있는 것이다.

더 나아가 우리는 노인들에 대한 존중과 배려를 잊지 않아야 한다. 왜냐하면 인간은 모두 나이가 들기 마련이며 현재 노인에 대한 태도는 미래의 자신에 대한 태도와 연결될 수 있기 때문이다. 3세 정도의 아이들이 노인을 피곤

하고 지저분하며 무력한 존재로 여기고 그 결과 노인을 싫어하고 자기가 늙어 가는 것을 두려워한다고 한 리치와 그의 동료들의 연구는 이를 뒷받침한다.[8] 연속적인 삶의 과정과 그 과정에서 생기는 변화들을 수용하지 못하는 것은 불행이다. 아동들은 노인을 생각하면서 시간의 흐름을 인식할 수 있으며 자신의 삶에 대해 진지한 고민을 시작할 수 있게 된다.

따라서 아동들은 균형 잡힌 사고를 바탕으로 노인에 대한 이미지를 형성할 필요가 있다. 사람들은 미디어를 통해 대상에 대한 정신적인 모형을 형성한다. 이 모형은 실제에 대한 개념을 형성하고 구체적인 상황에서 대상에 대한 반응 방식을 결정한다.[9] 노인의 이미지도 마찬가지다. 노인에 대한 이미지의 형성에 미디어가 미치는 영향이 크기 때문에 김미혜(2003)는 미디어에서 노인을 어떻게 표현하는가를 사회적 책임성의 문제로 보았다.[10]

아동이 갖는 노인 이미지에 강력한 영향을 끼치는 미디어 중 하나는 그림책과 같은 문학 작품이다.[11] 문학은 인간과 인간을 둘러싼 세계의 다양한 양태를 보여 줌으로써 독자들이 삶을 통찰하도록 한다. 이를 위해 작품이 조명하는 세계의 장면은 천태만상이지만 모든 이야기는 시간의 흐름에 따른다. 문학은 시간이 흘러 나이가 드는 노인의 문제를 다루기에 적절한 속성을 갖고 있는 것이다. 게다가 그림책은 독자가 이미지를 능동적으로 수용하도록 도우므로 노인을 다루는 그림책의 가치는 더욱 빛난다. 그림책은 노인과의 직접 경험이 적은 아동들이 노화를 이해하고 노인에 대한 이미지를 형성하는 데에 있어 중요한 역할을 할 수 있다.[12]

이처럼 아동들이 노인에 대한 이미지를 형성하는 데에 미치는 그림책의 영향이 적지 않기 때문에 노인을 다룬 그림책들에 대한 비판적인 안목이 필요하다. 노인과 관련된 그림책은 점점 더 많이 출판되고 있고 이러한 양적인 증가는 그림책에서 다양한 노인의 삶을 다룰 수 있는 공간을 만들어 주었다.[13] 소외된 노인이나 노인성 질환으로 힘들어하는 노년기의 생활을 사실적으로 묘사하는 그림책이 등장했으며, 심지어는 노인의 죽음을 그대로 묘사하고 있는 작품들도 있다.[14] 사람마다 노년을 받아들이는 방식이나 바람직한 노년의 모습에 대한 생각이 다를 수 있지만 노인이 되는 것을 거부할 수는 없다. 그러므로 다양한 그림책이 있다는 것은 친절하고 다채로운 선택지가 있는 것이라 할 수 있다. 아동들은 다양한 노년의 삶을 다룬 그림책들을 경험하면서 우리 사회를 함께 살아가고 있는 나이 든 사람들을 더 많이, 더 깊이 이해할 수 있게 되고 노인이 될 자신의 삶에 대해 생각해 볼 수 있게 된다.

그러나 다양한 그림책들이 모두 노인에 대한 아동의 시야를 넓히고 의미 있는 질문으로 아동의 사고력을 확장할 수 있을 것이라고 기대하기는 어렵다. 그래서 노인을 다룬 그림책들을 가지고 가치 있는 문학 경험을 나누기 위해 고민해야 할 점들이 있다. 이 장에서는 그러한 문제들을 제기하고 그에 대한 해결책을 시사하는 그림책들을 소개하고자 한다.

1. 노화와 관련된 통계 현황

1) 세계 고령화 상황

세계적으로 출산율은 낮아지고 평균 수명은 길어지면서 선진국을 중심으로 고령 인구의 비중이 높아지고 있다([그림 6-1] 참조). UN은 65세 이상의 인구가 총인구에서 차지하는 비율이 7% 이상일 때 고령화 사회(Aging Society), 65세 이상 인구가 총인구에서 차지하는 비율이 14% 이상일 때를 고령 사회(Aged Society)라고 한다. 65세 이상 인구가 총인구에서 차지하는 비율이 20% 이상인 사회를 후기고령 사회(post-aged society) 혹은 초고령 사회라고 한다.[15]

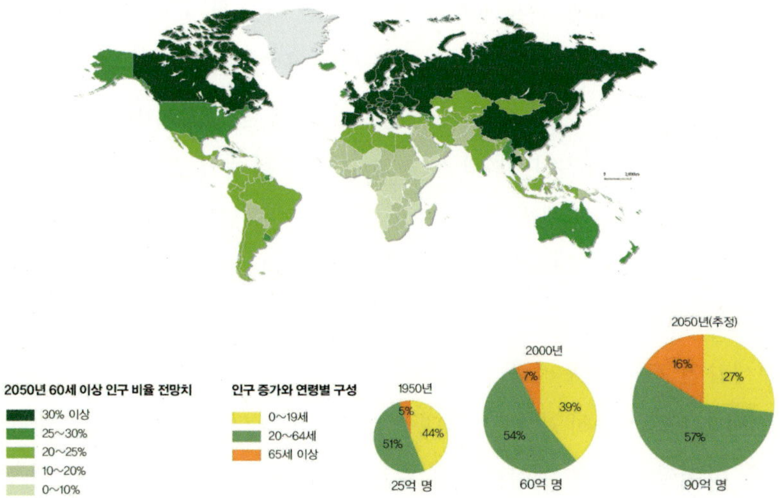

[그림 6-1] 세계 고령화 상황

출처: 유엔 인구분과위원회(2005). 재인용.

2) 우리나라 고령화 상황

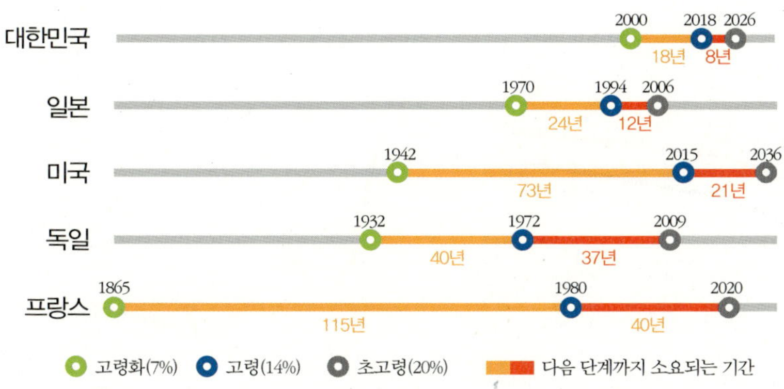

[그림 6-2] 한국 고령화 속도

출처: 전국지리교사연합회(2011).

우리나라는 세계에서 유래가 없을 정도로 빠르게 고령화가 진행되고 있다. 2014년을 기준으로 65세 이상 노인 인구가 전체 인구의 12.2%를 차지하고 있는 우리나라는 이미 상당히 고령화가 진행된 사회이며 곧 고령 사회로 접어들 것으로 예상된다. 프랑스는 고령화 사회에서 고령 사회로 가는 데 115년이 걸렸다. 세계에서 가장 먼저 초고령 사회로 접어든 일본도 고령 사회와 초고령 사회에 도달하는 데 각각 24년, 12년이 걸렸다. 그러나 우리나라는 각각 18년과 8년이 걸릴 것으로 예상되고 있다([그림 6-2] 참조). 유엔은 지금 추세라면 2050년 우리나라의 노인 인구 비율이 37.3%로 세계 최고 수준에 이를 것이라고 예측하였다.[16] 기대수명은 계속해서 높아지지만 출산율의 증가폭은 미미할 것으로 예상되어([그림 6-3], [그림 6-4] 참조) UN의 예측은 현실이 될 가능성이 높아 보인다.

노인들이 더 많아지고 더 오래 살게 되면서, 그들을 위한 각종 사회 안전망을 마련하고 있지만 아직 이러한 체계들은 부족한 실정이기 때문에 은퇴 이후에도 오랜 시간을 살아가는 우리 사회의 노인들은 빈곤의 문제에 고스란히 노출된다([그림 6-5] 참조). 그리고 이는 노인 자살률이 높아지는 슬픈 결과를 낳고 있다([그림 6-6] 참조).

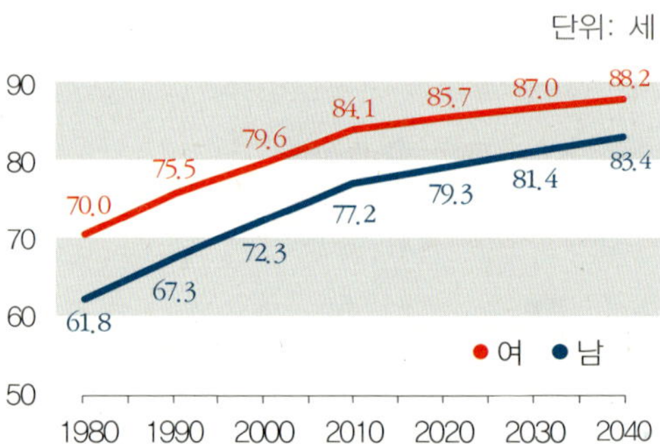

[그림 6-3] 성별 기대수명

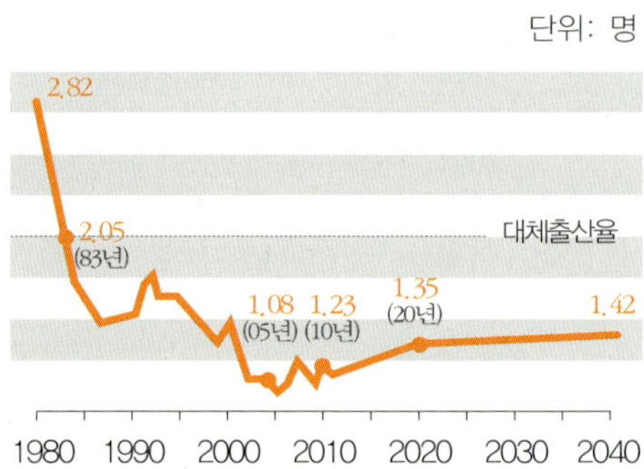

[그림 6-4] 합계 출산율

출처: 연합뉴스(2012. 06. 22.).

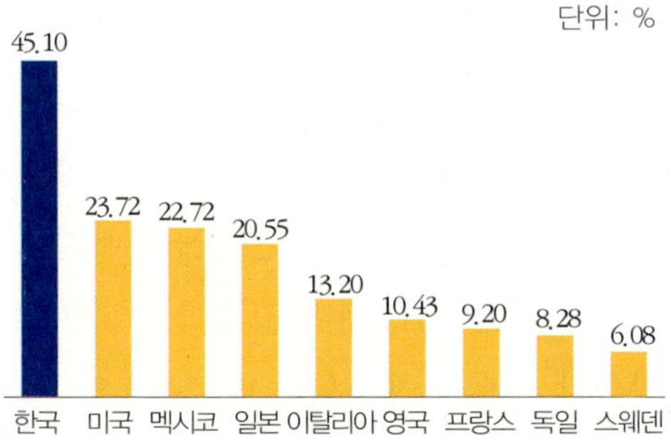

[그림 6-5] OECD 국가 노인 빈곤율

출처: 경향신문(2011. 08. 23.).

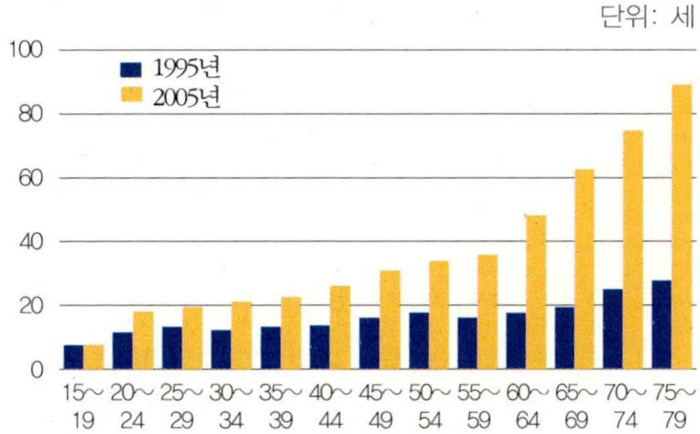

[그림 6-6] 노인 자살율

출처: 국제지역개발 연구소(2005).

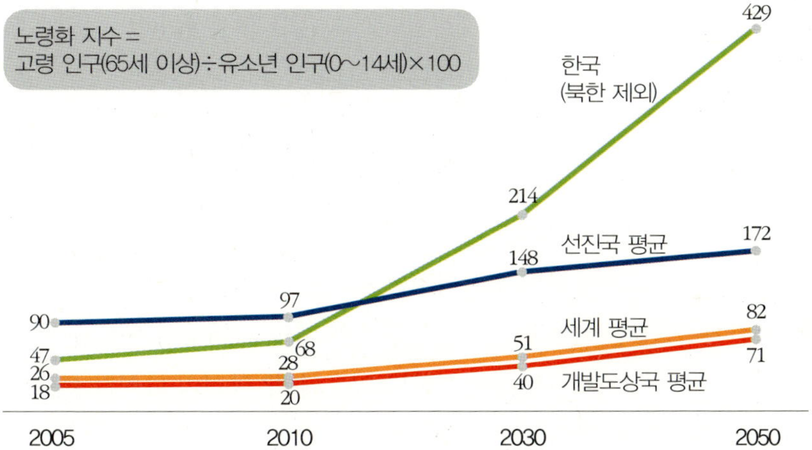

선진국은 매년 유엔이 인구통계를 작성하면서 관례적으로 분류하는 유럽, 북미, 일본, 호주 등 약 50개국.
한국은 개도국에 포함.

[그림 6-7] 한국과 세계 노령화 지수 추이

출처: 동아일보(2007. 07. 11.).

고령화 사회에서는 젊은 층도 어려움을 겪는다. 이런 인구 구성의 변화는 사회 공동체의 모습을 바꾸어 놓았다. 가장 큰 변화는 여러 청년이 한두 명의 어른을 모시던 사회의 구조가 무너지는 것이다. 이제는 한 청년이 여러 어른을 모셔야 하는 데다 은퇴 이후의 삶이 길어지기도 해서 젊은 층들의 부양 부담이 높아졌다. [그림 6-7]을 참조하면 유소년 인구 대비 고령 인구의 비율을 뜻하는 노령화 지수가 가파르게 상승할 것으로 예측되는 바, 노인 인구를 부양해야 하는 젊은 층의 부담은 점점 더 심해질 것으로 보인다.

이런 모든 현상은 오늘날의 우리가 당면한 현실이다. 노인 인구가 줄어들 것을 기대하기도 어렵고, 청년 인구가 갑자기 늘어날 것을 기대하기도 어렵다. 피할 수 없는 문제에 대한 대책이 필요하다. 현실을 살아가는 공동체의 구성원들이 이 문제를 인식하고 고민하는 것이 문제해결의 가능성을 찾는 첫 걸음이 될 수 있을 것이다.

2. 토론 문제

- 우리 사회는 나이가 드는 과정과 나이 든 사람을 어떻게 인식한다고 생각합니까? 그러한 인식에는 어떠한 편견이 있다고 생각합니까?
- 당신은 노인과 노화라는 말과 관련하여 어떤 단어들이 떠오릅니까? 당신은 나이가 드는 과정을 의식하고 있습니까? 당신이 나이가 들어 가는 것에 대해 어떻게 느끼고 있습니까?
- 당신은 바람직한 노인의 모습에 대해 생각해 본 적이 있습니까? 당신은 당신이 어떤 노인이 될 것이라고 생각합니까? 당신은 어떤 노인이 되고 싶습니까?
- 아동들은 노인과 노화에 대해 어떤 생각을 하리라 예상합니까? 아동들

의 이러한 생각에 가장 많은 영향을 미친 것은 무엇이라고 생각합니까?

- 아동들이 노인에 대해 가져야 할 바람직한 이미지가 있다고 생각합니까? 만약 그렇다면 그것은 어떠한 이미지입니까?
- 아동들이 노인과 노화에 대해 부정적인 선입견을 표현한다면 어떻게 대응하는 것이 바람직하다고 생각합니까? 그 대응책으로서 어떠한 자료를 사용하는 것이 좋다고 생각합니까?
- 노인의 삶을 사실적으로 그린 그림책이 아동에게 어떤 영향을 줄 것이라고 생각합니까? 그것을 아동에게 제공할 필요가 있다고 생각합니까?

3. 평가 준거

- 모든 등장인물은 존엄하게 표현되어야 한다. 모든 문학 작품이 그렇겠지만 그림책의 경우 등장인물의 표현은 특히 중요하다. 그림책은 글과 그림의 조합이라는 강력한 기제가 있기는 하지만 지면이 한정되어 있고 압축적인 이야기 구조를 갖고 있어 입체적인 인물상을 그려 내기 어렵다. 때문에 인물에 대한 사소한 언어적 · 시각적 표현들까지 고스란히 인물의 이미지로 형상화된다. 그래서 노인의 신체적인 노쇠함이나 질병은 더욱 주의 깊게 다루어져야 하며 치매가 이야기 구성의 일부일 때에는 그 정보가 정확해야 하고 아픈 노인을 폄하하기 위해 사용해서는 안 된다.[17] 이혜란의 『우리 가족입니다』(2005)는 치매를 앓고 있는 할머니를 모시는 가족들의 모습을 담담하게 그리고 있으며, 토미 드 파올라(Tomie de Paola)의 『오른발, 왼발 *Now One Foot, Now the Other*』(1981)은 할아버지가 아이에게 해 주었던 것처럼 늙은 할아버지에게 걸음마를 가르치는 손자의 이야기다. 두 책 모두 노인의 힘든 현실을 사

실적으로 전달하는 것이 인물의 존엄을 해치는 것과 다르다는 것을 잘 보여 주는 그림책들이다.

- 노년의 삶이 질병이나 죽음으로만 그려지는 것은 좋지 않다. 노인이 되면 병에 걸리기 쉽고 죽음과 가까워지는 것은 맞지만 노인은 병자이거나 죽음을 기다리는 사람이 아니다. 노인은 주체적으로 노년의 삶을 살아가는 생활인이다. 그림책이 노화에 수반되는 문제들이나 노년에 맞게 되는 인지적 · 정서적 변화들을 담는 것은 그림책의 독자에게 노년에 대해 이해할 수 있게 해 주고, 공감의 지평을 넓혀 줄 수 있다. 하지만 노인들이 살아가고 있는 '삶'이 무시되어서는 안 된다. 마거릿 와일드(Margaret Wild) 글, 론 브룩스(Ron Brooks) 그림의 『할머니가 남긴 선물 *Old Pig*』(1995)과 같은 그림책은 할머니의 죽음을 직접적으로 다루고 있지만 책임 있는 삶의 주체로서의 할머니가 아름답게 그려져 진한 감동을 준다. 존 버닝햄(John Burningham)의 『우리 할아버지 *Grandpa*』(1984)는 상황에 대한 설명을 과감하게 생략하고 손녀와 할아버지의 관계에 집중하여 할아버지의 병과 죽음의 사건을 전달한다. 그래서 손녀와 의미 있는 관계를 나누고 손녀에게 깊이 사랑받는 할아버지는 마지막까지 존재의 무게감을 잃지 않는다.
- 그림책의 글과 그림은 인물의 특성과 노인의 특성을 구분해야 한다. 맥과이어(McGuire, 2003)는 노인이나 노화를 다룬 그림책을 선택할 때에는 "나이 든 등장인물이 부정적으로 그려진 것 말고, 완전히 인격적이고 성격화된 인물로 그려지고, 노인이 고유한 개인으로 그려진 것을 선택하라."고 하여 노인이 노인으로서가 아니라 제대로 된 등장인물로서 그려진 그림책을 선택할 것을 말하고 있다.[18] 그림책에서 노인들이 일반적으로 공유하는 특성과 개별 인물의 특성은 구분되어야 한다. 그림책의 인물들은 소속된 집단을 대표할 수도 있지만 기본적으로 그림책은

등장인물의 세계를 보여 주는 것이다. 사라 스튜어트(Sarah Stewart) 글, 데이비드 스몰(David Small) 그림의 『리디아의 정원 *The Gardener*』(1997)에서는 리디아가 식물을 잘 가꾼다고 해서 식물을 잘 가꾸는 것이 그대로 소녀의 특성이 될 수는 없다. 노인도 마찬가지다.

- 문학은 노화를 자연스러운 삶의 과정으로 그려야 하며, 아이들에게 그들이 나이 드는 과정을 기대하지 못하게 만드는 작품들은 피해야 한다.[19] 노화의 속도와 양상에는 차이가 있을 수 있지만 모든 사람이 나이가 들어 간다는 것에는 차이가 없기 때문에 노화의 과정은 제대로 그려져야 한다. 노화를 삶의 자연스러운 과정으로 그린 그림책들은 아이들이 나이가 드는 삶의 과정을 주체적으로 수용하고 자연의 섭리에 지혜롭게 반응할 수 있도록 인지적이고도 정서적인 성장을 돕는다. 그런 의미에서 렌 반 오프스탈(Leen Van Opstal) 글, 렌 반 두메(Lean Van Dume) 그림의 『사랑스러운 우리 할아버지 *Opa*』(2002)와 같이 열 개 남았던 할아버지의 이가 개에 물리고 문에 부딪치는 것과 같은 비상식적인 상황으로 인해 하나씩 빠지게 되는 그림책은 노화의 과정을 오해하게 할 위험이 있어 주의를 요한다.
- 그림책에는 다양한 노인들의 삶의 모습이 담겨야 한다. 모든 노인이 가족 관계 속에 있거나, 모든 노인이 질병으로 고통을 받고 있는 것은 아니다. 미래의 노인들인 젊은이들이 각양각색의 삶을 사는 것처럼 노인들도 모두 서로 다른 삶을 살아간다. 그림책에는 가족 밖에 있는 노인, 일을 하고 있는 노인, 공동체 속의 노인, 나이 든 지도자, 유명한 노인, 활동적이고 능력 있는 노인 등 다양한 삶을 영위하는 노인들이 그려져야 한다.[20] 그림책을 통해 다양한 삶의 노년을 접할 수 있다면 아동들은 다양한 특성을 지닌 사회 구성원들이 더불어 살아가고 있다는 것을 인식할 수 있을 것이다.

4. 소주제 설명 및 그림책 서평

노인을 다루는 그림책이 많고 범위가 넓어 어떤 분류로도 만족스럽게 관련 그림책들을 묶어 내기는 어렵다. 여기에서는 다루어지는 소재에 따라 노인의 병과 죽음을 다룬 그림책, 노인의 지혜를 보여 주는 그림책, 노인의 취미와 재능을 담은 그림책, 삶을 즐기는 노인들이 주인공인 그림책으로 묶었다. 그리고 노인의 목소리가 살아 있는 그림책들을 따로 분류하여 노인의 이야기를 들려주는 그림책 항목을 설정하였다. 이는 노인을 다루는 그림책들을 제한적으로 묶어 내는 기준이 아니라 새로운 항목을 계속해서 추가할 수 있는 소재 중심의 분류임을 밝혀 둔다.

1) 노인의 병과 죽음을 다룬 그림책

건강하고 활기찬 노년을 보내는 노인들도 많지만 노인들의 가장 일반적인 특징으로 여겨지는 것은 신체적으로 약해진다는 것과 죽음에 보다 가깝다는 점일 것이다. 노인의 병과 죽음을 다루는 그림책이 많은 것은 이 때문일 것이다. 죽음과 관련된 그림책들은 따로 다루는 장이 있으므로 여기에서는 그것을 제외한 내용들을 다룬다.

보림 창작 그림책 공모전에서 대상을 받은『우리 가족입니다』(2005)와 느림보 출판사의『명애와 다래』(2003)는 병든 노인에 대한 우리나라 가정의 일반적인 모습을 잘 담아 낸 그림책들이다.『우리 가족입니다』(2005)는 치매에 걸린 할머니가 우리 가족의 일원이 되는 과정을 보여 준다. 치매에 걸린 할머니는 가족들을 제대로 알아보지 못할 뿐 아니라 길에서 주무시기도 하고 화장실이 아닌 곳에서 실례를 하기도 한다. 이렇게 할머니의 병은 시종일관 말썽을 일으키고 그 때문에 엄마와 아빠는 일을 하다가도 헐레벌떡 뛰어와야 할

정도로 생활에 영향을 받는다. 아이는 자기를 부끄럽게 만들고 수고만 끼치는 할머니가 불만스럽다. 그러나 정작 할머니에게 생긴 일들을 해결하는 아이의 부모님은 그렇지 않다. 그림으로 보는 아버지와 어머니의 삶은 고단하고 그들에게 할머니를 모시는 일은 버겁다. 그러나 그들은 묵묵히 병에 걸린 할머니를 모신다. 그리고 그렇게 일상을 이어가며 할머니는 우리 가족이 된다. 이 그림책은 설혹 힘겹더라도 서로를 있는 그대로 받아들이고 일상을 함께하는 것이 가족이라는 것, 치매에 걸려 여러 가지 말썽을 일으킨다고 해서 노인이 가족의 범주에서 소외되는 것이 아니라는 것을 담담하게 보여 준다. 현실적으로 치매 노인을 돌보는 문제는 가정 내에서 해결하기 어려운 문제다. 그래서 일견 사회적으로 해결되어야 할 문제를 가정이 감당하는 것을 당연하게 여기게 하지 않을까 하는 우려가 있을 수 있다. 그러나 가족이라는 끈이 병이나 늙음 앞에 헐거워지기보다는 단단해지는 모습을 보며 더 깊은 감동을 경험할 수 있을 것이다.

『명애와 다래』(2003)의 할머니도 병이 들어 무기력하다. 할머니는 늘 누워 있고 부모님은 병든 할머니를 돌보느라 휴일에도 다래와 놀아 주지 않는다. 다래는 그런 상황에 무척 화가 난다. 그러다 다래는 꿈속에서 할머니와 함께 놀이공원에 가게 된다. 신나게 같이 노는 시간이 흘러갈수록 할머니는 점점 어려지는 기이한 꿈이다. 할머니는 마침내 아기가 되어 다래는 할머니 명애를 업고 돌아오게 된다. 그 이후 다래는 할머니에 대한 연민을 갖게 된다. 할머니에 대한 다래의 태도 변화는 꿈속에서 놀이공원에서 신나게 놀았던 것 때문이라기보다는 할머니가 점점 어려지는 상황을 경험한 것에 기인한다. 할머니의 시간을 거슬러 가며 다래는 할머니가 처음부터 '할머니'라는 병들고 무기력한 존재가 아니라 자신만의 이름이 있는 사람이며 건강하고 젊은 시절이 있었다는 것을 깨닫게 된다. 이런 깨달음은 나와 같은 사람으로서 할머니를 이해하게 해 준다. 꿈속에서 할머니가 그저 젊은 사람이 아니라 점점 어려져 다래가 명애를 업고 돌아오는 장면은 노인에게 필요한 보살핌에 대한 생각을 환기하기도 한다. 마지막 장면에서는 그렇게 힘차게 달리던 다래가 뒤를 돌아보았을 때 아무도 없는 장면이 묘사되는데, 이는 할머니의 병과 죽음에 대해 생각해 볼 수 있도록 여운을 남긴다.

토미 드 파올라 글, 그림의 『오른발, 왼발』(1981)은 보비와 할아버지의 이야기다. 보비는 할아버지와 블록 쌓기 놀이를 하는 것을 좋아하지만, 할아버지는 꼭 맨 마지막 블록을 쌓을 때가 되면 재채기를 해서 블록을 쓰러뜨리시곤 한다. 그러던 어느 날, 할아버지가 뇌졸중으로 쓰러지시고 할아버지는 그 이후, 말씀도, 거동도 못하시고 사람도 알아보지 못하게 되신다. 엄마와 아빠는 할아버지의 상태를 보비에게 미리 알려 주고 할아버지를 모시고 오지만 평소와 다른 할아버지를 본 보비는 할아버지가 무서워서 도망치다가 할아버지의 눈물을 보게 된다. 보비는 할아버지께 사과를 하고는 할아버지와 함께 가지고 놀던 오래된 나무 블록 놀이 장난감을 들고 할아버지를 찾아간다. 이처럼 할아버지를 사랑하고 할아버지와의 많은 추억을 간직한 보비지만 병 때문에 평소와 달라진 할아버지를 마주했을 때 두려운 마음을 갖게 된다. 날이 따뜻해지자 보비는 할아버지의 걸음마를 돕는다. 그러나 보비가 열심히 노력해도 할

아버지는 온전히 회복되지 않는다. 날씨가 따뜻해질 때 시작한 걷기 연습은 여름이 끝나 갈 무렵, 그러니까 두 계절이 지나서야 잔디밭 끝까지 걸을 수 있을 정도로 회복되었다. 여기서 보비와 할아버지가 엮어 가는 하루하루가 더욱 진실하게 다가온다. 할아버지가 보비에게 걸음마를 가르쳐 주신 대로 보비가 할아버지의 걷기를 돕는 것은 보비가 할아버지께 배운 사랑의 방법을 실천하는 것이다. 이 책에서는 노인의 질병에 동반되는 여러 증상들이 사실적으로 묘사되지만 그것이 비참하고 절망적으로 그려지지 않는다. 그 대신 노인과 손자가 나누는 사랑이 아름답게 표현되어 있다.

마거릿 와일드 글, 론 브룩스 그림의 『할머니가 남긴 선물』(1995)과 존 버닝햄의 『우리 할아버지』(1984)는 노인이 맞이하는 죽음이 공포나 부정하고 싶은 현실로 그려지지 않으면서도 죽음의 상실감이 진하게 드러나는 작품들이다. 죽음은 담담하게 그려지고 남은 자들의 슬픔도 절제된다. 죽음을 다루는 장에서 관련 그림책들을 다시 다루게 되겠지만 노년에 죽음을 맞이하는 깔끔한 태도와 죽음이라는 사건을 다루는 담백함이 빛나는 작품들이다.

2) 노인의 지혜를 보여 주는 그림책

노인의 지혜로움이 이야기를 풀어 가는 데에 중요한 역할을 하는 그림책들이 있다. 물론 나이가 든다고 자연스럽게 지혜가 생기는 것은 아니고 모든 노인이 현자와 같을 필요는 없다. 그러나 노인에게는 세월을 통해 쌓아 온 경험이 있어 아무리 똑똑한 젊은이도 가질 수 없는데, 이 경험은 노인의 주변을 아름답게 만든다.

신혜원 글, 그림의 『세 엄마 이야기』(2008)는 4세대 모녀의 이야기를 재미있게 그리고 있다. 시골로 이사 온 엄마는 드넓은 밭에 콩을 심기로 한다. 농사 경험이 없는 엄마는 숟가락으로 땅을 파 콩을 심다가 너무 힘들어서 "엄

마! 도와줘!"를 외친다. 그러자 엄마의 엄마가 호미로 땅을 파고 돌과 풀을 골라내 밭을 만든다. 그러다 힘이 부친 외할머니도 "엄마! 도와줘!"를 외친다. 그러자 엄마의 엄마의 엄마인 증조할머니가 낫이며 괭이를 지고 한달음에 달려와 뚝딱뚝딱 일을 해결해 준다. 콩밭에 잡초가 났을 때도 엄마는 혼자 힘으로 되지 않자 엄마를 부르고, 그래도 해결이 되지 않자 엄마의 엄마도 엄마를 부른다. 콩을 털 때가 되자 엄마의 엄마와 엄마의 엄마의 엄마는 엄마가 잘할 수 있을지 걱정이 되어 잠을 이루지 못하고 결국 이른 새벽 엄마의 집으로 달려온다. 그렇게 온 가족이 한데 모여 함께 콩을 털고 메주를 만든다. 이 그림책은 엄마에게도 엄마가 있고, 엄마의 엄마인 할머니에게도 엄마가 있다는 것을 자연스럽게 생각하게 한다. 그러면서 엄마보다는 엄마의 엄마인 외할머니를, 외할머니보다는 엄마의 엄마의 엄마인 증조할머니를 더 뛰어난 능력을 지닌 존재로 그리고 있다. 급속한 기술의 발전으로 경험의 가치가 폄하되는 요즈음 할머니와 증조할머니의 도움으로 모든 일들이 성공적으로 마무리되는 것은 어르신들이 갖고 있는 경험의 유용성을 보여 준다는 점에서 의미가 있다. 이는 사회 공동체의 일원으로서 노인의 역할을 생각하게 한다. 또한 이런 경험적인 지식이 세대가 함께하는 과정을 통해 자연스럽게 전수되는 것도 눈여겨볼 부분이다.

패트리샤 폴라코(Patricia Polacco) 글, 그림의 『천둥 케이크 *Thunder Cake*』(1990)에서 주인공은 겁이 많은 여자아이 '나'다. '나'는 천둥을 정말 무서워한다. 그래서 폭풍이 몰려오면 침대 밑으로 숨기 바쁘다. 곧 폭풍이 몰아칠 것 같은 어느 날, 할머니는 '천둥 케이크'를 만들자고 침대 밑에 숨어 있는 나를 부르신다. 폭풍이 몰아치기 전에 케이크를 만들어 구워 내야 진짜 천둥 케이크가 되기 때문에 나는 할머니와 함께 달걀을 가지러 헛간으로, 우유를 가지러 젖소에게로, 광으로 바쁘게 움직인다. 그러다 폭풍이 3마일 앞으로 다가왔을 때 비로소 케이크를 오븐에 넣게 되고 폭풍이 도착했을 때에는 우르르 콰앙쾅 내리치는 천둥과 함께 진짜 천둥 케이크를 완성해 낸다. 비가 시작되고 천둥이 무섭게 으르렁 대는 폭풍같은 상황 속에서 할머니와 나는 천둥 케이크를 나눠 먹는다. 할머니는 소녀가 두려움을 스스로 극복할 수 있는 기회를 주지만, 두려운 상황에 혼자 떨도록 버려 두지 않는다. 할머니는 소녀의 과한 두려움을 무시하거나 다그치지 않고 든든하게 소녀와 함께해 준다. 할머니는 천둥 소리로 천둥이 어느 정도 다가오고 있는지를 알고 시간에 꼭 맞게 맛있는 케이크를 만들어 내기까지 한다. 모두 소녀의 두려움을 다루는 할머니의 탁월함이 빛나는 부분이다. 천둥 케이크의 할머니는 지혜롭고 포근한 노인의 전형이다.

『천둥 케이크』(1990)의 작가 패트리샤 폴라코의 다른 작품인 『꿀벌나무 *The Bee Tree*』(1993)에서도 지혜롭게 문제를 해결하는 할아버지가 등장한다. 책 읽기 싫어 밖에 나가서 놀고 싶다고 하는 손녀에게 할아버지는 꿀벌나무를 찾으러 가자고 한다. 할아버지와 손녀는 꿀벌을 좇아 달리고 그것을 본 사람들은 다 꿀벌나무를 찾으러 벌을 뒤좇아 간다. 꿀벌나무를 찾은 할아버지는 나무에서 꿀을 따서 사람들을 집으로 초대해 빵과 홍차, 그리고 꿀을 나눠 먹는다. 그런 후 할아버지는 꿀을 한 숟가락 떠서 손녀의 책 표지에 얹어

주며 책 속에도 바로 그렇게 달콤한 게 있으며 꿀벌나무를 찾아 벌을 뒤쫓아 가듯 책장을 넘기면서 그것을 찾아야 한다고 말해 준다.

3) 노인의 취미와 재능을 담은 그림책

노인이 자신이 좋아하는 것들을 하면서 자신의 삶을 다채롭게 즐기는 모습이 그려진 그림책들이 여기에 속한다. 노인이 자신의 취미나 재능을 적극적으로 즐기고 발현하는 내용의 그림책은 다른 주제를 다룬 노인 관련 그림책에 비해 많은 것은 아니다. 그렇지만 바람직한 노년에 대해 생각해 볼 수 있는, 긍정적인 도움을 줄 수 있는 책들이라 소개한다.

카렌 애커맨(Karen Ackeman) 글, 스티븐 개멀(Stephen Gammell) 그림의 『멋쟁이 우리 할아버지 *Song and Dance Man*』(1988)는 1989년 칼데콧 상을 받은 후 오래도록 사랑받고 있는 그림책이다. 아빠처럼 젊은 때가 있었던 할아버지는 유랑극단의 스타였다. 손자들이 놀러 갈 때마다 할아버지는 젊은 시절 이야기를 들려준다. 무대 위에서 춤추고 노래하던 멋진 모습도 다시 보여 준다. 옛날 물건들이 쌓인 다락방으로 가면 할아버지는 다시 옛날의 가수가 된다. 탭 댄스 구두를 신고 실크 모자를 쓰고 나비넥타이도 매고 지팡이도 들고 할아버지는 춤을 추고 노래를 한다. 묘기도 하시고 우스운 수수께끼도 내시며 놀라운 마술도 보여 준다. 멋진 공연을 본 손자들은 박수를 치며 최고라고 소리친다. 다락방을 내려온 손자들은 할아버지께 그 옛날 그 시절로 한번 돌아가 보면 좋겠다고 하지만 할아버지는 손자들을 껴안아 주며 말씀하신다. 옛 시절이 아무리 좋았어도 손자들과 함께한 시간들과는 절대 바꾸지 않겠다고. 그림책 속 할아버지는 그리운 젊은 시절보다 손자들을 더 사랑한다. '멋쟁이'라는 수식어가 딱 어울리는 할아버지다. 할아버지는 화려했던 과거의 추억에서 벗어나지 못하고 과거를 현재처럼 사는 할아버지가 아니다. 할아버지에게는 지나온 시간이 모두 소중하다. 할아버지는 시간이 흐르고 나이가 들면서 지나간 것들의 가치를 무시하지도 않지만 지나치게 아쉬워하지도 않는다. 할아버지는 할아버지가 살아온 시간에 차곡차곡 쌓인 사랑을 소중하게 여기며 현재를 멋지게 살아간다.

웬디 케셀만(Wendy Kesselman) 글, 바바라 쿠니(Barbara Cooney) 그림의 『엠마 *Emma*』(1980)는 일흔 두 살에 그림을 시작한 화가 엠마 스턴(Emma Stern)의 실화를 그린 그림책이다. 일흔 두 살의 엠마 할머니에게는 아들딸이 네 명, 손자가 일곱 명, 증손자가 열네 명 있다. 할머니는 주황색 고양이 호박씨와 함께 살고 있다. 가족은 많지만 고양이 호박씨와 둘이 사는 할머니는 언제나 쓸쓸하다. 일흔 두 번째 할머니의 생일날, 방문했던 가족들이 모두 떠나고 할머니는 다시 호박씨와 가족들이 생일 선물로 준 그림과 함께 쓸쓸하게 남겨진다. 엠마 할머니는 선물 받은 그림을 보며 진짜 자신의 고향을 그리고 싶다고 생각한다. 붓과 이젤을 산 할머니는 자신의 기억 속 고향 마을을 그려 가족들이 선물해 준 그림 대신 걸어 두었다. 그러던 어느 날 엠마 할머니는 가족들이 놀러 오는데 가족들이 선물해 준 그림 자리에 자기가 그린 그림이 걸려 있는 것을 깜빡 잊고 그림을 바꿔 걸지 못했다. 가족들은 할머니의 그림을 보고 모두 놀란다. 그 후로 할머니는 쉬지 않고 그림을 그렸고, 많은 사람들이 할머니의 그림을 보러 오게 되었다. 그들은 언제나처럼 그림을 보고 떠나고 할머니는 혼자가 되지만 이제 더 이상 외롭지 않다. 엠마 할머니는 가족들이 선물해 준 그림을 보다가 곧장 그림 도구를 사러 나가는 행동력 있는 할머니면서도 가족들이 그림을 보여 달라고 하자 살짝

수줍어하기도 하는 입체감이 있는 인물이다. 엠마 할머니에게는 많은 자녀들과 손자, 증손자가 있지만 그래도 여전히 쓸쓸하다. 그러나 할머니는 자신의 쓸쓸함을 가족들을 통해서 위로받으려 하지 않는다. 할머니는 자신의 외로움을 자식들이 해결해 주어야 할 문제로 여기지 않고 자신이 하고 싶은 일을 열심히 하는 것으로 해결해 나간다.

4) 삶을 즐기는 노인들이 주인공인 그림책

이 분류에 속하는 그림책들은 노인이기는 하지만 노인이라는 것을 의식하지 않고 자신의 삶에서 즐길 수 있는 것들을 찾아 즐기는 노인들이 주인공이다. 앞서 살펴보았듯, 노인의 취미와 재능을 담은 그림책과 같이 이 부류에 속하는 그림책에 등장하는 노인들도 생기가 넘친다. 이전의 주제와 다른 점은 그 생기의 원천이 자신에게 있는 어떤 생산적인 능력의 발현이나 새로운 시도 또는 노력이 아니라는 점이다. 이러한 작품에 등장하는 노인들은 자신이 노인이라는 것을 부정하지는 않지만 굳이 노인임을 의식하여 지나치게 조심스러워지지 않는 당당함과 자유로움이 있다.

에마뉘엘 부르디에(Emmanuel Bourdier) 글, 엘렌 조르주(Hélène Georges) 그림의 『할아버지는 1학년 *Grand-Pierre*』(2003)은 정말 초등학교 1학년인 피에르 할아버지의 이야기다. 일흔 다섯 살인 피에르 할아버지는 초등학교 1학년이다. 할아버지는 젊은 시절 통조림으로 캠핑카를 만들 정도로 멋진 기술자였지만 나이가 들면서 자신이 아무짝에도 쓸모없어졌다는 생각이 들어 허전해 했다. 그래서 기억 속의 가장 아름다운 시절인 초등학교 때로 다시 돌아가기 위해 윗분들에게 편지를 쓰고 허락을 받아 다시 초등학교 1학년이 된다. 여느 아이들처럼 피에르 할아버지도 학교 가기 전날 너무 떨려 잠을 이루지 못한다. 하지만 우려와는 달리 친구의 딸인 상냥한 선생님을 만나고 아이들이 잘 쓰는 욕을 가르쳐주는 단짝 친구도 사귀게 되면서 즐겁게 학교생활을 해 나간다. 체육 시간에 무릎과 팔에서 '뚝' 소리가 나는 것만 빼면 아무 문제가 없다. 그러던 어느 날, 예순 일곱 살인 마리 할머니가 전학을 온다. 피에르 할아버지는 사랑에 빠진 것 같다. 마지막 장에는 파티가 열린 날 수줍게 벤치에 앉아 있는 일흔 다섯 살인 피에르 할아버지와 예순 일곱 살 마리 할머니의 모습이 그려졌다. 이 이야기를 이끌어 가는 힘은 피에르 할아버지의 능동성이다. 피에르 할아버지는 자신의 삶이 의미 없게 느껴지는 순간, 그것을 해결하기 위해 적극적으로 행동한다. 자신이 가장 행복했던 순간으로 돌아가기 위해 노력하고 그 속에서 즐겁게 생활한다. 피에르 할아버지가 학교 친구들과 똑같은 것은 이가 빠진다는 것 밖에 없지만 할아버지는 결국 용감하게 학교에 다니는 선택을 하고 그것을 실행에 옮기는 능동성을 보여 준 것이다. 그런 피에르 할아버지이기에 예순 일곱살의 할머니와도 사랑에 빠질 수 있다. 이 작품은 자신의 삶에 주체적인 노인 주인공을 통해 노인의 사랑이라는 낯선 주제를 유쾌하게 풀어 낸다.

이상권 글, 심은숙 그림의 『눈 미끄럼 타는 할아버지』(2009)에서 할아버지는 지팡이를 짚고 산을 오른다. 할아버지는 다른 사람들이 지나가면 길을 비켜 주고 사람이 없는 길로 다닌다. 그러던 할아버지가 우연히 응달길을 지나가다 비탈을 쭉 미끄러지게 된다. 할아버지는 그 비탈을 그렇게 내려오는 것이 재미있었다. 할아버지는 보는 사람이 있는지 없는지를 살피고 다시 비탈을 기어 올라가 미끄럼을 타고 내려온다. 몇 번이고 미끄럼을 타고 있으니 지나가던 아줌마, 아저씨들은 할아버지가 위험에 처한 줄 알고 혹은 위험해질까 봐 한 마디씩 하지만 할아버지는 눈 미끄럼을 타는 재미를 포기할 수가 없다. 처음에는 지나가는 사람이 있는지를 살피고 미끄럼을 탔지만 점점 주변 사람들의 시선을 신경 쓰지 않게 된다. 소리를 내어 웃는 사람도 있었지만 할아버지는 아랑곳 않고 계속해서 신나게 미끄럼을 탄다. 어느덧 웅성웅성 아이들이 몰려들고 할아버지는 아이들과 함께 즐겁게 미끄럼을 탄다. 아이들은 할아버지를 '짱'이라고 치켜세운다. 눈 미끄럼을 타는 할아버지에게 위험하다고 부축을 하려는 아저씨나 할아버지가 그렇게 노는 것을 망측하게 여기는 구경꾼들의 모습에서 노인에 대한 편견을 읽을 수 있다. 눈치를 보며 미끄럼을 타는 할아버지의 모습에서 독자들은 심리적으로 위축된 할아버지에게 안타까움을 느끼게 된다. 그러나 할아버지는 주변을 의식하지 않고 즐겁게 살아가기로 결정한다. 노인에 대한 편견과 노인이 느끼는 부담감에 대해서도 생각해 볼 수 있는 책이다.

5) 노인의 이야기를 들려주는 그림책

전통 사회에서 노인들은 아이들에게 이야기를 들려주는 역할을 했다. 노인들은 옛날이야기, 자기의 경험 등 각종 이야기를 들려주며 세대를 이어 주는 전달자가 되었고 정보공급처가 되었으며 바람직한 삶을 가르치는 교육자가 되었다.

바바러 쿠니(Barbara Cooney) 글, 그림의 『미스 럼피우스 *Miss Rumphius*』(1982)는 총 5대에 걸친 이야기다. 미스 럼피우스의 이야기는 그녀의 조카 손녀에게서 들을 수 있는데 이 이야기 속에는 미스 럼피우스의 할아버지도 등장한다. 미스 럼피우스의 이름은 앨리스였다. 앨리스의 할아버지는 앨리스를 무릎에 앉히고 여러 이야기를 해 주었다. 앨리스는 할아버지와 이야기를 나누면서 "나도 어른이 되면 아주 먼 곳에 가 볼 거예요. 할머니가 되면 바닷가에 와서 살 거고요."라고 말한다. 그러자 할아버지는 '세상을 좀 더 아름답게 만드는 일'이 남았다고 말해 준다. 미스 럼피우스는 할아버지와 이야기한 대로 아주 멀리까지 가 보았고, 세월이 흘러 이제는 바닷가에서 살게 된다. 할아버지와 이야기했던 대로 잘 살아 내었지만 마지막 한 가지, '세상을 좀 더 아름답게 하는 일'을 어떻게 해야 할지에 대해서는 늘 고민이다. 그러던 어느 날, 창밖에 핀 꽃을 보고 깨달음을 얻은 미스 럼피우스는 주머니에 꽃씨를 가득 넣고 들판이며 언덕을 돌아다니면서 꽃씨를 뿌린다. 고모 할머니의 이야기를 듣는 미스 럼피우스의 조카 손녀는 어린 날의 앨리스와 같이 자신도 어른이 되면 아주 먼 곳에 가 보고 싶다고, 할머니가 되면 바닷가에 와서 살 거라고 말한다. 그런 조카 손녀에게 미스 럼피우스는 '세상을 좀 더 아름답게 만드는 일'이 아직 남아 있다는 것을 일러 준다. 할아버지와 손녀 앨리스가 나누던 이야기가 시간이 지나 실현되고 이제는 앨리스가 미스 럼피우스가 되어 할아버지와 같이 손자녀들이 있는 나이가 되었다. 할아버지가 이야기했던 것처럼 미스 럼피우스는 자신의 손자녀들에게 이야기를 들려준다. 한 세대를 걸러 이야기가 전해지는 것, 노인들이 들려주는 삶의 이야기가 손자녀들이 동경하는 삶이 되는 것 등은 세대를 이어 가며 가치를 전달하는 노인들의 역할을 잘 보여 준다. 특히 '세상을 좀 더 아름답게 만드는 일'을 고민하며 살고 그것을 실현한 후, 자신의 손자녀들에게 다시 그것을 고민하며 살 것을 당부하는 것이 인상적이다.

하인츠 야니쉬(Heinz Janisch) 글, 알료샤 블라우(Aljoscha Blau) 그림의 『할아버지의 붉은 뺨 *Rote Wangen*』(2005)에서 할아버지는 젊은 시절 아주 많은 경험을 했고 그 이야기를 손자에게 들려준다. 그런데 할아버지가 손자에게 들려주는 이야기들은 모두 황당무계하다. 할아버지가 배꼽 속에서 빨간 버튼을 찾았는데, 그 버튼을 누르

면 갑자기 귓속에서 빨간 불꽃이 튀어나왔다거나 할아버지가 축구를 하다가 하늘 높이 찬 공이 비구름을 맞춰 비가 억수로 쏟아졌다는 것 같은 이야기다. 그런데도 손자는 할아버지의 얘기를 듣다 보면 모두 정말인 것 같다고 한다. 지금의 할아버지는 늙고 지쳐 보이지만 할아버지의 옛날 사진에는 뺨이 붉은 건강하고 젊은 할아버지가 있다. 전쟁 이야기며 학교 이야기 등 온갖 이야기들을 들려주시던 할아버지는 여든 살 생신이 지나고부터는 점점 창백해지신다. 어른들은 할아버지가 돌아가셨다고 말한다. 그래도 할아버지는 "내가 죽어서 너희들이 귀찮은 거라도 있냐!"라고 소리치시고는 다시 이야기를 들려주신다. 이야기를 듣는 동안 손자의 뺨은 붉어진다. 할아버지의 젊은 날을 상징하는 '붉은 뺨'은 할아버지의 이야기를 재미있게 듣는 손자에게 전해진다. 시간이 지나고 할아버지는 나이가 들어 돌아가시지만 할아버지는 소멸하지 않는다. 할아버지의 이야기를 듣고 할아버지와 같은 붉은 뺨을 지닌 손자로 세대는 이어진다. 할아버지의 과거였던 젊음은 어린 손자의 현재와 미래가 된다. 손자의 뺨을 붉게 만든 할아버지의 이야기는 손자도 할아버지를 닮아 역동적이고 흥미진진한 삶을 살 것을 기대하게 한다.

엘리자베스 브라미(Elisabeth Brami) 글, 얀 나침베네(Yan Nascimbene) 그림의 『너희들도 언젠가는 노인이 된단다 *Les Vieux Enfants*』(2005)는 노인의 입장에서 노인의 생각을 직접적으로 드러내는 그림책이다. 노인이 되면서 추해지고 안타까워지는 것들, 노인들이 느끼는 외로움과 쓸쓸함 등이 주 내용이다. 노인의 삶을 우울하고 슬프게 그리는 측면이 없지 않지만 노인들의 삶이 다양한 만큼 노인들의 삶을 그린 그림책의 스펙트럼도 넓게 펼쳐질 필요가 있다. 이와 같이 힘들게 살아가는 노인을 보여 주는 그림책은 건강하고 즐겁게 살아가는 노인들에 대한 그림책과 색깔은 다르지만 같은 가치를 지닌다. 노인의 목소리로 노인의 문제를 말하는 이 그림책은 현재 노인이 당면한 문제를 마주할 수 있게 해 준다는 점에서 의미가 있다. 또한 노인과 노화에 대한 부정적인 이미지를 형성할 위험에도 불구하고 솔직한 목소리로 노인에 대한 배려를 요구하고 있어 곱씹어 보아야 할 책이다.

미주 목록

1) 국립국어연구원 표준국어대사전(2008). http://stdweb2.korean.go.kr/main.jsp에서 2014년 8월 8일 인출.
2) 이철수(2009). 사회복지학 사전. 서울: 혜민북스.
3) 오덕임(2006). 동화 속에 나타난 노인의 이미지. 한서대학교 대학원 석사학위 논문.
4) 이철수(2009). 사회복지학 사전. 서울: 블루피쉬.
5) 국립국어연구원 표준국어대사전(2008). http://stdweb2.korean.go.kr/main.jsp에서 2014년 8월 8일 인출.
6) 강영희(2008). 생명과학대사전. 서울: 아카데미서적.
7) 한정란(2000). 대학생들의 노인에 대한 태도에 관한 연구. 한국노년학, 20(3), 115-127.
8) Rich, P., Myrick, R., & Campbell, C. (1984). Changing children's perceptions of the elderly. *Educational Gerontology*, *9*, 483-491.
9) Danowski, J., & Robinson, T. (2012). The portrayal of older characters in popular children's picturebooks in the US. *Journal of Children and Media*, *6*(3), 333-349.
10) 김미혜(2003). 인터넷 신문에 나타난 노인 이미지 분석. 한국노년학, 23(1), 13-30.
11) 신세니, 조희숙(2009). 그림책에 나타난 노인 이미지 분석. 유아교육연구, 29(5), 287-314.
12) 현은자, 장혜미(2011). 창작 그림책에 나타난 노인 등장인물 분석. 유아교육연구, 31(2), 189-206.
13) 현은자, 장혜미(2011). 창작 그림책에 나타난 노인 등장인물 분석. 유아교육연구, 31(2), 189-206.
14) 신세니, 조희숙(2009). 그림책에 나타난 노인 이미지 분석. 유아교육연구, 29(5), 287-314.
15) 두산대백과(2010). http://www.doopedia.co.kr/ 에서 2014년 8월 12일 인출.
16) 전국지리교사연합회(2011). 살아있는 지리 교과서2. 서울: 휴머니스트.
17) Rudaman, M. K. (1995). *Children's literature an issue approach*. New York: Longman Publishers.
18) McGuire, S. L. (2003). Growing up and growing older. *Childhood Education*, *79*(3), 145-151.
19) McGuire, S. L. (1993). Promoting positive attitudes toward aging: Literature for young children, *Childhood Education*, *69*, 204-210.
20) McGuire, S. L. (1993). Promoting positive attitudes toward aging: Literature for young children, *Childhood Education*, *69*, 204-210.

웹사이트

국립국어연구원 표준국어대사전(2008). http://stdweb2.korean.go.kr/main.jsp
국제지역개발연구소. http://blog.naver.com/hugvision

두산대백과(2010). http://www.doopedia.co.kr/

참고문헌

노인 빈곤율 4.5% 연금 대상자 축소 논란(2011.8.23.). 경향신문.
인구 5천만 시대 韓 미래는 '활기 잃은 노인국가'(2012.6.22.). 연합뉴스.
한국 2050년엔 세계 최고령국…… 노인비율 선진국 2배 넘어(2007.7.11.). 동아일보.

참고 그림책 목록

신혜원(2008). 세 엄마 이야기. 서울: 사계절.
이상권 글, 심은숙 그림(2009). 눈 미끄럼 타는 할아버지. 서울: 시공주니어.
이형진(2003). 명애와 다래. 서울: 느림보.
이혜란(2005). 우리 가족입니다. 서울: 보림.
Barbara Cooney(1982). *Miss Rumphius*. 우미경 역(1996). 미스 럼피우스. 서울: 시공주니어.
Elisabeth Brami(2005). *Les Vieux Enfants*. illustrated by Yan Nascimbene. 이효숙 역(2006). 너희들도 언젠가는 노인이 된단다. 서울: 보물창고.
Emmanuel Bourdier(2003). *Grand-Pierre*. illustrated by Hélène Georges. 이주희 역(2007). 할아버지는 1학년. 서울: 문학동네어린이.
Heinz Janisch(2005). *Rote Wangen*. illustrated by Aljoscha Blau. 박민수 역(2006). 할아버지의 붉은 뺨. 서울: 웅진주니어.
John Burningham(1984). *Granpa*. 박상희 역(1995). 우리 할아버지. 서울: 비룡소.
Karen Ackerman(1988). *Song and Dance Man*. illustrated by Stephen Gammell. 지혜연 역(2006). 멋쟁이 우리 할아버지. 서울: 열린어린이.
Leen Van Opstal(2002). *Opa*. illustrated by Leen Van Dume. 김양미 역(2004). 사랑스러운 우리 할아버지. 서울: JDM 중앙.
Margaret Wild(1995). *Old Pig*. illustrated by Ron Brooks. 최순희 역(1997). 할머니가 남긴 선물. 서울: 시공주니어.
Patricia Polacco(1990). *Thunder Cake*. 임봉경 역(2000). 천둥 케이크. 서울: 시공주니어.
Patricia Polacco(1993). *The Bee Tree*. 서남희 역(2003). 꿀벌나무. 서울: 국민서관.
Sarah Stewart(1997). *The Gardener*. illustrated by David Small. 이복희 역(1998). 리디아의 정원. 서울: 시공주니어.
Tomie de Paola(1981). *Now One Foot, Now the Other*. 정해왕 역(1999). 오른발, 왼발. 서울: 비룡소.
Wendy Kesselman(1980). *Emma*. illustrated by Barbara Cooney. 강연숙 역(2004). 엠마. 서울: 느림보.

제7장 죽 음

죽음(Death)의 사전적 의미는 신체의 기능을 되돌릴 수 없는 상태가 지속되는 것이며 생명의 종말을 의미한다.[1] 이는 '죽음'을 생명 기능의 정지라는 의미로 단정 지음으로써 '죽음'의 일차적인 측면만을 다룬 정의라고 볼 수 있다. 그러나 실제로 죽음에 대해서는 생물학적 관점뿐만 아니라 종교적 관점과 철학적 관점, 인문학적 관점 등에 이르기까지 다양한 방면에서 정의가 이루어지고 있으며 여기에는 유기체의 활동 종료뿐 아니라 영혼의 향방까지 광범위하게 포함된다.

프로이트(Freud)는 자신이 주장한 본능이론에서 모든 생명의 목적은 죽음이라고 하였으며[2] 특히 모랭(Morin)은 인간만이 죽음을 맞이한다고 하면서 다른 생명들과 달리 인간은 자신의 종말에 대해 지속적으로 인식하며 살아가는 존재라고 주장했다.[3] 생명체 중에서 자신의 죽음을 인식하고 두려워하는 존재는 인간뿐이라는 것이다. 삶 속에서 의식적 · 무의식적으로 인식하며 살아가는 죽음은 아이러니하게도 삶에 대한 강한 열망과 동시에 두려움을 준다.

김경학(2008)은 죽음이 인간에게 현세가 순간적임을 가장 분명하게 인식시켜 주면서 두려움과 슬픔을 불러일으키는 비일상적이며 '성스러운' 사건이라고 하였다.[4] 신승환(2012) 역시 죽음의 절대성, 즉 절대적 무지와 절대적 귀환 불가능, 절대적 단절과 절대적 무화의 체험이야말로 인간이 죽음을 두려워하게 되는 근본적인 이유라고 말함으로써 죽음이 인간에게 가져다주는 두려움의 근원을 분명하게 설명하고 있다.[5] 이처럼 죽음에 대해 다양한 방면에서 지속적인 논의가 이루어지고 있는 것은 죽음이 현세의 우리 삶과 동떨어진 것이 아님을 시사한다.

'소멸하는 존재(existentia fluxa)'(Schopenhauer, 2012)[6]로서 인간은 살아가는 매 순간 죽음을 향해 가고 있다. 일차적으로 죽음은 생명활동과 기능의 정지이지만 사실 생명의 죽음은 유기체의 종말 그 이상의 의미를 가진다. 종교적 관점에서는 사후세계의 존재와 관련지어 죽음을 정의하기도 하며, 인류학에서는 진화론적 관점에서 '영혼과 육신이 영원히 분리되는 것'으로 보거나 기능론적 관점에서 '죽은 자가 조상으로 되어 가는 의식적 과정의 출발점'으로 보기도 한다.[7] 생물학적 측면에서의 죽음은 노화에 의한 자연스러운 현상임과 동시에, 시기와 장소 등의 죽음을 맞이하는 상황을 미리 알 수 없다는 비예측성을 가진다. 또 모든 생명체는 소멸한다는 보편성과, 다시 돌이킬 수 없으며 피할 수 없다는 비가역성과 불가피성을 가진다.

엘리자베스 퀴블러 로스(Elizabeth Kübler Ross)와 데이비드 캐슬러(David Kessler)는 자신의 저서인 『인생 수업 *Life Lessons*』(2000)에서 환자들이 죽음을 수용하는 과정을 5단계로 나누어 설명하였다.[8] 첫 번째는 부정(denial)으로 자신의 죽음을 현실로 받아들이기 어려워 부정하는 단계다. 다음으로 분노(anger)의 단계가 되면 "왜 하필 나야? 불공평해."라고 생각하며 자신 혹은 주변 사람들에게 분노를 표출하고 감정을 잘 조절하지 못하는 상태가 된다. 이 시기가 지나고 나면 타협(bargain)을 시도하기 시작한다. 증상이 점점 뚜렷해

지기 시작하면서 죽음을 피할 수 없음을 인지하게 되면, 네 번째 단계인 우울(depression) 단계에 들어서게 되는데 이때는 상실감이 깊어져 사람들과의 접촉을 피하게 되고 우울한 상태가 지속된다. 마지막으로, 수용(acceptance)의 단계가 되어야 비로소 자신의 죽음을 인정하고 받아들이게 된다. 이 과정들을 모든 사람이 동일하게 겪는 것은 아니나 이를 통해 조금이나마 죽음을 인식하는 보편적인 태도를 살펴볼 수 있다.

피할 수 없는 소멸, 사랑하는 사람과의 이별, 영혼과 육신의 분리, 이 모든 것들은 인간에게 '죽음불안'을 가져다준다. '죽음불안'이란 죽음으로 인해 발생하는 모든 사건에 대한 인간의 부정적 감정들을 통틀어 말하는 것으로 죽음 그 자체에 대한 두려움과 죽음에 다가가는 과정에서의 두려움을 모두 포함하고 있다.[9] 유호종(2001)은 인간은 죽은 후의 세계와 죽음의 시기를 모르기 때문에 필연적으로 죽음에 대해 의문을 가지게 된다고 말하였다.[10] 이상의 논의를 정리하자면 모든 생명은 죽음을 향해 가는 존재라는 생명의 본질 측면에서 볼 때 죽음을 회피하기 위한 노력보다는 죽음을 이해하고 수용하기 위한 지속적인 노력이 필요하다.

특히 아동의 경우 종종 죽음과는 무관한 존재로 인식되며 성인들이 암묵적 합의에 의해 죽음을 숨김으로써 왜곡된 지식을 형성하게 되는 경우가 많다. 이러한 태도는 아동이 가까운 사람이나 아끼던 애완동식물의 죽음을 직접 경험하게 되었을 때, 혹은 미디어나 책을 통해 죽음을 간접 경험하게 되었을 때 지나치게 부정적인 두려움이나 공포를 갖게 되거나 죽음에 대해 지나친 환상을 갖게 하는 등의 양극화 현상으로 나타날 수 있다.[11] 또한 유아기에 한 번 잘못 형성된 죽음에 대한 태도와 불안은 성인기까지 지속되어 부정적인 영향을 줄 수 있다.[12] 유아를 대상으로 한 죽음교육에 대한 일부 연구는 죽음 개념에 대한 이해교육을 통해 죽음에 대한 유아들의 불안을 감소시킬 수 있음을 증명하였다.[13]

크레이즈(Crase, 1982)는 죽음교육의 목적은 삶에 대한 감수성을 향상시키는 것이라고 하였다.[14] 죽음교육을 통해 아동은 자신의 죽음에 대해 생각하는 기회를 갖고 죽음을 올바르게 이해함으로써 삶에 대한 긍정적인 태도를 형성할 수 있을 것이다. 교육의 시기도 중요하지만 가장 중요한 것은 죽음교육을 무엇을 통해, 어떻게 실시할 것인가의 문제다. 정확하고 객관적인 이해를 목적으로 하되 아동이 자연스럽게 내면화할 수 있으며 거부감 없이 받아들일 수 있는 매체를 선택하는 것이 중요하다. 이러한 측면에서 볼 때 그림책은 아동에게 즐거움과 편안함을 느끼게 함으로써 공감과 흥미를 유발하고 다양하고 풍부한 언어적 반응을 이끌어 낼 수 있다.[15] 또 좋은 그림책일수록 아동으로 하여금 긍정적인 변화를 유도하며 새로운 시각으로 세계를 볼 수 있도록 돕기 때문에 아동들과 죽음에 대해 이야기를 나누는 데 있어 매우 유용한 매체라고 볼 수 있다.

1. 죽음과 관련된 통계 현황

1) OECD 국가 기대수명 및 한국인 평균수명

한국인의 평균수명은 점점 늘어나고 있으며 1970년대 남자 58.6세, 여자 65.5세에서 2011년 남자 77.6세, 여자 84.4세로 약 20세가량 늘어났음을 알 수 있다. 평균수명의 연장은 의료기술의 발달, 영양 개선을 그 주요한 이유로 들 수 있다. OECD 국가 중에서 한국인의 기대수명은 여성이 6위, 남성이 20위로 나타났으며 전반적으로 남성에 비해 여성의 기대수명이 비교적 높게 나타났다. 그러나 이처럼 기대수명 및 평균수명이 지속적으로 증가하고는 있으나 질병 수명이 평균 8.1년으로 나타나고 있어 기대수명의 증가가 반드시 삶의 질의 향상을 의미한다고 볼 수는 없다. 이는 건강에 대한 준비가 필요함과 동시에 질병에 의한 죽음을 맞이하는 준비 역시 필요함을 보여 주는 근거라고 할 수 있다.

2009년 출생 기준

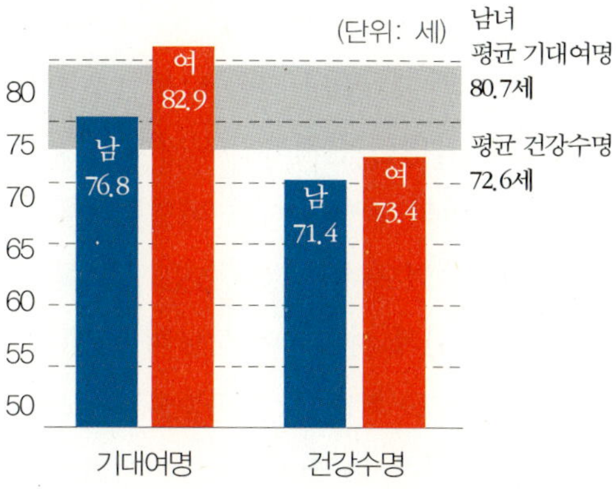

[그림 7-1] 늘어나는 질병 수명

출처: 한국보건사회연구원(2012).

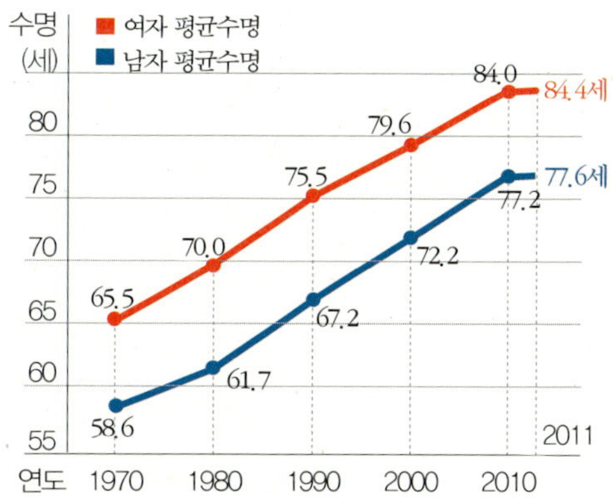

[그림 7-2] 한국 남녀 평균수명

출처: 통계청(2011).

[그림 7-3] OECD 국가 기대수명

출처: 통계청(2011).

2) 주요 사망원인별 사망률

주요 사망원인과 사망률은 [그림 7-4]에 제시되었다. 2004년부터 2011년까지 사망원인의 순위 변동은 거의 없다. 암 발병은 현재까지 사망의 가장 큰 원인으로 인간의 삶을 위협하고 있으며 그 외의 질병 중에는 뇌혈관 질환이 뒤를 이었다. 뇌혈관 질환은 그 비중은 줄어들었으나 여전히 높은 순위를 차지하고 있는 것으로 나타났다. 이어서 심장질환과 자살률이 상당히 늘어나고 있음이 확인되었다. [그림 7-5]는 한국이 OECD 회원국 중 교통사고 사망률이 가장 높은 나라임을 보여 주고 있으며 [그림 7-6] 또한 OECD 회원국 중 한국의 자살률이 매우 높음을 보여 주고 있다.

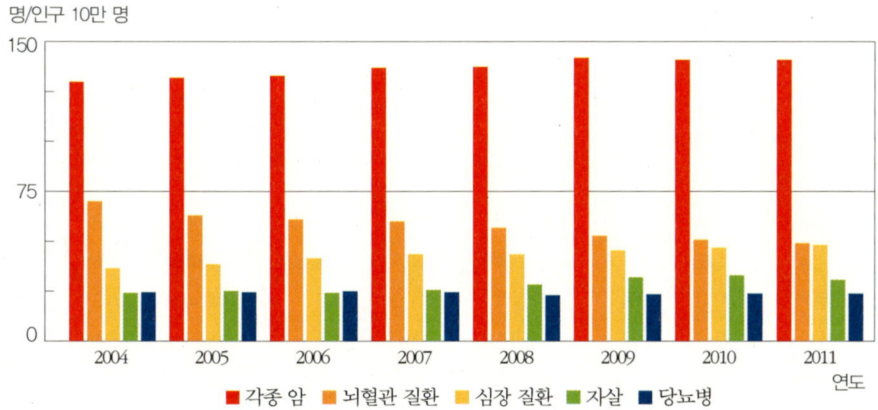

[그림 7-4] 국내 주요 사망원인별 사망률 변화 추이

출처: 통계청(2011).

[그림 7-5] OECD 국가별 교통사고에 의한 사망비율

출처: 도로교통공단(2011).

	연도	자살률
그리스	2010	3.1
멕시코	2010	4.8
이탈리아	2010	5.8
이스라엘	2010	7.4
스페인	2011	6.2
영국	2010	6.7
포르투갈	2011	8.5
호주	2011	10.1
룩셈부르크	2011	10.4
네덜란드	2011	9.5
독일	2011	10.8

	연도	자살률
슬로바키아	2010	11.3
덴마크	2011	10.1
캐나다	2009	11.1
아이슬란드	2009	11.8
미국	2010	12.5
노르웨이	2011	12.1
칠레	2009	13.3
스웨덴	2010	11.7
뉴질랜드	2009	12.0
아일랜드	2010	11.0
체코	2011	14.3

	연도	자살률
오스트리아	2011	14.0
폴란드	2011	15.1
프랑스	2009	16.2
스위스	2010	11.9
벨기에	2009	17.9
에스토니아	2011	15.3
슬로베니아	2010	18.6
핀란드	2011	16.4
일본	2011	20.9
헝가리	2011	22.8
한국	2011	33.3

[그림 7-6] OECD 국가별 자살률

출처: OECD Health Data(2013) 재인용.

3) OECD 국가별 아동안전사고 사망자 비율 및 청소년 사망 원인

먼저 아동의 사망원인을 살펴본 결과, OECD 국가 중 한국이 안전사고에 의한 사망자 비율 1위로 나타났다. 이는 한국의 안전사고에 대한 인식과 예방이 충분하지 않음을 나타낸다. 또 청소년의 사망비율을 살펴보면 2000년에는 사고에 의한 사망비율이 가장 높게 나타났으나 2009년과 2010년 조사 결과, 자살이 가장 높은 비율을 차지하고 있다. 이재영(2004)은 죽음의 의미를 깊이 생각하지 않는 청소년기가 자살 충동이 가장 큰 시기라고 말하고 있다.[16] 이러한 결과를 통해 볼 때 죽음의 원인과 안전에 대한 교육, 생명존중 교육은 매우 시급하다고 볼 수 있다.

〈표 7-1〉 OECD 국가별 아동안전사고 사망자 비율

대상국	한국	OECD 평균	스웨덴	영국	독일	일본
비율(%)	4.21	5.6	2.7	3.3	3.7	4.6
연도(년)	2011	2005	2005	2005	2005	2005

출처: 통계청, e-나라지표(2011).

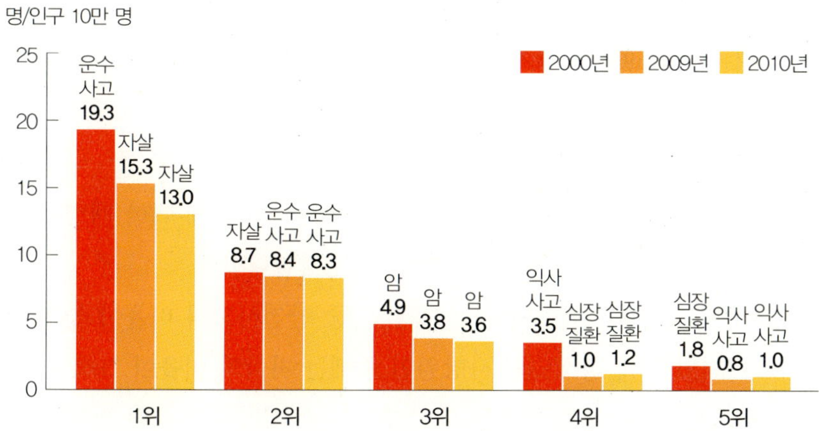

[그림 7-7] 청소년 사망원인 비율

출처: 통계청(2011).

2. 토론 문제

• 당신은 주변 사람이나 애완동물의 죽음 혹은 매체를 통해 죽음을 경험해 본 적이 있습니까? '죽음'이라고 하면 어떤 것이 가장 먼저 떠오릅니까? 경험을 관련시켜 떠올려도 좋고 그와 별개로 '죽음'에 대한 이미지

를 생각해 보아도 좋습니다.

- 당신은 죽음교육이 반드시 필요하다고 생각합니까? 또 유아기부터 죽음교육이 지속적으로 이루어져야 한다는 주장에 대해 어떻게 생각합니까?
- 당신은 죽음에 대한 그림책을 접하는 것이 아동의 죽음 개념 형성 및 죽음불안을 극복하는 데 있어 어떤 영향을 미칠 것이라고 생각합니까? 아동을 대상으로 한 죽음교육은 구체적으로 어떤 자료를 활용하는 것이 적절하다고 생각합니까?
- 당신은 죽음교육을 받지 않은 성인에게 죽음을 주제로 한 그림책이 어떠한 영향을 미칠 것이라고 생각합니까? 그림책이 성인에게도 교육적 효과를 가져올 것이라고 생각합니까?
- 당신은 종교적 관점을 바탕으로 한 그림책이 죽음에 대한 개념을 형성하는 데 어떠한 영향을 미칠 것이라고 생각합니까?
- 통계 자료에 따르면 아동의 사망원인 중 안전사고의 비율이 높은 것으로 나타났으며, 청소년의 사망원인 중에는 자살의 비율이 가장 높게 나타났습니다. 당신은 이러한 사회적 문제를 해결하기 위한 방법으로 죽음교육을 실시하는 것에 대해 어떻게 생각합니까?
- 당신은 아동에게 죽음을 주제로 한 그림책을 읽어 준 후 어떤 이야기를 나누고 싶습니까?

3. 평가 준거

- 죽음에 대해 과학적이고 정확한 지식을 전달해야 한다.[17] 아동을 대상으로 하는 그림책의 경우 정확하고 과학적인 지식을 전달하되 아동의

발달단계, 이해수준 등을 고려할 필요가 있다. 또 죽음은 결코 늙었을 때만 겪게 되는 것이 아니며 노화나 질병 외에 다른 여러 이유들에 의해서도 맞이할 수 있음을 묘사함으로써 죽음이 자신과 동떨어진 것이 아닌, 충분히 일어날 수 있는 일임을 표현하는 것이 필요하다. 타인 혹은 애완동물 등 아동의 주변에서 일어나는 직·간접적인 죽음에 대해 무작정 숨기거나 회피하려는 시도는 오히려 아동이 죽음에 대해 막연한 두려움 혹은 환상을 가지게 되는 원인이 될 수 있다. 멜라니 플로리안(Melanie Florian) 글, 그림의 『나도 다 알아요 *On Me Cache Quelque Chose*』(2007)는 사랑하는 할머니의 죽음을 어른들이 숨기는 것에 대한 주인공 수지의 느낌을 당찬 시선으로 그린 책으로 어린 수지가 어른들을 위로하는 모습이 그려진다. 이는 아동들 역시 죽음에 대해 충분히 이해할 수 있음을 보여 주는 좋은 예다.

- 당사자나 주변 사람들이 죽음을 받아들이는 과정, 즉 부정-분노-타협-우울-수용의 각 단계들은 정상적인 것으로 묘사되어야 한다. 엘리자베스 퀴블러 로스와 데이비드 캐슬러가 『인생 수업』(2000)에서 제시한 죽음 수용의 과정은 일반적으로 죽음을 맞이한 사람들이 겪는 감정의 변화에 대해 상세하게 묘사함으로써 당사자 및 주변 사람 모두 그 과정을 이해하는 데 도움을 주고 있다. 죽음은 모든 사람들에게 두려운 것이며 이것이 바로 삶에 대한 의지와 열정을 불태우는 원동력이 된다. 따라서 죽음을 겪는 과정에서 느끼는 감정들 역시 삶에 대해 다시 생각하고 가치관을 형성하는 데 도움이 될 수 있다. 또 죽음을 받아들이는 적절한 방식을 표현하고 감정적인 지지를 표현하는 것은 죽음을 맞이한 당사자와 주변인들에게 좋은 모델을 제공할 수 있다. 페터 쉐소우(Peter Schössow) 글, 그림의 『이럴 수 있는 거야??! *Gehört Das So??!*』(2005)에서 주인공은 사랑하는 애완동물 앵무새의 죽음을 슬퍼하며 분노하는

모습을 보인다. 주변 인물들은 이런 모습에 대해 관심을 가지고 주인공을 따라가게 되는데, 마지막에는 모두가 함께 앵무새 앨비스의 죽음을 슬퍼하며 앨비스는 그곳에서 행복할 것이라 위로해 줌으로써 주인공 역시 사랑하는 애완동물의 죽음을 받아들일 수 있게 된다. 죽음의 과정에서 주변 사람들이 겪게 되는 솔직한 감정을 묘사하는 것은 독자로 하여금 자신의 감정이 다른 사람들과 다르지 않으며 또한 극복할 수 있는 것임을 이해하는 데 도움이 된다.

- 아동 역시 죽음을 맞이하고 고인을 보내는 과정에 있어 능동적인 참여자로 묘사되는 것이 필요하다. 조극훈(2012)에 따르면, 현대의 죽음은 폐쇄되고 고립된 죽음이다.[18] 죽음의 정신은 사라지고 죽음의 절차만이 남아 있는 현대의 죽음은 당사자들마저 죽음의 과정에서 소외당하는 결과를 초래하여 죽음에 대한 두려움을 촉진시키기도 한다. 더 안타까운 사실은 어린 연령의 아동일수록 가까운 사람이나 애완동물 등의 죽음을 맞이했을 때 상실감과 고통을 크게 느낌에도 불구하고 장례식 과정에서는 방관자가 되거나 소외되는 경우가 많다는 것이다. 따라서 그림책은 고인을 떠나보내는 과정에 능동적으로 참여하는 모습으로 묘사함으로써 죽음을 경건한 자세로 맞이하고 받아들이는 태도를 기를 수 있도록 돕고 자신과 타인의 죽음 모두를 올바른 시선으로 이해할 수 있도록 도와야 한다. 유리 브레이바르트(Joeri Breebaart) 글, 피트 브레이바르트(Piet Breebaart) 그림의 『죽으면, 아픈 것이 나을까요? *Als Je Dood Bent, Word Je Dan Nooit Meer Beter?*』(1993)는 동생의 죽음을 실제로 겪은 형의 이야기를 그린 그림책으로 동생이 죽었을 당시의 슬픔과 상

실감이 고스란히 드러나 있으며 동생을 보내는 장례식 모습, 직접 낭독했던 편지 등도 담고 있다. 이때 주인공 프레드는 결코 방관자로 묘사되거나 소외되지 않으며 가족과 함께 동생의 죽음을 슬퍼하고 장례과정에서도 능동적으로 참여하는 자로 묘사된다. 이는 장례식 역시 사랑하는 이의 죽음에서 오는 상실감을 극복하는 데 도움이 됨을 보여 준다.

- 죽음이 어떠한 행동이나 인간의 삶에 대한 처벌의 형태로 표현되는 것은 지양해야 한다. 국내 전래동화 그림책의 경우 인과응보의 결과로서 죽음을 그리는 이야기들도 있다. 이는 그림책을 접하는 아동이나 성인 모두 죽음을 처벌의 형태로 인식할 여지를 남긴다. 또 이를 통해 죽음은 죄를 짓지 않으면 피할 수 있는 것이라는 개념을 아동에게 심어 줄 수 있다. 따라서 죽음을 직접적으로 다루는 그림책일수록 죽음이 모든 생명체의 숙명임을 보여 줄 수 있어야 한다. 죽음이 모든 생명체의 자연적인 현상임을 인식하는 것이야말로 죽음에 대해 이해하는 첫걸음이 된다.

4. 소주제 설명 및 그림책 서평

죽음을 다루는 관점과 소재에 따라 죽음의 철학적 의미를 그린 그림책, 사랑하는 사람의 죽음을 다룬 그림책, 애완동물의 죽음을 다룬 그림책, 장례를 다룬 그림책으로 나누어 제시한다.

1) 죽음의 철학적 의미를 그린 그림책

『내가 함께 있을게 *Ente, Tod und Tulpe*』(2007)는 『누가 내 머리에 똥쌌어?

Vom Kleinen Maulwurf, Der Wissen Wollte, Wer Ihm Auf Kopf Gemacht hat』(2002)로 국내에 알려진 볼프 에를브루흐(Wolf Erlbruch)의 작품으로 죽음에 대해 자연스럽고 진지하게 묘사하고 있는 작품이다. 죽음이 어느 순간 갑자기 우리에게 찾아오는 것이 아니라 늘 우리와 함께 있다는 것을 이해하는 것은 아동과 성인 모두에게 친숙하지 않은 주제다. 작품 속에서 죽음은 실체를 갖고 나타나 "그동안 쭉 나는 네 곁에 있었어."라고 당연한 듯이 말한다. 어쩌면 공포스러울 수도 있는 이 장면은 '오리'와 '죽음'의 순진무구한 표정에 의해 오히려 따뜻한 느낌으로 다가온다. 오리는 죽음을 친구로 삼으며 죽음에 대해 궁금한 것을 솔직하게 물어보기도 한다. 죽음 역시 이제 곧 세상을 떠날 오리에게 죽은 후의 이야기를 들려주기도 하고 오리의 질문에 대해 답해 주기도 하며 다정한 친구, 동반자로서의 역할을 충실히 한다. 사고가 날까 봐 걱정해 주는 것은 '삶'이지만 사고에 대비해 곁에 있었다고 말하는 '죽음'. 작가는 삶과 죽음은 동떨어진 것이 아니라 동전의 양면처럼 하나의 짝이라는 것, 죽음 역시 삶의 자연스러운 과정임을 글과 그림 속에 녹여 내고 있다. 오리처럼 죽음을 미리 알고 준비할 수는 없겠지만 이 이야기를 통해 우리는 자신의 삶과 죽음을 정면으로 마주하고 생각해 볼 수 있는 기회를 가질 수 있다.

『쨍아』는 천정철 시인이 1925년, 14세에 쓴 작품인 『쨍아』를 이광익 작가의 그림과 함께 엮어 낸 그림책으로 '쨍아'라는 단어는 잠자리의 방언이다. 삶의 가장 비극적인 순간인 죽음을 생명의 순환과정의 일부로 묘사함으로써 죽음의 의미를 다시 생각해 보게 하는 이 그림책은 잠자리가 죽은 뒤 개미가 잠자리를 분해하여 들고 가는 모습을 '장례식'에 비유하여 표현하고 있다. 왕개미

가 울리는 종소리에 맞추어 잠자리 조각을 든 개미들이 흩어졌다 모였다를 반복하는 모습이 마치 실제 장례행렬을 보는 듯한 느낌을 준다. 노랑, 주황, 빨강 등의 따뜻한 느낌을 주는 색의 사용과 모노타이프(monotype) 기법으로 환상적인 느낌을 살렸으며, 장례식에서 어둡고 슬픈 분위기가 아니라 활기차고 역동적인 분위기가 느껴지게 하였다. 또한 이 책은 14세 소년이 쓴 것이라고는 믿을 수 없을 정도로 철학적인 의미를 담은 작품에 그림까지 더해져 각각의 그림이 저마다 하나의 작품이라고 해도 손색이 없다. 죽음이 끝이 아닌 새로운 시작이며 또 다른 생명의 에너지가 될 수 있다는 생명 순환의 과정을 아름답게 묘사한 그림책이다.

『오필리아의 그림자 극장 *Ophelias Schattentheater*』(1989)은 『모모 *Momo*』(1999)의 작가 미하엘 엔데(Michael Ende)가 글을 쓰고 프리드리히 헤헬만(Friedrich Hechelmann)이 그림을 그린 작품으로 환상적인 느낌의 동화를 그림책으로 재탄생시킨 작품이다. 평생 연극배우들에게 작은 목소리로 대사를 알려 주는 오필리아에게 어느 날 주인 잃은 '그림자 장난꾼'이 찾아온다. 오필리아가 '그림자 장난꾼'을 받아 주자 다른 그림자들도 찾아와 자신을 받아 달라고 말한다. 힘없음, 덧없음, 어둠……. 주인 잃은 그림자와 함께 매일 외로운 밤을 지새우던 오필리아는 이웃의 항의로 인해 집에서도 쫓겨나게 되고 그림자들은 자신들 때문에 집을 잃은 오필리아를 위해 공연을 열어 여행할 경비를 마련해 준다. 그렇게 그림자들과 함께 여행을 다니던 오필리아는 그림자 '죽음'을 만나게 되면서 결국 죽음까지 받아들이게 된다. 우리는 여기서 오필리아가 죽음 앞에서 외면하고 싶은 감정들을 받아들이면서 죽음에 대해 보다

의연한 자세를 취할 수 있게 되었다는 것을 알 수 있다. 다른 책들과 달리 이 책은 죽음에 임박한 인간이 느낄 수 있는 내면 정서에 초점을 맞추고 있다.

브라이언 멜로니(Bryan Mellonie) 글, 로버트 잉펜(Robert Ingpen) 그림의 『살아있는 모든 것은 *Lifetimes*』(1983)은 1986년 안데르센 상 수상작으로 삶의 순환과 생명 존중에 대해 아름답게 묘사하고 있는 작품이다. 생명 활동의 정지라는 생물학적인 정의에서부터 죽음의 불가피성, 비예측성, 죽음의 인과성—노화, 질병, 사고 등— 까지 아동이 이해할 수 있는 범위 내에서 죽음과 관련된 개념을 펼쳐 보여 준다. "수명이 아무리 길어도, 수명이 아무리 짧아도, 시작이 있고 끝이 있는 것은 모두 마찬가지란다. 그 사이에만 사는 거지."라는 문장은 우리에게는 삶이 지속되는 순간만이 우리가 인정할 수 있는 생명의 전부이며, 결국 생명체는 죽음을 통해 무(無)가 된다는 죽음관을 보여 주고 있다. 이 작품의 원작은 산문시였으나 변역할 때, 이를 산문으로 재구성해 아동에게 이야기를 들려주는 듯한 구어체의 형식을 띠게 되었다.

2) 사랑하는 사람의 죽음을 다룬 그림책

『나도 다 알아요』(2007)는 프랑스 작가 멜라니 플로리안의 작품이다. 땅꼬마라고 불리는 주인공 '수지'는 자신을 제외한 모든 사람들이 슬픈 얼굴을 하고 있다며 "나만 빼고 다 아는 비밀이 있나 봐요."라고 말한다. 이처럼 이 책은 수지가 자신이 사랑하는 할머니의 죽음을 막연하게나마 느끼고 있다는 것을 타인의 정서에 공감하는 형태로 표현하여 어린아이들 역시 죽음에 대해 이해할 수 있음을 보여 준다. 아무도 가르쳐 주지 않은 할머니의 죽음에 대해 혼자 상상하고 이를 그림으로 표현하는 수지. 이런 수지의 그림을 통해 오히려 가족들이 위로받고 상처를 치유하는 것처럼 보이기도 한다. 이 책은 사랑하는 사람의 죽음에 대해 아이에게도 설명해 주고 함께 아픔을 공유하며 서로를 보듬어 주는 것이 필요하다는 것을 보여 준다.

유리 브레이바르트 글, 피트 브레이바르트 그림의 『죽으면, 아픈 것이 나을까요?』(1993)는 실제 동생의 죽음을 경험한 아이가 쓴 글에 아버지가 그림을 그린 작품이다. 죽음과 임종에 대한 지식이 전혀 없는 아이에게 사랑하는 이의 죽음은 혼란과 분노를 야기할 수 있다. 이 책의 그림 작가이자 두 아이의 아버지였던 피트 브레이바르트는 "사랑하는 동생의 죽음을 받아들일 수 있도록 돕는 그림책들을 찾아보았지만 원하는 것을 찾을 수 없었으며 아이와 함께 동생을 투영한 가상의 토끼 '조'의 이야기를 나누는 것을 통해 비로소 아이가 느낀 상실감을 이해할 수 있었다."고 말하고 있다. 이처럼 피트는 아이의 상실감을 이해하는 것을 넘어 아이와 함께 그림책까지 완성함으로써 부재에 대한 슬픔을 극복해 낸다. 이 작품에는 아픈 동생이 죽은 후에는 아프지 않길 바라는 형의 마음, 가족 구성원의 부재로 인한 쓸쓸함까지 고스란히 녹아 있다. 또한 부정, 분노, 타협, 우울, 수용까지 죽음을 통해 겪게 되는 감정의 변화가 실감 나게 묘사되어 있고 이웃들의 적극적인 위로와 격려를 통해 이를 극복하는 과정까지 묘사되어 사랑하는 이의 죽음을 겪은 이들에게 좋은 예를 제시한다.

『아빠, 잘 있어요? てんごくのおとうちゃん』(2008)는 일본 작가 하세가와 요시후미(長谷川 義史)의 작품으로 죽음의 과정이 아닌 죽음 이후의 모습을 그리고 있다. 아이가 아빠에게 보내는 편지글로 이루어진 이 작품은 아빠에 대한 사랑과 그리움을 담담하면서도 천진난만한 어투로 표현하고 있다. 이 책은 부모의 죽음을 겪은 아이의 상실감을 섣불리 위로하려 하지 않고 아이가 자신의

감정을 솔직하게 말하는 것을 존중하여 독자의 공감을 불러일으킨다. 사랑하는 아빠가 돌아가신 뒤 어떻게 지내시는지 묻고 아빠와 함께하지 못했던 일에 대한 아쉬움을 이야기하기도 하며 심지어는 거짓말했던 일까지 솔직하게 고백하는 아이의 모습은 천진난만하게 그려진다. 아이가 그린 것 같은 서툰 그림체와 글이 함께 어우러져 실제 아이가 아빠에게 쓴 편지처럼 보이기도 한다. 부모의 죽음으로 혼란스럽거나 부모에 대한 그리움이 큰 아동 독자들에게 따뜻한 위로를 전하는 책이다.

3) 애완동물의 죽음을 다룬 그림책

신시아 라일런트(Cynthia Rylant) 글, 그림의 『개들도 하늘나라에 가요 *Dog Heaven*』(1995)는 사랑하는 동물의 죽음에 관한 이야기다. 보통 애완동물은 인간의 수명보다 짧은 생을 살다 가기 때문에, 애완동물을 기르다 보면 애완동물의 죽음을 한 번씩은 경험하게 된다. 애완동물은 수명이 인간보다 짧은 까닭도 있지만 그들 역시 인간과 마찬가지로 사고, 질병 등 다양한 이유에 의해 죽음을 맞이하기도 한다. 한 생명의 죽음은 분명 슬픈 일이지만 슬픔을 이겨 내고 죽음을 받아들이는 것 역시 삶의 과정에서 반드시 필요한 일이다. 인간에게 가장 친숙한 동물인 '개'를 통해 죽음을 이해하고자 하는 이 책은 아이들의 시선에서 죽음을 환상적으로 묘사하고 있다. 죽음에 대해 과학적으로 설명하기보다는 "좋은 곳에 갔을 거야." "하늘나라에서 행복하게 살면서 우리를 기다리고 있을 거야." 등의 표현으로 위안을 준다. 이러한 표현은 죽음에 대해 막연한 환상을 심어 줄 수도 있다는 아쉬움이 있으나 애완동물의 죽음을 겪은 직후나 죽음을 받아들이지 못하는 아동들에게는 도움을 줄 수 있다.

주디스 바이어스트(Judith Viorst) 글, 에리크 블레그바드(Erik Blegvad) 그림의

『바니가 우리에게 해 준 열 가지 좋은 일 *The Tenth Good Thing about Barney*』(1987)은 아이가 죽음 이후의 과정에서 소외당하기 쉬운 존재라는 것을 보여 준다. 보통 동물이 죽었을 때도 부모들은 "엄마(아빠)가 땅에 묻어 줄게."로 끝을 내거나 아예 죽은 것을 감춰 버리는 경우가 많다. 이는 아이가 죽음을 통해 느낀 감정들을 아이 스스로도 외면하게 만듦으로써 이후에 겪게 될 죽음에 대해서도 제대로 준비하지 못하는 결과를 초래할 수 있다. 이 책은 누군가의 죽음과 마주한 아이에게 부모가 보일 수 있는 좋은 행동 모델을 제공한다. 부모는 사랑하는 고양이 바니의 죽음으로 인해 슬퍼하는 아이에게 바니의 장례식에서 말할 "바니가 우리에게 해 준 열 가지 좋은 일"을 생각해 보라고 제안함으로써 추억을 회상하고 그리움의 감정을 마주할 수 있는 기회를 준다. 함께 지내던 동물의 죽음을 마주하고 슬픔을 공유하며 추모하는 과정에 참여하는 경험은 이후에 경험하게 될 죽음을 받아들이는 데 도움이 될 수 있다. 생명의 죽음을 그저 슬퍼하게 내버려 두지 않고 아이가 스스로 답을 찾게 하는 것, 특히 고양이 바니의 장례를 도와주는 부모의 역할이 인상적인 작품이다.

4) 장례를 다룬 그림책

울프 닐손(Ulf Nilsson) 글, 에바 에릭손(Eva Eriksson) 그림의 『세상에서 가장 멋진 장례식 *Alla Döda Små Djur*』(2006)은 아이들에게 익숙하지 않은 장례식에 대해 그린 작품이다. 죽음에 대해 어렴풋한 지식만을 가진 주인공인 '나'와 에스테르 그리고 죽음에 대해 전혀 알지 못하는 푸테, 이 세 명의 어린이

들이 동물들의 장례식을 치러 주면서 일어나는 일들을 그리고 있다. 죽은 동물을 찾아다니기까지 하면서 장례식을 해 주는 아이들의 모습이 자칫 장례식의 경건함을 '놀이'로 가볍게 만든다는 느낌을 줄 수도 있지만 죽음이 무엇인지 나름대로 이해하고자 노력하는 아이들을 통해 우리 역시 고인에 대한 예의, 죽음을 마주하는 태도에 대해 생각해 볼 수 있다. 아이들이 묻을 곳을 찾거나 시를 읊어 주고 함께 기도하는 모습 등은 성인들의 행동을 단순히 흉내내는 듯 보이지만 "손 안의 어린 생명이/ 갑자기 사라졌네/ 땅속 깊은 곳으로"라는 시를 읊는 주인공 '나'의 모습에서 진정으로 죽음을 이해하고자 노력하는 모습을 엿볼 수 있다.

『세상에서 가장 멋진 장례식』(2006)이 장례식의 형식적인 측면에 초점을 맞추어 다루고 있다면 페터 쉐소우 글, 그림의 『이럴 수 있는 거야??!』(2005)는 애도하는 자들의 감정에 초점을 맞추고 있다. 앵무새 앨비스의 죽음을 이해할 수 없는 아이와 슬픔을 이해하고 위로하고자 하는 관찰자들의 감정이 모두 잘 묘사된 작품이다. "이럴 수 있는 거야?"라는 분노의 표출에서 "정말 좋았다."는 수용까지. 죽음의 과정에서 겪는 감정들이 장례식을 배경으로 자세하게 그려져 있다. 아이가 어디까지 슬픔을 느끼고 있을지 성인은 짐작하기 어렵다. 그럼에도 그 슬픔을 외면하지 않고 함께해 주는 관찰자들의 모습을 통해 아이의 슬픔에 대한 대처 방향을 제시해 주고 있다.

미주 목록

1) 두산대백과사전(2010).
2) Freud, S. (2007). 이환 역. 꿈의 해석. 서울: 돋을새김.
3) Morin, E. (2000). 김명숙 역. 인간과 죽음. 서울: 동문선.
4) 김경학(2008). 죽음의 인류학적 이해. 한국 노년학연구, 17, 11-25.
5) 신승환(2012). 죽음에 대한 인간학적 성찰. 가톨릭철학, 20, 209-236.
6) Schopenhauer(1851). *Parerga and parailpomena*. 쇼펜하우어 인생론. 김재혁 역(2012). 서울: 육문사.
7) 김경학(2008). 죽음의 인류학적 이해. 한국 노년학연구, 17, 11-25.
8) Ross, E. K., & Kessler, D. A. (2000). *Life Lessons: Two Experts on Death and Dying Teach Us About the Mysteries of Life and Living*. 인생 수업. 류시화 역(2006). 서울: 이레.
9) 이찬숙, 조메리명희(2009). 그림책을 활용한 죽음교육이 유아의 죽음개념 및 죽음불안에 미치는 영향. 성균관대학교 대학원 석사학위 논문.
10) 유호종(2001). 떠남 혹은 없어짐- 죽음의 철학적 의미. 서울: 책세상.
11) Nelson, M. (1979). Children's concepts of death. *The journal of Genetics Psychology, 134*, 137-139.
12) 이찬숙, 조메리명희(2005). 그림책을 활용한 죽음교육이 유아의 죽음개념 및 죽음불안에 미치는 영향. 아동과 권리, 13(3), 417-437.
13) 서현, 김영보, 박미자(2013). 유아죽음교육에 대한 유아교사의 인식. 미래유아교육학회지, 20(4), 307-333.
이찬숙, 조메리명희(2009). 그림책을 활용한 죽음 교육이 유아의 죽음개념 및 죽음불안에 미치는 영향, 아동과 권리, 13(3), 417-437.
14) Crase, D. (1982). Death Education's Quest for Maturity. ERIC No. ED214489, 1982: 1-14.
15) 강은진, 현은자(1998). 환상동화와 사실동화에 대한 유아의 반응 비교연구. 한국아동학회, Vol.19 No.1., 169-182.
16) 이재영(2004). 청소년들의 죽음에 대한 의식과 종교교육. 종교교육학연구, 19, 39-56.
17) Rudman, M. K. (1995). *Children's literature: An issue approach*. USA: Longman Publishers.
18) 조극훈(2012). 현대인의 죽음에 대한 헤겔 철학적 성찰. 시민인문학, 23, 78-108.

웹사이트

통계청(2011). 국내 주요 사망원인별 사망률 변화 추이, e-나라지표 http://www.index.go.kr
도로교통공단(2011). OECD 국가별 교통사고에 의한 사망비율 www.koroad.or.kr

참고문헌

Elizabeth kübler Ross(1979). *On Death and Dying*. 인간의 죽음. 성염 역(1979). 서울: 분도출판사.

참고 그림책 목록

천정철 글, 이광익 그림(2008). 짱아. 서울: 창비.

長谷川 義史(2008). てんごくのおとうちゃん. 아빠, 잘 있어요? 고향옥 역(2011). 서울: 사계절.

Bryan Mellonie(1983). *Lifetimes* illustrated by Robert Ingpen. 살아있는 모든 것은. 이명희 역(1999). 서울: 마루벌.

Cynthia Rylant(1995). Dog heaven. 개들도 하늘나라에 가요. 신형건 역(2007). 서울: 보물창고.

Joeri Breebaart(1993). *Als Je Dood Bent, Word Je Dan Nooit Meer Beter?* illustrated by Piet Breebaart. 죽으면, 아픈 것이 나을까요?. 김현희 역(2002). 서울: 느림보.

Judith Viorst(1987). *The Tenth Good Thing about Barney* illustrated by Erik Blegvad. 바니가 우리에게 해 준 열 가지 좋은 일. 서애경 역(2003). 서울: 파랑새어린이.

Melanie Florian(2007). *On Me Cache Quelque Chose*. 나도 다 알아요. 이희정 역(2008). 서울: 예꿈.

Michael Ende(1989). *Ophelias Schattentheater* illustrated by Friedrich Hechelmann. 오필리아의 그림자 극장. 문성원 역(2001). 서울: 베틀북.

Peter Schössow(2005). *Gehört Das So??!*. 이럴 수 있는 거야??!. 한미희 역(2007). 서울: 비룡소.

Ulf Nilsson(2006). *Alla Döna Sma Djur* illustrated by Eva Eriksson. 세상에서 가장 멋진 장례식. 임정희 역(2008). 서울: 시공주니어.

Wolf Erlbruch(2007). *Ente, Tod und Tulpe*. 내가 함께 있을게. 김경연 역(2007). 서울: 웅진주니어.

제8장 성역할

브로버만(Broverman)은 '성역할(Gender Role)'이란 사람들 사이의 합의된 관념에 따라 남성다움 또는 여성다움으로 남녀를 구분시키는 행동과 태도라고 기술하였다.[1] 모든 인간은 출생과 함께 남녀로 구분되며, 모든 문화는 그 문화에 속한 남성과 여성에게 그에 적합한 사고, 태도 양식을 가질 것을 요구한다. 이와 같은 성역할에 대한 고정관념은 일단 획득되면 오랫동안 지속된다. 그리하여 사회 관습화된 성 고정관념은 성역할에 영향을 미치게 된다. 이처럼 개인이 갖게 되는 고정관념이란 어느 하나의 요인으로 인해 형성되는 것이 아니라 개인을 둘러싼 수많은 요인들이 통합적으로 작용하여 형성되며 한번 생긴 고정관념은 평생 지속되면서 사고방식, 행동, 가정에서의 역할, 직업의 선택 등에 영향을 미치게 된다. 아동의 경우 합리적 사고와 비판적 사고를 발달시키기 전에 고정관념을 습득하게 되면, 그것을 결정적인 것처럼 여기며 행동으로 표현하게 된다. 따라서 그들의 교육에 책임이 있는 성숙한 성인들의 지도가 필요하다.

브로버만은 1970년 그의 논문에서 '성역할 고정관념(Gender Roles Stereotype)'이란 남성과 여성의 성역할에 대한 가치판단이 편향적으로 고정되어 양성에 각각 적절하거나 부적절한 행동의 기대를 포함하고 있는 것이라고 설명했다.[2] 물론 21세기에 성역할과 관련하여 남성과 여성의 차이를 이야기하는 것은 뒤처진 발상처럼 들릴지도 모른다. 그러나 역사적으로 오늘날과 같은 성 평등 사회를 만들기까지 무려 300여 년 이상이 걸렸다. 여성들은 18세기 후반 영국의 산업혁명, 프랑스혁명 및 계몽사상, 자본주의 발전 등을 배경으로 스스로가 받는 억압을 인식하여 권리를 주장하기 시작했고, 본격적으로는 1869년 존 스튜어트 밀이『여성의 예속』을 발표하며 자유를 통한 남녀평등의 방안이 제시되었다. 이처럼 오늘날에 이르기까지 여성들은 적극적으로 여성해방 운동을 펼치며 스스로의 권리를 지키기 위한 운동을 지속적으로 해 왔다.[3] 따라서 오늘날 우리가 남녀평등에 대한 주장을 진부하게 느끼는 사회에 살고 있는 것은 성 평등주의에 입각한 사회를 이룩하고자 기울여 온 노력의 결실이라고 할 수 있다.[4]

이러한 추세에 따르면 전통적인 성역할을 강요하는 사회적 요구가 점차 감소하고 있는 것처럼 보이나 여전히 가정을 포함한 크고 작은 사회 집단 안에서는 성 고정관념이 존재하고 있다. 그중 가정은 인간이 태어나서 처음으로 부모와의 상호작용을 통해 사랑과 권위를 경험하는 곳이기 때문에 특히 중요하다. 아동은 부모의 행동을 모방하며 그들의 가치를 내면화한다. 따라서 부모는 아동의 성역할 학습에 있어 결정적인 역할을 한다고 볼 수 있다.[5] 실제로 많은 부모가 영아기부터 자녀를 그들의 성에 따른 사회적 인식에 따라 차별적으로 대한다.[6] 부모는 여아를 '더 섬세하고, 약하고, 작다'라고 생각하며 남아를 '더 단단하고, 몸집이 크며, 날렵하고, 학구적이며, 더 튼튼하다'라고 생각한다. 이러한 생각들은 아동에게도 알게 모르게 전해진다. 부모의 이러한 성 유형화된 인식에서 비롯된 행동은 아동의 성역할에 대한 고정관념에 영향을 미친다.

이외에도 아동 교육기관이나 학습 교재, 인기 있는 TV 프로그램, 아동용 도서 등이 성역할에 대한 고정관념 형성에 영향을 미친다. 일례로 2009년 개정된 초등학교 3·4학년과 중학교 1학년 교과서 지도용 지도서와 삽화·사진·참고자료 등을 살펴보면 남녀 성비 불균형 문제가 이전보다 해소되었으나 여전히 남성은 주인공으로, 여성은 주변인으로 그려진 사례가 많다. 또한 남자 위인을 보다 중점적으로 소개하고 여성은 집안일과 소비를 주로 하는 사람으로, 반면 남성은 바깥일과 공적 영역을 맡는 사람으로 묘사되어 있다. 그리하여 국가인권위원회는 '성역할에 선입견을 조장할 수 있는 교과서의 내용을 수정·삭제'하도록 교육과학기술부에 권고하기도 했다.[7)]

아동의 경우, 평소 자주 접하게 되는 그림책의 영향을 많이 받을 수밖에 없다. 실제로 그림책에 등장하는 인물은 아동의 성역할 형성에 영향을 미치는 모델이 되거나 동일시의 대상이 된다.[8)] 사회학습이론가인 웨이츠만(Weitzman)도 그림책이 아동에게 사회적인 가치를 전달하기 때문에 초기 아동의 성역할 사회화 과정에 중요한 영향을 준다고 말한다.[9)] 알린, 알렌, 그리고 시글러(Aleen, Allen & Sigler)는 1938년부터 1940년까지의 칼데콧(Caldecott) 수상작과 1986년부터 1988년까지의 칼데콧 수상작을 비교하였다. 그 결과, 1986년부터 1988년까지의 그림책에서 여성과 중성의 등장이 눈에 띄게 많이 늘어났으나, 여전히 남성은 활동적이고 여성은 수동적으로 그려지고 있었다. 직업에 있어서도 남성은 다양한 직업을 가진 반면 여성은 제한된 직종에 종사하고 있는 것으로 묘사되었다.[10)]

이와 비슷한 맥락에서 행해진 연구로는 2007년 개정 유치원 교육과정을 중심으로 그림책에 나타난 인물의 성별 출현도 및 역할을 분석한 안현진(2010)의 연구가 있다. 안현진의 연구에 따르면 분석 대상 도서 중 직업을 가진 인물은 총 121명이었고, 이중 남성인물이 104명으로 압도적으로 많았다.[11] 이때 남성인물의 직업은 전문가 및 관련 종사자가 29명으로 가장 많았고, 그 다음은 관리자로 17명, 이어서 기계·장치 종사자가 13명이었으며 그 외에도 다양한 직업군이 나타났다. 반면 여성인물의 경우 직업을 가진 사람은 16명에 불과하였고, 그중 전문가는 6명이며 나머지는 판매종사자이거나 사무종사자, 서비스종사자였다. 결과적으로는 이 연구를 통해 그림책에서 인물의 직업분포를 볼 때 남성인물이 여성인물에 비해 월등히 많은 직업을 가지고 있다는 사실이 밝혀졌다. 또한 종사하는 직업의 영역에 있어서도 여성은 한정적이었고, 남성은 모든 직업 영역에 고루 분포하고 있는 것으로 나타났다.

다음으로는 1980년대와 1990년대에 출판된 국내 창작 그림책 128권을 대상으로 삼아 성역할 고정관념 묘사에 차이가 있는지를 살펴본 성정아(1995)의 연구가 있다.[12] 그녀의 연구에 따르면, 90년대 들어서 그림책의 제목에 여성이 등장하는 비율이 증가한 것으로 나타났다. 그러나 여전히 등장인물의 수와 주인공의 역할 면에서는 남성이 큰 비율을 차지하고 있었다. 또한 직업과 여타 활동에 있어서도 남자는 실외에서 다양한 직업에 종사하는 것으로 그려지고, 여자는 주로 실내에서 가사와 육아 활동에 전념하는 것으로 그려지고 있었다.

앞서 잠시 언급했듯, 아동은 그림책의 문학적 요소 중에서 인물에 가장 많은 반응을 보인다.[13] 이는 등장인물이 작품의 주체이며 중요한 요소이기 때문이다. 그러므로 글과 그림에 나타나는 성 고정관념과 관계된 등장인물의 행동, 언어, 외양, 다른 사람의 비평, 작가의 설명, 이름이나 직업에서의 호칭, 대화 등은 사회적으로 구축된 성에 대한 고정관념을 지속시키고 규정화한다. 다시 말해, 등장인물은 아동들이 삶의 태도와 가치를 인식하는 방식에 커다란 영향을 주게 된다. 그러므로 아동이 자신의 성 정체감을 형성해 나가는 동안 바람직한 성역할에 대한 인식을 가질 수 있도록 등장인물의 수는 한쪽 성

에 편중되지 않아야 한다.[14)]

이렇듯 그림책에 나타난 성역할을 분석한 연구들은 그림책에서 그려지는 성역할 고정관념에 주의를 기울일 것을 제안하고 있다. 보다 평등한 남녀의 모습을 보여 주는 그림책을 읽고 자란 아동들은 성장하면서 바람직한 성 정체감을 형성하는 일에도 도움을 받을 수 있기 때문이다.[15)]

또한 그림책을 사용하여 아동에게 성역할 교육을 실시한 후, 그 긍정적인 효과를 보고한 연구도 있다. 문종란(2003)의 연구는 성 평등 그림동화 들려주기 및 관련 활동을 아동에게 적용한 결과, 아동들이 활동을 진행하는 동안 긍정적인 반응을 하며 성 고정관념을 보이지 않게 되었다고 밝혔다.[16)] 이러한 연구 결과에 의해 성 평등 그림책에 대한 연구와 개발이 필요함이 지적되었으며, 이와 더불어 그림책을 아동에게 전달하는 부모와 교사의 역할도 강조된다. 즉, 반편견 그림책의 개발과 더불어 그림책을 선정하여 반편견교육에 활용하는 부모와 교사의 역할 또한 중요시되는 시점이라는 것이다.

1. 성역할과 관련된 통계 현황

먼저 이정임(2008)의 논문을 참고하여, 통계청의 자료를 통해 성별에 따른 근무 직종의 차이와 경제활동참여 여부를 알아보았다.[17)] 이어서 장명선(2007)의 연구에서 다루고 있는 성 평등에 대한 현시점의 인식을 통계청의 자료를 통해 살펴보았다.[18)]

1) 성별과 경제활동

〈표 8-1〉 성별에 따른 근무 직종 비율

(N= 총고용인구, 단위 %)

	관리자	전문가	사무직	서비스	판매직	농어업	기능원	기계	단순직	전직종
남(%)	91.6	62.4	60.1	32.7	60.6	86.7	87.1	81.8	56.1	66.1
여(%)	8.4	37.6	39.9	67.3	39.4	13.3	12.9	18.2	43.9	33.9
계	100	100	100	100	100	100	100	100	100	100

출처: 고용노동부, 고용형태별 근로실태조사(2012).

고용노동부에서 발표한 2012년도 성별에 따른 근무 직종 비율(〈표8-1〉 참조)을 보면 관리자, 전문가, 사무직, 농어업, 기능원, 기계 등의 직종에서 남성의 비율이 높게 나타난다. 총 근무비율도 여성보다 남성이 높다. 여성이 비율이 높은 근무 직종은 서비스직뿐이다. 이를 토대로 여성 고위 관리자 역시 극소수일 것으로 예상해 볼 수 있다.

〈표 8-2〉 성별 경제활동인구 총괄

(N=인구주택총조사 전체가구)

	15세 이상 인구 (천 명)	경제 활동인구 (천 명)	비경제 활동인구 (천 명)	경제 활동참가율 (%)	실업률(%)	고용률(%)
남(%)	20,931	15,212	5,719	72.7	3.8	69.9
여(%)	21,845	10,883	10,962	49.8	3.7	48.0
계	42,776	26,095	16,681	122.5	7.5	117.9

출처: 통계청, 경제활동인구조사(2015).

통계청이 발표한 2015년도 경제활동인구조사(<표 8-2>참조)에 의하면 여성 비경제 활동인구가 남성보다 많다. 또한 2011년 국민연금공단의 국민노후보장 패널조사 결과에 따르면, 성별에 따른 가구주 월평균 실질가계소득이 남성은 275.5천원, 여성은 128.2천원으로 나타나 많은 차이를 보였다.

2) 성역할에 대한 인식

〈표 8-3〉 성역할에 대한 여성의 인식

(N= 인구주택총조사 전체가구, 단위 %)

구분	전혀 그렇지 않다	그렇지 않다	그저 그렇다	그렇다	매우 그렇다	계
여성의 전일근로제가 가족생활을 힘들게 함	2.00	18.93	14.30	57.57	7.21	100
미취학 아동의 어머니가 일을 할 경우 미취학 아동에게 나쁨	0.67	10.94	10.46	65.35	12.58	100
전업주부로 일하는 것은 밖에서 돈을 버는 것만큼 중요함	0.75	8.44	12.48	65.54	12.80	100
남성의 임무는 밖에서 돈을 버는 것, 여성의 임무는 가정과 가족을 돌보는 것임	8.04	54.58	12.76	22.50	2.12	100
남성과 여성 모두 가구 소득에 기여해야 함	0.89	11.46	17.22	63.82	6.60	100
가정생활은 나에게 스트레스를 줌	16.51	47.30	17.75	17.09	1.35	100
가족에 대한 책임을 다하기가 어려움	15.68	42.83	13.71	25.87	1.91	100
가족에 대한 책임 때문에 직장에서 일을 집중하기가 어려움	37.04	49.91	7.42	5.17	0.46	100

출처: 한국보건사회연구원, 한국복지패널조사(2012).

2012년 한국보건사회연구원이 여성의 가정에서의 성역할과 직업의 관계(<표 8-3> 참조)를 조사한 결과, '여성의 전일근로제가 가족생활을 힘들게 함'이라는 문항에 '그렇다'라고 응답한 사람이 57.57%, '미취학 아동의 어머니가 일을 할 경우 미취학 아동에게 나쁨'이라는 문항에 '그렇다'라고 응답한 사람이 65.35%였다. 그러나 '남성과 여성 모두 가구 소득에 기여해야 함'이라는 문항에는 63.82%가 '그렇다'라고 응답해 여성은 가사일과 직장일을 병행해야 한다는 인식이 전제되어 있다는 사실을 알 수 있다.

〈표 8-4〉 일반적인 남녀 문제에 대한 인식 및 태도

(N= 2,000가구로부터 3,500명, 단위 %)

구분 1	구분 2	그렇다	보통이다	그렇지 않다	계
여성이 차지하는 지위는 공정하고 정당하다	전체	19.5	39.7	40.8	100
	남	22.8	42.9	34.3	100
	여	16.2	36.5	47.3	100
여성지위는 앞으로도 쉽게 변하지 않을 것이다	전체	32.7	35.2	32.1	100
	남	28	36.8	35.2	100
	여	37.2	33.7	29.1	100

출처: 여성가족부, 여성정책수요조사(2012).

2012년 여성가족부가 실시한 일반적인 남녀 문제에 대한 인식 및 태도 조사(<표 8-4> 참조)에 의하면, '여성이 차지하는 지위는 공정하고 정당하다'라는 항목에 남성은 대체로 '보통이다'로 응답했으나 대다수의 여성은 '그렇지 않다'라고 응답해 성별에 따른 생각의 차이를 느낄 수 있다. 또한 '여성지위는 앞으로도 쉽게 변하지 않을 것이다'라는 항목에 남성은 '보통이다' 또는 '그렇지 않다'라고 응답한 사람이 과반수였지만 여성은 '그렇다'라는 응답이 가장 높게 나타나 성별에 따라 여성의 지위 상승에 대해 서로 상이한 예측을 나타내고 있음이 드러났다.

3) 성 평등 문화

〈표 8-5〉 성 평등을 위한 문화 확산 정책

(N= 2,000가구로부터 3,500명, 단위 %)

성 평등 문화 확산 정책	전체	남성	여성
제례, 혼례 성 평등한 가족문화 확산	34.2	33.5	34.9
가족 친화적 여가 문화프로그램 활성화	29.9	31.2	28.6
대중매체 모니터링	14.3	14.5	14.2
성 평등한 문화콘텐츠 발굴	10.8	11.1	10.4
부성문화 활동 확산	10.7	9.6	11.7
모름/무응답	0.1	0.1	0.1
계	100	100	100

출처: 여성가족부, 여성정책수요조사(2012).

2012년 여성가족부에서 실시한 '성 평등을 위한 문화 확산 정책'(<표 8-5> 참조)에 따르면, 남성과 여성 모두가 '제례, 혼례에 성 평등한 가족문화를 확산'시키는 게 가장 중요하다(34.2%)는 데 의견의 일치를 모았다.

2. 토론 문제

- 여성 혹은 남성으로서 자신의 성역할에 대한 당신의 견해는 어떠합니까? 당신이 가지고 있는 견해는 당신의 성역할 행위와 다른 사람의 행동을 평가하는 일에 어떻게 영향을 미친다고 생각합니까?
- 당신은 자신의 성역할에 대한 사고와 행동에 영향을 미친 것이 무엇이라고 생각합니까? 당신이 읽은 책이나 미디어콘텐츠, 주변 사람들의 영향을 반추해 보십시오.
- 당신은 아동의 성역할이 어떻게 형성된다고 생각하십니까? 선천적인 것과 후천적인 것, 어떤 것에 더 많은 무게를 둡니까?
- 우리 사회에 만연한 성역할의 고정관념에는 어떠한 것들이 있다고 생각합니까? 하나하나 예를 들어 보십시오.
- 가정에서 아버지와 어머니를 통해 보여지는 성역할은 어떠하다고 생각합니까? 부모들이 미치는 직접적인 영향과 그림책 속 인물들이 미치는 간접적인 영향 사이에는 어떠한 차이가 있다고 생각합니까?
- 그림책에서 성역할이 뚜렷하게 드러난 것을 본 적이 있습니까? 어떻게 묘사되었습니까? 하나의 그림책을 선정하여 그에 대한 평가를 해 보십시오.

3. 평가 준거

- 그림책은 이야기의 전개에 있어서 성차별적인 태도를 나타내지 않아야 하며, 성차별적인 용어를 사용하지 않아야 한다.[19] 예를 들어, 고대영 글, 한상언 그림의 『아빠와 아들』(2007)은 익살스러운 표현으로 부자간

의 일화를 보여 주면서 공감대를 형성하여 즐거움을 느끼게 하지만, 책 속에서 아들이 아빠를 대장이라고 표현하거나 집안의 권력자로 이해하는 모습에서 아쉬움이 남는다.

- 그림책의 내용이 단순히 '성 편견을 가지지 말아야 한다'는 교훈만을 전달해서는 안 된다. 흥미로운 이야기 전개구조, 생생한 캐릭터, 감동을 주는 묘사 등이 자연스럽게 드러나야 한다. 앤서니 브라운(Anthony Browne) 글, 그림의 『돼지책 *Piggybook*』(1990)은 흥미로운 플롯뿐 아니라 수많은 함축적 의미를 담은 그림 이미지를 통해 독자로 하여금 책에 몰입하게 하며, 엄마의 역할에 대해 자연스럽게 생각해 보도록 한다는 점에서 교훈을 전달하는 동시에 흥미를 느끼게 한다.
- 그림책에 등장하는 직업은 책임감과 특권에 있어 남성과 여성 모두에게 동일하게 적용되어야 한다. 또 직업적 성취에 있어서 남녀의 동등한 성취를 보여 주어야 한다. 이와 관련하여 안현진(2010)의 연구에서는 개정된 유치원의 교육과정에서 다루는 그림책에 나타난 성역할을 분석했는데, 그 결과 남녀 인물의 출현 비율, 주제, 직업 면에서 성역할에 대한 고정관념이 나타났다. 특히 여자의 직업은 주로 전업주부인 반면, 남성의 경우는 의사, 과학자, 소방관, 기술자 등 다양한 직업 분포를 보였다.[20]
- 가정에서 엄마와 아빠는 아이 돌보기 등 가정에 대한 책임이 동등해야 하고, 직업적인 성취에 있어서도 동등한 묘사를 해야 한다. 그러나 대

다수의 그림책에서는 여전히 남성 인물은 호기심이 많고 도전적인 역할과 활동적인 역할을 수행하는 것으로 그리는 반면, 여성은 수동적이며 온순하고 가사를 돌보는 등의 전통적 여성상이 그대로 투영된 모습으로 그려졌다. 이처럼 그림책에서는 남성과 여성에 대한 성차별적 요소가 계속 반복되고 있다.[21] 모 윌렘스(Mo Willems) 글, 그림의 그림책 『내 토끼 어딨어? *Knuffle Bunny Too: A Case of Mistaken Identity*』(2007)를 보면, 엄마는 한가하게 커피를 마시고 독서를 하며 쉬는 날을 즐기고, 아빠와 딸 트릭시가 빨래를 한 아름 들고 빨래방으로 향한다. 이러한 모습은 자연스럽게 그려져, 기존의 선행연구에서 드러난 성역할을 묘사한 그림책들이 가지고 있던 고정관념을 깨뜨린다. 유진희 글, 그림의 『아빠! 머리 묶어주세요』(2013)라는 그림책도 엄마가 없는 사이 아빠가 양육에 최선을 다하는 모습을 재미있게 그려 내고 있다.

- 그림책의 그림은 최대한 실제상황을 사실적으로 보여 줄 수 있어야 한다. 미국유아교육협회(National Association for the Educational Young Children: NAEYC)에서 발간한 어린이 책을 분석하는 방법에 따르면 대다수의 그림책이 그림 묘사에 있어 여성을 가사일에 전념하는 모습, 새침데기 같은 모습, 인형을 좋아하는 모습 등으로 나타내는 경우가 많아 이것이 성에 대한 고정관념을 강화시킴을 지적한다.[22] 최서윤 글, 윤샘 그림의 『공주 양말』은 성차에 대한 이야기를 재미있게 다루었지만 여아를 외모에 집착하는 모습으로 그려 내 아쉬움이 남는다.
- 남녀 캐릭터는 남성과 여성 모두 서사 구조에 따라 다양한 성격을 가진 인물로 구현되어야 한다. 이들은 성별에 의해서가 아니라 이야기 전개 양상에 따라 독립적일 수도, 의존적일 수도 있게 그려져야 한다. 그러나 일반적으로 아동문학에서의 여성들은 의존적이고 정서적이며, 모든 것에 서툴고, 지능이 떨어지는 것으로 묘사된다. 반면 남성들은 전형적

으로 유능하고, 성취지향적인 인물로 그려져 왔다.[23] 그러나 최근의 그림책들은 성역할에 대한 이러한 편견을 어느 정도 극복한 모습을 보이고 있다. 일례로 로버트 먼치(Robert Munsch) 글, 마이클 마르첸코(Micheal Martchenko) 그림의『종이 봉지 공주 *The Paper Bag Princess*』(1992)에서는 용에게 붙잡힌 왕자가 위험에 처하자 공주가 꾀를 내어 자기 스스로 다양한 방법을 통해 왕자를 구할 수 있음을 보여 주는데, 이는 기존의 공주다움 혹은 왕자다움으로 정의되는 성역할 고정관념에 대한 비판적인 시각을 제공한다.

4. 소주제 설명 및 그림책 서평

성역할 관련 주제를 다룬 그림책은 대부분 번역서다. 이들은 사회에 만연한 성역할에 대한 고정관념을 뒤집는 그림책, 가정에 만연한 성역할 고정관념을 뒤집는 그림책, 의인화된 주인공의 성 평등을 다룬 그림책, 전래이야기를 다르게 해석한 그림책 등으로 분류될 수 있다.

1) 사회에서의 성역할을 그린 그림책

사회에 만연한 성역할에 대한 고정관념을 깨뜨리는 그림책으로는 이은화 글, 정지은 그림의『엄마는 비행사』(2003)를 예로 들 수 있다. 이 책은 각각의 직업들에 대한 성적 편견을 갖지 않게 해 주는 그림책이다. 비행사 엄마를 둔 아름이는 여자는 비행사가 될 수 없다는 한수의 주장 때문에 눈물을 흘린다. 한수와 아름이를 본 유치원 교사는 성역할 고정관념을 완화시키는 몇 가지 방법을 제시하는데, 제일 먼저 한수에게 가서 "여자들도 어떤 일이든지 할 수 있다."며 울지 말고 당당하게 말하도록 격려한다. 또 그림카드를 보면서 축구 선수, 법관, 기능공 등 다양한 직업군을 소개하기도 한다. 그리고 그 다음날 어머니를 초대하는 행사에서는 비행사인 아름이 엄마와 의사인 수민이 엄마, 집배원으로 보이는 경순이 엄마, 군인인 순식이 엄마, 수의사인 희수 엄마를 보여 준다. 아동들은 엄마들의 다양한 직업을 통해, 직업의 선택에 있어 성별을 떠나 편견 없는 관심을 가질 수 있다.

마거릿 와일드(Margaret Wild) 글, 디 헉슬리(Dee Husley) 그림의 『닉 아저씨의 뜨개질 *Mr. Nick's Knitting*』(1989) 역시 성역할의 표현에 있어 자유로운 작품이다. 주인공 닉 아저씨는 뜨개질은 '여자만 하는 일'이라는 고정관념을 깨고 즐겁게 뜨개질을 한다. 닉 아저씨와 졸리 아줌마는 매일 아침 도시로 가는 일곱 시 기차 안에서 뜨개질을 한다. 아저씨가 바늘 코를 빠뜨리면 아줌마가 도와주고, 아줌마의 실이 얽히면 아저씨가 풀어 주는 식으로 둘은 상부상조한다. 그러던 어느 날 졸리 아줌마가 병원에 입원을 하게 되고, 졸리 아줌마의 병문안을 간 닉 아저씨는 그동안 기차여행을 하면서 봐 왔던 많은 풍경들을 그리워하며 슬픔을 느끼는 졸리 아줌마를 위해 뜨개질을 한다. 그렇게 쉬지 않고 뜨개질을 해서 완성해 낸 닉 아저씨의 선물은 다름 아닌 졸리 아줌마가 그렇게 보고 싶어 하던 풍경을 담은 이불보였다. 이 책은 남성의 정서는 이성적이고 여성의 정서는 감성적이라는 기존의 인식을 뒤집고 남성도 감성적이고 공감적일 수 있음을 보여 주고 있다. 이러한 모습은 아동 독자들에게 이 캐릭터가 남성인가, 여성인가에 대한 이해를 떠나 보편적인 인간 정서에 대한 폭넓은 이해를 제공해 줄 수 있다.

윌리엄 스타이그(William Steig) 글, 그림의 『용감한 아이린 *Irene, La Valiente*』(1993)에는 엄마가 만든 드레스를 보고 "세상에서 가장 아름다운 드레스예요!"라고 감탄하는 여자아이 아이린이 나온다. 어느 날 아이린은 몸이 몹시 아파 드레스를 배달할 기운조차 없는 엄마에게 자신이 대신 갖다 주겠다며 씩씩하게 말한다. 그렇게 아이린은 아픈 엄마를 보살핀 후, 드레스 배달을 위해 곧 눈보라 속으로 떠난다. 그러다 배달을 가던 도중 눈 속에 파묻힌 아이린은 잠시 '이대로 얼어 죽고 말지 뭐, 그럼 이 고생도 끝날 거 아냐? 안될 거 뭐있어?'라는 생각을 하지만 이내 용기를 내어 눈 속에서 빠져나온다. 위험한 순간을 지혜롭게 헤쳐 나가는 용감한 아이린의 모습을 통해 아동들은 다양한 감정을 경험할 수 있다. 처음 집을 떠났을 때 두려움을 느꼈던 여아 아이린이 여러 역경들을 꿋꿋이 이겨 내고 씩씩하게 결국엔 힘든 임무를 수행·성취해 내는 모습을 편견 없이 그려 냈다.

2) 가정에서의 성역할을 그린 그림책

앤서니 브라운 글, 그림의 『돼지책』(1990)은 가정에서의 평등한 성역할의 중요성을 보여 주는 그림책이다. 이 책에선 직장생활을 하는 엄마가 집안일도 도맡아 한다. 아주 중요한 회사에 다니는 피곳씨와 아주 중요한 학교에 다니는 두 아들이 집안에서 아무 것도 하지 않기 때문이다. 그리하여 몹시 힘들어하던 엄마는 결국 집을 나가 버린다. 엄마가 떠나자 집안일을 할 사람이 아무도 없다. 집안은 곧 더러워진다. 그러다 결국엔 아빠와 아이들이 돼지로 변해 버리고 만다. 그제서야 피곳씨와 두 아들은 집안을 치우기로 결심한다. 그러나 만만치가 않다. 그런데 가사일로 어려움을 겪고 있는 바로 그때, 엄마가 다시 돌아오고 가정의 행복은 다시 시작된다. 이제 피곳씨와 두 아들 모두가 적극적으로 엄마를 돕는 모습으로 바뀐다. 그러자 엄마의 표정도 밝아진다.

이와 같이 일반적으로 가정에서의 엄마의 역할은 양육이 주가 되겠지만 현대 사회에서는 직장생활을 하는 여성이 급증하면서 아빠와 똑같이 출퇴근을 하는 직장 여성이 여전히 양육의 책임은 혼자 감당해야 하는가에 대한 문제를 제기한 그림책이다.

유진희 글, 그림의 『아빠! 머리 묶어주세요』(2013)는 아이를 돌보는 일에 있어, 엄마와 아빠가 공동 책임을 가지고 있음을 묘사한다. 출산으로 엄마가 잠시 자리를 비운 사이 아빠와 단 둘이 지내야만 하는 은수는 유치원에 가기 전, 아빠에게 머리를 묶어 달라고 한다. 그런데 유치원에 간 은수는 친구들과 비교되는 머리모양에 심술이 난다. 이에 아빠는 인형의 머리를 묶는 연습을 하면서 은수의 머리를 예쁘게 묶어 주기 위해 노력한다. 그러던 어느 날 아빠가 손을 다치고, 은수의 생일에 머리띠를 선물하게 된다. 은수는 아빠가 선물해 준 예쁜 머리띠로 친구들의 인기를 한 몸에 받는다. 시간이 흘러 엄마가 돌아왔지만 아빠는 여전히 은수의 머리를 열심히 묶어 준다. 자녀가 엄마 없이도 아빠와 잘 지내는 모습을 강조함으로써 양육에 있어서 부모의 공동 책임을 부각시키며 바람직한 부모의 성역할을 보여 준다.

모 윌렘스 글, 그림의 그림책 『내 토끼 어딨어?』(2007)는 아동이 처음 말을 시작할 때의 순간을 즐겁고 유쾌하게 그린 그림책이다. 이 책은 엄마의 역할이나 아빠의 역할이 주요 소재가 아니다. 그러나 책 곳곳에서 나타나는 엄마와 아빠의 모습은 성역할에 대한 고정관념을 뒤엎는다. 휴일날 엄마는 계단에 앉아 책을 보고 커피를 마시며 시간을 보낸다. 그 사이 아빠는 커다란 빨래바구니 통을 들고 트릭시와 함께 빨래방으로 향한다. 이와 같이 양육 및 가사일에 엄마와 아빠가 동시에 참여하는 모습을 보여 주는 것은 자녀 양육의 측면에서 긍정적인 효과를 낳는다.

3) 의인화된 주인공이 등장하는 성 평등 그림책

먼로 리프(Munro Leaf) 글, 로버트 로슨(Robert Lawson) 그림의 『꽃을 좋아하는 소 페르디난드 *The Story of Ferdinand*』(1936)는 투우장에 끌려간 소에 대한 이야기다. 소는 보통 싸움을 좋아하는 남성성을 지닌 동물로 인식되지만, 이 책은 그러한 내용을 뒤집는다. 소싸움을 좋아하는 황소들이 머리로 서로의 뿔을 부딪치며 지내는 동안 우리의 주인공 페르디난드는 꽃향기를 맡으며 시간을 보낸다. 이후 페르디난드는 성장한 후에도 투우장에서 멋지게 싸움을 하는 꿈을 갖고 있는 다른 황소들과 달리 여전히 꽃향기 맡는 것을 더 좋아하는 모습으로 그려진다. 그러던 어느 날 페르디난드는 투우장에 갈 싸움소를 데리러 온 사람들에 의해 경기장에 나가게 되는데, 그곳에서 관객석의 관객들의 장식품에 있는 예쁜 꽃들을 발견하고는 주저앉아 감탄한다. 그렇게 싸울 생각이 전혀 없는 이 커다란 황소는 결국 다시 집으로 돌려보내진다. 이 책은 특정 종(種)에 대한 고정관념을 전복시키며, 남들의 따가운 시선을 받음에도 이를 전혀 불행하게 여기지 않고 오히려 행복해하는 모습의 페르디난드를 통해 오늘날의 자유로운 성역할을 대변하여, 결과적으로는 아동들을 열린 사고로 유도한다.

4) 전래이야기에 대한 다른 해석

프레데릭 스테르(Frederic Shter) 글, 그림의 『아기돼지 세 자매 *Les Trois*

Petites Cochonnes』(1999)에서 엄마돼지는 돼지 세 자매에게 금화를 주고 훌륭한 신랑감을 찾아오라고 한다. 그런데 첫째와 둘째는 훌륭한 신랑감을 찾는 과정에서, 처음 보는 친절한 이성의 말과 행동에 덜컥 문을 열어 주어 그만 늑대에게 잡아먹혀 버리고 만다. 그와 달리 막내돼지는 꾀를 내어 늑대를 잡아 철창에 가둔 후, 수없이 많은 남자 돼지들의 구애를 받는다. 우리는 이와 같이 돼지 세 자매가 훌륭한 신랑감을 찾는 과정을 보면서, 겉모습으로만 사람을 판단하는 것이 올바르지 않은 행동이라는 사실을 알게 된다. 이처럼 이 그림책은 언뜻 보면 단순히 아기돼지 삼형제 이야기를 패러디한 것 같지만, 그 내용과 전달하는 교훈의 측면에 있어서는 상당한 차이가 있다. 먼저 이 책은 여성 스스로가 주체가 될 수 있다는 것을 보여 주는 동시에, 여성은 지혜롭고 강하며, 선택의 주체가 되어 결정을 내릴 수 있는 위치에 있음을 보여 준다. 우리는 스스로의 지혜로 삶을 개척하는 막내돼지의 모습에서 여성들도 능동적으로 자신의 삶을 꾸려 나갈 계획을 세우고, 이를 실천에 옮길 수 있다는 것을 알 수 있다. 뿐만 아니라 이 책은 성차별에 대한 비판 능력 및 대응 능력을 길러 주는 데도 효과적이라고 할 수 있다.

로버트 먼치 글, 마이클 마르첸코 그림의 『종이 봉지 공주』(1992)에는 왕자를 구하러 가는 용감하고 씩씩한 공주가 등장한다. 공주는 무시무시한 용에 맞서 싸울 준비를 하느라 드레스와 유리구두가 아닌 종이 봉지를 뒤집어쓰고 등장한다. 그렇게 공주는 싸움에서 이겨 결국 왕자를 구하게 되지만, 왕자는 공주가 공주답게 꾸미지 않은 모습에 실망한다. 이에 공주는 당당히 자신도 외모를 보고 판단하는 왕자는 신랑감으로 필요 없다고 말한 뒤 과감히 떠난다. 그동안의 왕자와 공주이야기는 아름답고 멋진 등장인물이 나와, 그들이 요정이나 마녀의 도움으로 변신을 한 뒤, 결국엔 사랑을 얻게 된다는 행복한 결말이 대부분이었다. 그러나 이 그림책의 공주는 요정이나 마녀의 도움이 아닌 스스로의 지혜로 용을 물리치고, 드레스 대신 종이 봉지를 선택하며 사랑을 쟁취하고자 모험에 도전하는 모습을 보여 준다.

베빗 콜(Babette Cole) 글, 그림의 『내 멋대로 공주 *Princess Smarty pants*』(1997)도 여기에 해당한다. 가죽바지에 가죽재킷을 입은 공주를 상상해 본 적 있는가? 이 글의 주인공인 내 멋대로 공주는 별칭대로 자기가 하고 싶은 대로 하면서 사는 공주다. 오토바이를 타고 다니는가 하면 집엔 늘 쓰레기가 뒹군다. 이 책은 '내 멋대로 공주'라는 인물을 통해 다수의 기준에 의거한 아름다움을 추구하기 보다는 자신만의 개성을 가지고 유쾌하게 살아가는 모습을 보여 준 점이 인상적이다. 『내 멋대로 공주』는 시리즈로 출판되었으며, 즐거운 소재와 기발한 설정으로 성역할에 대한 자유로운 묘사가 돋보인다.

미주 목록

1) Broverman, J. R. et al.(1970). Sex role: Some cross-cultural and logitudinal perspectives. *Child Development, 63*, 1236-1250.
2) Broverman, J. R. et al.(1970). Sex role: Some cross-cultural and logitudinal perspectives. *Child Development, 63*, 1236-1250.
3) 장미경 편(1996). 오늘의 페미니즘. 세계여성운동. 서울: 도서출판 문원.
4) Tong, R. (1999). 페미니즘 사상 – 종합적 접근. 이소영 역. 서울: 한신문화사.
   정대련, 정연경(2001). 유아용 그림책에 관한 페미니즘적 접근. 아동학회지, 23(3), 3-11.
5) 성정아(1995). 창작 그림책에 나타난 성역할 고정관념의 변화. 이화여자대학교 대학원 석사학위 논문.
   신건호(1992). 아동의 성향성, 성고정관념과 성유형화된 활동의 선호와의 관계. 강남대논문집, 23, 283-297.
6) Mitchell, J. E., Baker, L. A., & Jacklin, C. N.(1989). Masculinity and ferminity in twin children; Genetic and environmental factors. *Child Development, 60*(6), 1475-1485.
   문혜옥, 윤미현(1992). 유아기의 성역할 학습에 관한 연구. 경주전문대논문집, 311-330.
7) 이성기(2010). "성차별 인권침해 표현 여전. 개정교과서 수정 삭제해야" 인권위, 교과부에 30여권 권고. 한국일보.
8) 성정아(1995). 창작 그림책에 나타난 성역할 고정관념의 변화. 이화여자대학교 대학원 석사학위 논문.
9) 정대련, 정연경(2001). 유아용 그림책에 관한 페미니즘적 접근. 아동학회지, 23(3), 3-11.
   Zeece, P. D. (2001). Meeting Children's needs with quality literature; Part one. Early Childhood *Educational Journal, 29*(3), 175-180.
10) A.M.Allen, D.N. Allen, & G.Sigler (1992). "Changes in Sex-Role Stereotyping in Caldecott Medal Award Picture Books 1928-1988". *Journal of Research in childhood Education, 2*, 67-73.
11) 안현진(2010). 그림책에 나타난 인물의 성별 출현도 및 역할 분석 – 2007년 개정 유치원 교육과정에 따른 [유치원 지도서]에 제시된 그림책을 중심으로. 부산대학교 교육대학원.
12) 성정아(1995). 창작 그림책에 나타난 성역할 고정관념의 변화. 이화여자대학교 대학원 석사학위논문.
13) 현은자, 변윤희(2004). 그림책에서 의인화된 동물 등장인물에 대한 아동의 반응. 어린이문학교육연구, 5(2), 31-61.
14) 안현진(2010). 그림책에 나타난 인물의 성별 출현도 및 역할 분석 – 2007년 개정 유치원 교육과정에 따른 [유치원 지도서]에 제시된 그림책을 중심으로. 부산대학교 교육대학원.
15) 김홍숙(1996). 성평등 대안동화 개발에 관한 연구. 서울: 한국여성개발원.

김현숙(2003). 성평등 그림책 읽어주기가 만 3세 유아의 성역할 고정관념에 미치는 영향. 성균관교육대학원 석사학위 논문.
16) 문종란(2003). 성평등 그림 동화 들려주기 및 관련활동이 유아의 성역할 고정관념에 미치는 영향. 중앙대학교 교육대학원 석사학위논문.
17) 이정임(2008). 성역할 정체감 유형과 직업포부와의 관계 연구. 아주대학교 교육대학원 석사학위 논문.
18) 장명선(2007). 성평등 실현을 위한 적극적 조치에 관한 연구. 이화여자대학교 대학원 박사학위 논문.
19) 유은석(2006). 가정과 연계한 그림책 활동이 유아와 어머니의 성역할 고정관념에 미치는 영향. 미래유아교육학회, 15(1), 1-22.
20) 안현진(2010). 그림책에 나타난 인물의 성별 출현도 및 역할 분석 – 2007년 개정 유치원 교육과정에 따른 [유치원 지도서]에 제시된 그림책을 중심으로. 부산대학교 교육대학원.
21) 안현진(2010). 그림책에 나타난 인물의 성별 출현도 및 역할 분석 – 2007년 개정 유치원 교육과정에 따른 [유치원 지도서]에 제시된 그림책을 중심으로. 부산대학교 교육대학원.
22) Derman-Sparks, Louise(1989). Anti-bias curriculum: Tools for empowering young children. National Association for the Education of Young Children, 1834 Connecticut Avenue, NW, Washington, DC.
23) Kortenhaus, Carole, M., and Jack Demarest(1993). "Gender role stereotyping in children's literature: An update." *Sex Roles* 28.3-4: 219-232.

웹사이트

통계청(2015). 경제활동 인구조사 http://www.kosis.kr
고용노동부(2012). 고용형태별 근로실태조사 http://www.moei.go.kr
여성가족부(2012). 여성정책 수요조사 http://www.mogef.go.kr

참고 그림책 목록

고대영 글, 한상언 그림(2007). 아빠와 아들. 서울: 길벗어린이.
유진희 글, 그림(2013). 아빠! 머리 묶어 주세요. 서울: 한울림어린이.
이은화 글, 이혜정, 정지은 그림(2003). 엄마는 비행사. 한국어린이육영회.
최서윤 글, 윤샘 그림(2009). 공주양말. 서울: 별똥별.
Anthony Browne(1990). *Piggybook*. 허은미 역(2001), 돼지책. 서울: 웅진주니어.
Babette Cole(1997). *Princess Smartypants*. 노은정 역(2005). 내 멋대로 공주. 서울: 비룡소.

Frederic Sther(1999). *Les Trois Petites Cochonnes*. 주니어파랑새 편집부 역(1999). 아기돼지 세 자 매. 서울: 주니어파랑새.

Margaret Wild(1989). *Mr. Nick's Knitting*. illustrated by Dee Husley. 창작집단 바리 역(2002). 닉아 저씨의 뜨개질. 서울: 중앙출판사.

Mo Willems(2007). *Knuffle Bunny Too : A Case of Mistaken Identity*. 정희성 역(2008). 내 토끼 어딨어? 서울: 살림어린이.

Munro Leaf(1936). *The Story of Ferdinand*. illustrated by Robert Lawson. 정상숙 역(1998). 꽃을 좋아하는 소 페르디난드. 서울: 비룡소.

Pirkko Vainio(2008). *Voor wie wil vliegan*. 이상희 역(2001). 하늘을 날고 싶은 아기 새에게. 서울: 토트북.

Robert Munsch(1992). *The Paper Bag Princess*. illustrated by Micheal Martchenko. 김태희 역 (1998). 종이 봉지 공주. 서울: 비룡소.

William Steig(1993). *Irene, La Valiente*. 김서정 역(2000). 용감한 아이린. 서울: 웅진주니어.

제9장 빈 곤

매년 10월 17일은 UN이 빈곤(Poverty) 근절과 국제적 관심 촉구를 위해 지정한 '세계 빈곤퇴치의 날'이다. 빈곤은 인류가 부를 축적하면서부터 발생한 사회현상이기 때문에 아주 오랫동안 우리 사회에 존재해 왔고 자본주의와 산업화로 인하여 가속화되었다. 오늘날 빈곤으로 인한 사회 · 경제적 불평등과 빈곤 계층의 인권 문제는 국가적 차원을 넘어 전 세계적으로 해결해야 하는 숙제로 남아 있다.

빈곤(poverty)이란 사전적으로 "기본적 욕구가 충족되지 않은 상태"[1]를 의미한다. 미국의 심리학자 매슬로(Abraham H. Maslow)는 인간은 생리적 욕구와 같은 낮은 단계의 욕구에서부터 자아실현의 욕구와 같은 높은 단계의 욕구까지 위계적 욕구를 가지고 태어나는데 하위의 욕구가 충족되어야 그 다음 단계의 욕구가 발생한다고 하였다.[2] 이러한 관점에서 보면 빈곤은 안전, 애정, 소속감, 자아존중과 같은 상위의 욕구는 물론이고 생존에 필요한 최소한의 욕구조차 만족되지 못하는 상태를 말한다.[3] 빈곤의 유형은 크게 절대적 빈곤과 상대적 빈곤으로 나뉘는데 절대적 빈곤(absolute poverty)은 '생계를 유지할 만한 수준의 소득을 가질 수 없는 상태'를 말하고, 상대적 빈곤(relative poverty)은 '자산과 소득이 너무 적은 탓에 주류 사회에서 누리는 생활수준을 유지할 수 없는 상태'를 말한다.

우리나라는 경제 성장과 함께 지속적으로 절대적 빈곤율이 감소하고 있기는 하지만 여전히 저소득층의 복지와 인권 문제가 매년 사회적 이슈로 대두되고 있다. 매해 우리는 생활고에 시달리다 자녀를 살해하고 자신도 목숨을 끊었다는 기사를 접하고 있다. 한국보건사회연구원(2013)의 빈곤통계연보에 따르면, 1인 가구를 포함한 전 가구를 기준으로 국내의 2012년 절대적 빈곤율은 시장소득 기준으로 11.1%에 달하며 중위소득 50% 미만의 상대적 빈곤율은 시장소득 기준 16.3%로 나타났다.[4] 지구촌으로 시야를 넓히면 빈곤의 문제는 더욱 심각하다. 빈곤의 국제적 현황을 살펴보면 2010년 기준으로 전 세계 12억 명이 하루 1.25달러 이하로 생활하는 절대적 빈곤 상태인 것으로 나타났다.[5]

최근에는 여성빈곤, 노인빈곤 문제와 더불어 '아동빈곤' 문제가 지적되고 있다. 아동빈곤이란 보통 18세 미만의 아동이 빈곤한 가족에 속해 있는 경우를 말하는데, 이는 물질적 복지, 건강과 안전, 교육, 위험행동, 주거 및 환경의 측면에서 빈곤아동의 삶의 질에 부정적인 영향을 미치는 것으로 나타났다.[6] 한국보건사회연구원(2013)의 빈곤통계연보에 따르면 2012년 우리나라 아동 100명 중 6.1명이 절대빈곤아동으로 100명 중 9.5명이 상대빈곤아동으로 조사되었다.[7] 특히 아동들은 다른 연령층에 비해서 사회정책적인 관심을 덜 받기 때문에 그 심각성이 더 크다고 할 수 있다. 또한 몇몇 국가에서는 아동빈곤이 '아동노동'이라는 악순환으로 연결된다. 국제노동기구(ILO)는 아동노동을 5~17세 빈곤층 미성년자의 기본적 권리를 배척당한 가혹한 노동으로 정의하고 매년 6월 12일을 '세계 아동노동 반대의 날'로 지정하였다. 국제노동기구의 통계 보고서(2013)에 따르면 2012년 기준 1억 6,800만 명(약 11%)이 아동노동으로 고통받고 있는 것으로 나타났다.[8)]

'노숙인(homelessness)' 문제 또한 빈곤과 관련한 심각한 사회문제 중 하나다. 노숙인은 "정해진 주거 없이 주로 공원, 거리, 역, 버려진 건물 등을 거처로 삼아 잠을 자며 생활하는 사람"을 말하는데[9)] IMF 경제 위기 이후 실업자의 증가로 노숙인이라는 사회적 빈민 계층이 등장하면서 노숙인 문제가 사회문제로 대두되기 시작하였다.

아동빈곤과 노숙인 문제는 빈곤문제와 악순환의 고리로 연결되어 있다. 경제 상황 악화와 산업구조 개편으로 인한 실직은 노숙인과 빈곤가정을 양산하고 빈곤가정의 아동은 자연스레 저학력, 저임금 일자리로 내몰려 결과적으로 빈곤을 대물림받게 된다. 이렇게 사회 · 경제적 빈민 계층이 된 이들은 그들이 마땅히 누려야 하는 인권을 보장받지 못하기 때문에 이들의 문제해결과 빈곤층 문제에 대해 관심을 촉구하는 많은 운동들이 일어나고 있다.

우리 사회 깊숙이 침투해 있는 이러한 빈곤문제는 옛이야기와 아동문학에서도 찾아볼 수 있다. 『흥부와 놀부』와 같은 옛이야기에서도 빈곤으로 인한 불평등 현상이 나타나고 한스 안데르센(Hans Christian Andersen)의 『성냥팔이 소녀』 이야기에서도 아동빈곤 문제를 접할 수 있다. 김중미의 『괭이부리말 아이들』(2001)과 같은 아동문학에서는 가난하던 시절의 어려운 생활 속에서도 따뜻함을 잃지 않는 아동들을 만날 수 있다. 그러나 그림책에서는 빈곤과 관련된 내용의 작품을 찾아보기 힘들다. 주인공의 열악한 환경이 배경으로 등장하는 경우는 있으나 '아동노동' '노숙인'과 같은 빈곤과 관련된 사회문제를 다룬 그림책은 거의 없다. 국외에서는 빈곤과 관련된 사회문제를 다룬 그림책들이 꾸준히 출판되고 있고 그에 대한 연구들 —그림책에 나타난 빈곤의 이미지를 분석한 연구,[10)] [11)] 그림책에 나타난 노숙인에 대한 연구[12)] 등 —도 진행되고 있지만 국내에는 빈곤과 관련된 사회문제를 다룬 그림책이 거의 없는 실정이며 이에 대한 연구 또한 부족한 실정이다. 따라서 이 장에서는 빈곤과 관련된 사회문제들을 직접 다루고 있는 국내외 그림책을 소개하고자 한다. 작품들에는 번역되지 않은 외국 그림책, 번역 그림책, 그리고 국내 작가의 그림책이 포함된다.

1. 빈곤과 관련된 통계 현황

1) 국내외 빈곤 현황

한국보건사회연구원에서는 빈곤과 불평등의 실태를 정확하게 파악하기 위하여 매년 '빈곤통계연보'를 발간하고 있다. 가장 최근에 발간된 2013년 빈곤통계연보(<표 9-1> 참조)에 따르면, 1인 가구를 포함한 전 가구를 기준으로, 2012년의 절대빈곤율은 시장소득 기준으로 11.1%로 나타났고 2012년 중위소득 50% 미만의 상대빈곤율은 시장소득 기준으로 16.3%로 조사되었다.

2012년 세계은행이 발표한 '세계빈곤실태 모니터'에 따르면, 하루 1.25달러 미만으로 생활하는 절대빈곤층은 전 세계적으로 12억 명에 달하며 이 중 약 4억 명이 아동으로 나타났다. 지난 1981년부터 2010년까지 약 7억 2,100만 명이 절대빈곤상태에서 벗어났지만 여전히 세계 인구의 약 18%에 해당하는 인구는 극심한 빈곤으로 고통받고 있다. 특히 극빈자 3명 중 1명은 13세 이하로, 아동 극빈인구는 무려 약 4억 명에 달한다.[13)] 국가별 빈곤율은 [그림 9-1]과 같다.[14)]

〈표 9-1〉 2010~2012년 절대빈곤율과 상대빈곤율

구분	절대빈곤율	2010년	2011년	2012년	증감률 (2011년 대비)
절대빈곤율 (단위: %)	시장소득	12.1	12.0	11.1	-7.3
	경상소득	7.9	7.8	7.6	-2.9
	가처분소득	9.6	9.6	9.1	-6.0
	소비지출	11.7	10.9	10.7	-2.0
	가계지출	6.3	6.0	5.7	-4.6
상대빈곤율 (단위: %)	시장소득	17.0	17.0	16.3	-3.9
	경상소득	14.0	14.1	14.3	1.0
	가처분소득	14.3	14.3	14.0	-1.8
	소비지출	8.4	8.6	7.9	-8.2
	가계지출	9.9	9.7	9.1	-6.1

출처: 빈곤통계연보(2013).

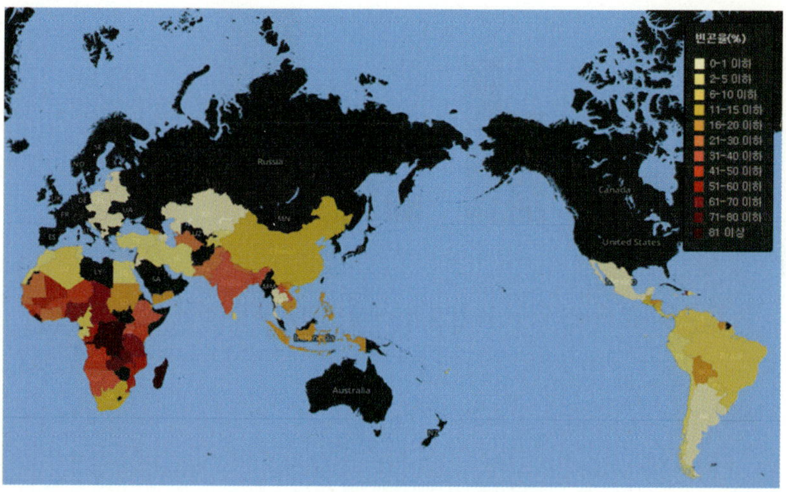

[그림 9-1] 국가별 빈곤율

출처: 연합뉴스(2013).

2) 아동빈곤 현황

2013년 빈곤통계연보([그림 9－2] 참조)에 따른 우리나라의 아동빈곤율은 2012년 시장소득 기준, 절대빈곤율 6.1%, 상대빈곤율 9.5%로 나타났다.[15] 다시 말해, 아동 100명 중 6명은 절대빈곤아동이고, 100명 중 9명은 상대빈곤아동인 것이다.

국제적으로 아동빈곤율을 비교했을 때 우리나라는 2000년 당시 9.8%의 아동빈곤율을 보였으며, 당시 가장 높은 아동빈곤율을 보인 국가는 멕시코로 26.9%였고, 미국(21.9%)이 그 뒤를 이었다. OECD 국가의 아동빈곤율을 비교한 그림은 [그림 9－3]과 같다.[16]

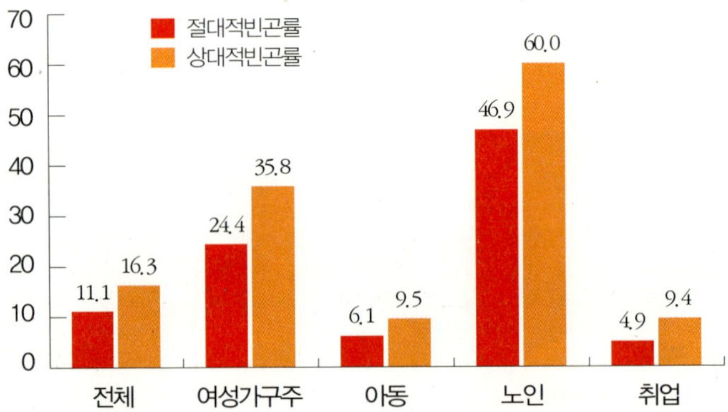

[그림 9-2] 인구 유형별 빈곤율: 2012 시장소득 기준

출처: 빈곤통계연보(2013).

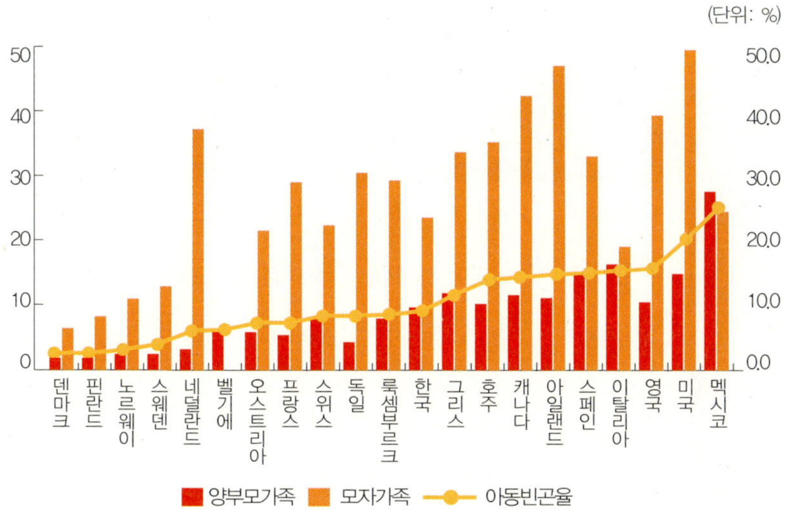

[그림 9-3] OECD 국가의 아동빈곤율: 중위 50% 이하 비교

출처: 김미숙 외(2007).

3) 아동노동 현황

국제노동기구의 통계 보고서(<표 9-2> 참조)(2013)에 따르면 2012년 기준, 약 1억 6,800만 명(10.6%)이 아동노동으로 고통받고 있는 것으로 나타났다.[17] 특히 극심한 신체적 · 정서적 위험에 처한 채 노동을 하고 있는 아동은 5.4%였고 지역적으로는 사하라 이남 아프리카에서 가장 많은 아동노동이 이루어지는 것으로 나타났다.

〈표 9-2〉 성별, 연령, 지역별 아동노동현황

		전체 아동	고용아동		노동아동		위험군	
		('000)	('000)	%	('000)	%	('000)	%
전체(5-17세)		1,585,566	264,427	16.7	167,956	10.6	85,344	5.4
성별	남아	819,877	148,327	18.1	99,766	12.2	55,048	6.7
	여아	765,690	116,100	15.2	68,190	8.9	30,296	4.0
지역	아시아, 태평양	835,334	129,358	15.5	77,723	9.3	33,860	4.1
	라틴아메리카, 카리브해 지역	142,693	17,843	12.5	12,505	8.8	9,638	6.8
	사하라 이남 아프리카	275,397	83,570	30.3	59,031	21.4	28,767	10.4
	중동, 북아프리카	110,411	13,307	12.1	9,244	8.4	5,224	4.7

출처: ILO(2013).

아동노동의 분야별 분포를 살펴보면 [그림 9-4]와 같이 1억 6,800만 명의 아동 중 약 59%인 9,800만 명은 농업에 종사한다. 7% 정도에 해당하는 1,200만 명의 아동들은 공장에서 일하고 있다.

4) 노숙인 현황

2012년 전국노숙인실태조사 결과보고([그림 9-5] 참조)에 따르면 전국의 노숙인 수는 1만 3,262명으로 거리에서 노숙을 하는 사람이 1,811명, 노숙인 시설에서 거주하는 사람이 1만 1,451명인 것으로 나타났다.[18] 그러나 조사 여건의 한계 등을 감안하면 실제 노숙인의 수는 조사결과보다 더 많을 것으로 추측된다.

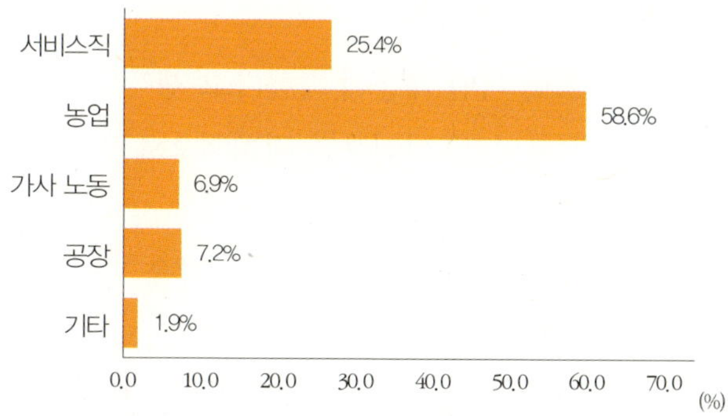

[그림 9-4] 아동노동의 분야별 분포

출처: ILO(2013).

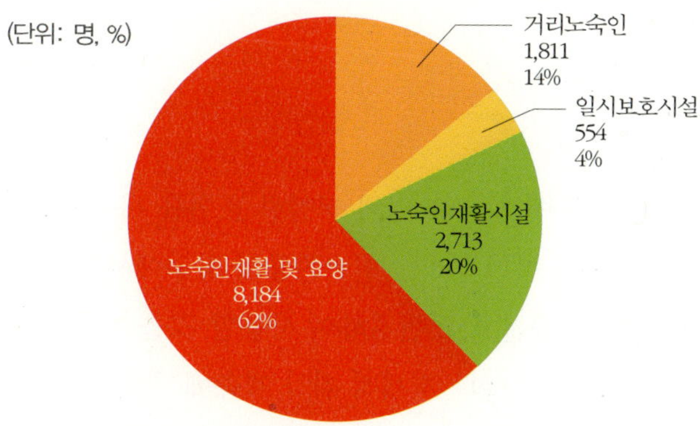

[그림 9-5] 거리노숙인 및 노숙인 시설 인원 분포 현황

출처: 이정규(2012).

2. 토론 문제

- 우리 사회는 빈곤의 문제를 어떻게 바라보고 있습니까? 사회는 그들을 위해 무엇을 하고 있습니까?
- 당신은 경제적으로 어떤 계층에 속한다고 생각합니까? 빈곤의 원인은 무엇이라고 생각합니까? 자신보다 경제적으로 빈곤한 계층을 보면 어떤 생각이 듭니까?
- 아동들은 '가난한 사람들'을 보고 어떤 생각을 가질 것 같습니까? 아동들은 빈곤의 원인을 무엇이라고 생각할 것 같습니까?
- 아동들에게 '빈곤'이 나타난 그림책을 언제 소개하는 것이 적당하다고 생각합니까?
- 아동들에게 '빈곤'이 나타난 그림책을 소개한다면 그림책을 통해 어떤 태도와 가치관을 심어 주어야 한다고 생각합니까?

3. 평가 준거

- 빈곤과 관련된 용어 사용에 있어 적절한 표현을 사용해야 한다. 2000년 '노숙인 다시서기 지원센터'는 인권존중의 차원에서 '부랑자' '노숙자'라는 용어 대신 '노숙인'으로 변경하여 사용할 것을 제안했다. 또한 '달동네' '빈민촌'과 같이 사회 · 경제적 취약 계층에 대한 편견을 제공할 여지가 있는 단어를 사용할 때에는 주의를 기울여야 한다.
- 빈곤의 원인이 개인의 게으름이나 나태함과 연관되어서는 안 된다. 빈곤의 원인은 크게 개인적 관점과 사회적 관점으로 나눠 볼 수 있다. 전자는 빈곤의 원인을 개인적 특성에 기인한 것으로 보고, 후자는 빈곤이

사회 구조적 문제에서 비롯된 것으로 본다.[19] 이와 관련하여 사회학자 장 지글러(Jean Jiegler)는 기아의 원인을 자연재해, 정치부패, 시장가격 조장, 전쟁 등으로 이해한다.[20] 특히 과거에는 노숙인에 대해서 걸인 혹은 정신병자라는 식으로 이해하여 이들을 격리해야 할 존재로만 생각했으나 이는 노숙인들에 대한 편견을 조장하는 것이다. 따라서 빈곤과 노숙인을 다룬 그림책에서는 빈곤과 노숙 경로에 대한 정확한 원인 제시 없이 개인의 나태함과 게으름으로 인해 빈곤과 노숙인이 발생한다는 잘못된 믿음을 가지게 해서는 안 된다.

- 캐릭터와 배경에 있어 빈곤 계층에 대한 고정관념을 줄 수 있는 정보가 제공되어서는 안 된다. 빈곤이 특정 인종, 성별, 민족, 연령 등에서 발생한다는 믿음을 심어 주어서는 안 되며 그들을 묘사함에 있어서 글과 그림 모두에서 단순화된 표현을 지양해야 한다. 유은제(2014)는 사회적 이슈를 다룬 그림책 중 빈곤이 나타난 그림책에 내포된 의미와 조형적 특성을 살펴보기 위해 빈곤에 관한 그림책을 선정하여 이를 롤랑 바르트의 의미 분석 모델을 바탕으로 내용 분석하고, 각 그림책에서 빈곤을 어떻게 묘사하였는지 그 양태를 분석하였다. 연구의 결과, 빈곤에 관한 그림책은 사실적으로 묘사된 색채와 조형 표현을 통해 그림책의 이야기가 현실을 반영한 진실임을 말하고 있다는 것이 밝혀졌다.[21] 빈곤을 다룬 그림책들이 실제성이 있는 상위 양태, 직설 양태를 사용함으로써 독자들이 그림책의 이야기에 감정이입하고 스스로를 등장인물과 동일시하여 그림책의 내용이 실제로 일어났던 일이라고 생각하게 된다는 것이다. 따라서 그림책은 빈곤 계층의 여러 삶의 모습을 사실적으로 묘사하여 독자에게 빈곤층의 삶을 이해할 수 있는 기회를 제공해야 한다.
- 빈곤문제를 해결하기 위한 방법이 현실적으로 제시되어야 한다. 빈곤문제는 개인이 해결할 수 있는 차원의 문제가 아니다. 한 개인의 영웅

적인 활약이나 우연히 얻어진 행운으로 어느 날 갑자기 부자가 되는 일은 현실에서 흔히 일어나지 않는다. 또한 빈곤문제를 해결하기 위한 방법이 일반 독자뿐만 아니라 빈곤 계층에 속해 있는 독자들에게도 도움을 줄 수 있어야 한다. 나아가 치유의 관점에서 빈곤문제에 처해 있는 아동뿐만 아니라 성인까지도 빈곤을 다룬 그림책을 통해 공감하고 위로받을 수 있는 내용을 담고 있어야 한다.

- 사회 · 경제적 취약계층의 다양한 모습을 보여 주는 그림책을 선정해야 한다. 사회적 이슈를 담은 그림책은 다양한 방식으로 이슈와 관련된 개념과 관점을 제공하고 아동들은 그림책을 통해 이와 관련된 개념을 정립할 수 있는 기회를 제공받는다.[22] 따라서 그림책은 다양한 방식으로 사회적 문제를 둘러싼 삶의 여러 모습을 보여 주어 아동이 자신을 둘러싼 사회를 이해하는 데 도움을 주어야 한다.

4. 소주제 설명 및 그림책 서평

우리는 세상에 첫발을 내딛는 아동들에게 아름다운 세상을 선물하고 싶다. 그러나 현실에는 빛의 그림자에 가려진 어둠이 존재한다. 우리 사회의 여러 문제들은 우리 주변에 항상 존재하지만 주의를 기울이지 않으면 지나쳐 버리기 쉽다. 때문에 다양한 분야에서 소외된 이웃을 돌아보려는 움직임이 일어나고 있다. 그림책 분야에서도 마찬가지로 우리 사회의 문제를 사실적으로 묘사하여 무관심하게 지나쳤던 우리 주변의 이웃들을 돌아보고 새로운 시각을 제시하고자 하는 작가들이 등장하고 있다. 그러나 그 묘사에 있어 빈곤의 주인공이 열악한 환경을 설명해 주는 배경으로 등장하는 경우가 대부분이고 빈곤의 문제가 직접적으로 주제로 부각되는 경우는 그림책에서 거의 찾아

보기 힘들다. 따라서 이 장에서는 국내에서 번역되지 않은 그림책을 포함하여 빈곤이 주제로 드러나는 그림책의 소주제를 '빈곤가정' '아동빈곤' '아동노동' '노숙인'으로 나누어 소개하고자 한다.

1) 빈곤가정을 다룬 그림책

빈곤은 다양한 경로를 통해서 발생한다. 유리 슐레비츠(Uri Shulevitz) 글, 그림의 『내가 만난 꿈의 지도 *How I Learned Geography*』(2008)에서는 전쟁으로 인해 모든 것을 잃은 가족이 등장하고, 베라 B. 윌리엄스(Vera B. Williams) 글, 그림의 『엄마의 의자 *A Chair for My Mother*』(1982)에서는 집에 난 화재로 살림살이를 모두 잃은 가족이 등장한다. 바바라 슈크 하젠(Barbara Shook Hazen) 글, 트리나 샤르트 하이만(Trina Schart Hyman) 그림의 『힘든 때 *Tight times*』(1983)에는 아버지의 실직으로 어려운 시기를 맞은 가족이 나타난다.

작가 유리 슐레비츠의 실화를 담은 『내가 만난 꿈의 지도』(2008)는 전쟁으로 모든 것을 잃고 다른 나라로 이주하게 된 가족의 힘든 삶이 묘사되고 있다. 손바닥만 한 방에서 낯선 부부와 함께 살아야 했고 흙바닥에서 잠을 자야 했고 장난감, 책은 물론이고, 먹을 것도 부족했던 가족의 소년은 어느 날, 소년의 아버지가 빵 대신 사 온 지도를 보며 지도 속 세계를 여행하고 이를 통해 배고픔과 어려움을 모두 잊은 채 마법과 같은 시간을 보낸다. 그림책 초반의 힘든 삶과 소년이 여행하는 세계의 아름답고 풍요로운 세상이 대조되어

나타난다.

베라 B. 윌리엄스 글, 그림의 『엄마의 의자』(1982)는 주인공이 처한 빈곤의 어려움을 강조하기보다 빈곤한 환경을 이겨 내는 주인공의 성장스토리를 중점적으로 다루고 있다. 갑작스런 화재로 집이 모두 타 버렸지만 이웃들의 도움으로 새 보금자리에서 살게 된 주인공은 커다란 유리병에 돈을 모아 엄마가 편히 쉴 수 있는 의자를 구입한다. 우리는 엄마와 할머니, 주인공만 그려진 가족사진을 통해 아버지가 부재하다는 사실을 알 수 있다. 그러나 밝은 색채와 다채로운 프레임을 사용한 묘사는 이 가족이 희망을 잃지 않고 살아가고 있음을 보여 준다.

바바라 슈크 하젠 글, 트리나 샤르트 하이만 그림의 『힘든 때』(1983)는 경제적으로 어려운 시기를 맞게 된 가족이 겪는 이야기를 담고 있다. 주인공 남자아이는 강아지를 기르고 싶어 하지만 부모님은 '힘든 때'라서 안 된다고 한다. 그러던 어느 날, 아빠가 실직해서 집으로 돌아오셨고 부모님은 주인공에게 잠깐 밖에 나가 있으라고 한다. 그때 마침 주인공은 집 앞 쓰레기통에서 작은 아기 고양이를 발견하고 집으로 데리고 들어와 새 식구로 맞이하게 된다. 이 그림책은 사회·경제적 어려움이 가장의 실직으로 이어지면서 '빈곤'이라는 어려움에 처한 가족의 상황을 아이의 시선으로 담담하게 그려 내고 있다. 아동들에게 거리감이 있는 전쟁이나 화재와 같은 원인이 아닌 실제 우리 주변에서 흔하게 볼 수 있는 실직으로 인한 빈곤을 다루면서, 흑백의 그림을 사용해 그 어려움을 더욱 더 사실적으로 보여 준다.

사라 스튜어트(Sarah Stewart) 글, 데이비드 스몰(David Small) 그림의 『리디아의 정원 *The Gardener*』(1997)과 일라이자 바톤(Elisa Bartone) 글, 테드 르윈(Ted

Lewin) 그림의 『페페 가로등을 켜는 아이 *Peppe the lamplighter*』(1997) 또한 미국 사회에서 사회 · 경제적 어려움으로 인해 빈곤에 처한 가정의 모습을 담아 냈다. 『리디아의 정원』(1997)은 아버지가 오랫동안 일자리를 구하지 못하여 외삼촌댁에서 지내게 된 '리디아'가 외삼촌을 위해 정원을 가꾸는 이야기다. 글은 '리디아'가 가족들에게 보내는 편지 형식으로 이루어져 있고 그림은 '리디아'의 생활을 보여 준다.

독자는 글과 그림을 통해 '리디아'의 불안 혹은 설렘과 같은 감정을 유추하며 '리디아'가 새로운 환경에 적응하고 외삼촌과의 관계를 형성해 가는 과정을 엿볼 수 있다.

작가의 할아버지가 이탈리아에서 미국으로 이주하게 되면서 직접 겪은 실화를 담은 『페페 가로등을 켜는 아이』(1997)는 가난한 가족을 위해 가로등 켜는 일을 해야 했던 '페페'라는 소년의 이야기다. 사실적으로 묘사된 '페페'의 이야기를 통해 독자는 당시 미국 사회에서 어렵게 살아가던 이민자들의 모습을 만나 볼 수 있으며, 전체적으로 깔려 있는 어두움 속에서 더욱 밝게 빛나는 가로등 불빛은 어려운 삶 속에서도 희망을 잃지 않았던 이민자들의 모습을 보여 준다.

2) 아동빈곤을 다룬 그림책

대부분의 아프리카 국가들은 극심한 빈곤에 시달리고 있다. 아프리카 중앙에 위치한 우간다 역시 오랜 내전으로 인한 빈곤과 기아 문제로 국제구호

단체들의 도움을 받고 있다. 2014년 국내에서 출판된 앨마 풀러턴(Alma Fullerton) 글, 캐런 팻카우(Karen Patkau) 그림의 『춤추는 운동화 *A Good Trade*』(2013)는 우간다의 작은 마을에 사는 '카토'의 이야기를 담고 있다. '카토'는 신발도 신지 못한 채 우물에서 가족들이 쓸 물을 기르고 집안일도 해야 한다. 그러던 어느 날, 마을에 국제구호대가 오게 되자 카토는 구호대 누나에게 줄 양귀비꽃을 꺾어 건네고 새 운동화를 선물 받는다. 이처럼 『춤추는 운동화』(2013)는 신발장에 신발이 넘쳐나는 오늘날의 어린 독자들에게 지구 반대편 아동의 모습을 생각해 볼 수 있는 기회를 제공한다.

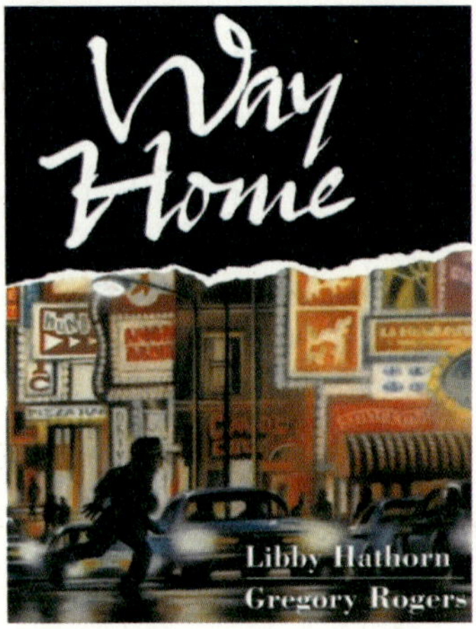

국내에 번역되어 출판되지 않았지만 빈곤아동이 처한 위험을 사실적으로 묘사한 호주의 리비 하손(Libby Hathorn) 글, 그레고리 로저스(Gregory Rogers) 그림의 『*Way Home*』(1994)은 '셰인(Shane)'이라는 소년이 어두운 밤 도시의 뒷골목에서 이름 없는 작은 고양이를 발견하면서 시작된다. 셰인은 이 작은 고양이를 재킷에 품고 집으로 데려간다. 하지만 집으로 가는 길이 순탄하지만은 않다. 화려한 조명이 빛나는 도시는 어린 셰인과 작은 고양이를 위협하는 위험한 곳이다. 우여곡절 끝에 셰인이 고양이와 함께 안전한 곳이라며 당도한 곳은 그의 집. 어두운 골목 깊숙한 곳에 자리 잡은 잘려진 철조망 사이로 간신히 어린아이 하나가 들어갈 수 있는 정도의 작은 공간이다. 작가는 빈곤아동이 처한 위험을 표현하기 위해 글과 그림의 경계에 찢어진 종이의 질감을 사용하여 현실감을 더했다.

3) 아동노동을 다룬 그림책

국내에는 아동노동이 법으로 금지되어 있어 그 심각성이 피부로 와 닿지 않지만 현재에도 아동노동은 세계 곳곳에서 행해지고 있다. 이러한 문제를 아동의 시각에서 다룬 그림책으로는 강경수 글, 그림의 『거짓말 같은 이야기』(2011)와 폴 티에스(Paul Thiès) 글, 크리스토프 메를랭(Christophe Merlin) 그림의 『자이, 자유를 찾은 아이 *Jaï*』(2001)가 있다.

『거짓말 같은 이야기』(2011)는 믿기 힘들 정도로 어려운 상황에 처해 있는 세계 여러 나라 아동들의 목소리를 들려준다. 키르키스스탄에 사는 '하산'은 매일 지하 갱도에서 석탄을 실어 올리고, 인도의 '파니어'는 공장에서 매일 열네 시간씩 카펫을 만들며, 루마니아에 사는 '엘레나'는 3년째 거리의 맨홀에서 살고 있다. 대한민국에 사는 주인공 '솔이'는 이러한 이야기들이 믿기지 않는다. 하지만 이 그림책은 이 이야기들이 모두 '거짓말 같은 우리의 진짜 이야기'라고 말한다. 2011년 볼로냐 국제 어린이 도서전에서 라가치 상을 수상한 이 그림책은 전쟁, 기아, 종교 갈등 등으로 야기된 아동빈곤, 아동노동으로 고통받는 아동들의 인권을 다시 한 번 생각하게 한다.

『자이, 자유를 찾은 아이』(2001)는 인도의 대도시에서 노예처럼 살아가는 아이 '자이'의 이야기다. 가난한 농부인 자이의 부모는 자이를 양탄자 공장에 팔아

노동자로 일하게 한다. 하루 열다섯 시간씩 베틀 앞에서 무릎을 꿇고 양탄자를 짜야 했던 자이는 어느 날 자신이 짠, 하늘을 나는 양탄자를 타고 공장 주인과 그 딸에게 가서 자유를 달라고 한다. 그러나 그 때문에 더욱 심한 학대와 노동에 시달리고, 결국엔 공장을 탈출하여 혼자 힘으로 살아가는 법을 배우기 시작한다. 작가는 비행기와 로켓이 날아다니는 21세기에 하루 종일 양탄자를 짜며 학교도 가지 못하고 맨바닥에서 자야 했던 노예 아동들의 모습을 환상적인 요소를 담아 표현하고 있다.

1992년 출판된 셜리 앤 윌리엄스(Sherley Anne Williams) 글, 캐롤 바이어드(Carole Byard) 그림의 『*Working Cotton*』(1992) 또한 목화밭에서 일하는 주인공 여자아이 '셸란(Shelan)'의 이야기를 통해 아동노동의 현실을 보여 주는 그림책이다. 셸란의 가족들은 새벽부터 밤까지 목화밭에서 일을 한다. 물론 다른 아이들도 목화밭에서 일을 하지만 그들을 마주치는 일은 드물다. 우리는 셸란의 아버지가 셸란에게 목화가 피는 것이 자신들에게는 행운이라고 말하는 장면을 통해 힘겹지만 희망을 잃지 않는 모습을 엿볼 수 있다. 아름다운 목화밭에서 고되게 일하는 노동자들의 모습이 강렬한 색채로 그려져 있는 것이 인상적이다.

4) 노숙인을 다룬 그림책

사회문제를 다루는 미국 작가 이브 번팅(Eve Bunting) 글, 로날드 힘러(Ronald Himler) 그림의 『*Fly Away Home*』(1991)은 노숙문제를 주제로 한 대표적인 그림책이라고 할 수 있다. 주인공 '앤드류(Andrew)'와 그의 아버지가 함께하는 공항 터미널에서의 노숙 생활은 앤드류의 목소리를 통해 자세하게 묘사되고 있다. 앤드류와 그의 아버지는 공항에서 쫓겨나지 않기 위해 여행객처럼 입고 공항 터미널 의자에서 잠을 자며 공항 화장실에서 씻는다. 아버지는 돈을 벌기 위해 일을 하지만 노숙 생활이 바로 해결되지는 않는다. 앤드류는 공항 터미널 안으로 길을 잃고 들어온 한 마리 새가 밖으로 나가기 위해 고군분투하다가 결국엔 열려진 문틈으로 날아가는 모습을 보고 자신도 언젠가는 그 공항 터미널에서 벗어날 것이라는 희망을 품게 된다.

1996년 출판된 미국 작가 패트리샤 폴라코(Patricia Polacco) 글, 그림의 『*I Can Hear the Sun*』(1996)은 오클랜드의 메리트 호수에서 살고 있는 고아 소년 '폰도(Fondo)'와 눈 먼 거위의 이야기다. 슬프고 외롭게 살던 폰도는 호수 관리인 '스테파니 미셸(Stephanie Michele)'을 만나 호수의 거위들을 돌보게 된다. 폰도와 미셸은 거위들이 따뜻한 남쪽으로 떠날 준비를 하게 되었을 때 호수에 살던 눈 먼 거위의 준비를 적극 돕는다. 작가는 호수 주변에서 살고 있는 아동 노숙자 폰도와 눈 먼 거위의 모습을 통해 믿음과 희망으로 기적을 이룰 수 있음을 보여 준다.

너새니얼 래첸메이어(Nathaniel Lachenmeyer) 글, 로버트 잉펜(Robert Ingpen) 그림의 『부러진 부리 *Broken Beaks*』(2003)는 부리가 부러진 참새가 떠돌이 노숙인을 만나 서로 의지하며 살게 된다는 내용을 담고 있다. 어느 날 갑자기 이유도 모른 채 부리가 부러진 꼬마 참새는 친구들에게 버림받고 사람들에게도 외면당하며 점점 야위어 간다. 그러던 어느 날 저녁, 꼬마 참새는 슬프고 외로워 보이는 떠돌이 노숙인을 만나 빵 조각을 나눠 먹는다. 그들은 서로가 같은 처지임을 깨닫고 친구로서 의지하게 된다. 공원을 지나치는 사람들의 외면 속에서 참새와 노숙인이 서로에게 의지하여 살아간다는 결말은 주변의 약자의 목소리에 귀 기울이지 못하는 우리에게 분명한 메시지를 전달한다.

노숙의 문제를 동물을 통해 표현한 그림책들도 있다. 스티븐 마이클 킹(Stephen Michael King)글, 그림의 『내 이름은 똥개 *Mutt Dog*』(2005)와 장 프랑수아 뒤몽(Jean-François Dumont) 글, 그림의 『나는 곰입니다 *Je suis un ours*』(2010)와 같은 그림책이 이에 해당한다. 먼저 도시에서 살고 있는 주인 없는

개의 이야기를 담은 『내 이름은 똥개』에는 주인 없는 개 한 마리가 등장하는데, 먹을 것과 잘 곳을 찾아 헤매는 개의 모습은 먹을 것을 찾아 쓰레기통을 뒤지고 길에서 잠을 자는 실제 노숙인의 모습과 비교된다. 그 이후, 주인공 똥개는 노숙인처럼 길을 떠돌다 노숙인들에게 잠자리와 먹을 것을 제공하는 보호소를 찾게 되고, 그곳에서 새로운 가족을 만나게 된다. 노숙인들이 노숙인 보호소에서 따뜻함을 느끼고 위로를 얻었던 것처럼 주인공 개도 그곳에서 새로운 이름을 얻어 새 삶을 살게 되는 것이다. 이를 통해 노숙인 보호소와 같은 시설이 노숙인들에게 어떠한 도움을 주는지 생각해 보게 한다.

『나는 곰입니다』(2010)는 노숙의 문제를 사실적으로 그린 위의 그림책들과 달리 의인화된 곰을 통해 노숙인을 묘사하고 있다. 어느 날부터 자신도 모르게 사람들이 지나다니는 길거리에서 살게 된 곰은 처음에는 자신이 곰인 줄 모르다가 사람들이 자신을 보고 도망가고 얼굴을 찡그리는 걸 보고서야 자신이 곰인 것을 깨닫고 이내 자신의 처지를 받아들인다. 곰은 먹을 것을 찾아 쓰레기통을 뒤지고 종이상자 속에서 잠을 잔다. 그러던 어느 날, 어린 여자아이가 웃으며 곰에게 말을 건네자 곰은 그 여자아이에게 잘 보이기 위해 깨끗하게 씻고 단장을 한다. 곰을 찾아온 여자아이 덕분에 곰은 가슴이 따뜻해지고 매일 아침 아이를 기다린다. 도시에서 길을 잃은 곰은 여자아이의 곰돌이가 되어 자신의 삶이 밝아짐을 느낀다. 작가는 도시의 이방인으로 살고 있는 곰을 통해 노숙인의 삶을 보여 주고 여자아이를 통해 노숙인을 향한 작은 관심이 노숙인의 삶에 변화를 가져올 수 있음을 말하고 있다.

미주 목록

1) 두산대백과(2010).
2) 김현택 외(2005). 현대 심리학의 이해. 서울: 학지사.
3) 노병일(2013). 빈곤론. 경기: 양서원. 38-39.
4) 한국보건사회연구원(2013). 2013년 빈곤통계연보. 서울: 한국보건사회연구원.
5) 연합뉴스(2013). 절대빈곤 인구 전세계 12억명... 하루 1.25달러로 살아가. 연합뉴스. http://www.yonhapnews.co.kr/medialabs/special/poverty/index.html
6) 김미숙(2013). 빈곤아동 삶의 질과 소득지원방안. 보건복지포럼, 206, 35-47.
7) 한국보건사회연구원(2013). 2013년 빈곤통계연보. 서울: 한국보건사회연구원.
8) ILO(2013). Making progress against child labour: Global estimates and trends 2000-2012. International Programme on the Elimination of Child Labour (IPEC) - Geneva: ILO, 2013.
9) 민족문화대백과사전 http://encykorea.aks.ac.kr.
10) Chafel, J. A., Fitzgibbons, S., Cutter, L., & Burke-Weiner, K. (1997). Poverty in books for young children: A content analysis. *Early Child Development and Care*, *139*(1), 13-27.
11) Kelley, J. E., & Darragh, J. J. (2011). Depictions and gaps: Portrayal of U.S. poverty in realistic fiction children's picture books. *Reading Horizons,*. *50*(4), 263-282.
12) Kettel, R. P. (1993). Understanding homelessness through children's book. *Language Arts Journal of Michigan*, *9*(1), 68-75.
13) 오애리(2013). 세계 12억명 '절대빈곤' 하루 1.25달러로 연명. 문화일보. http://www.munhwa.com/news/view.html?no=2013101101031432071002
14) 연합뉴스(2013). 절대빈곤 인구 전세계 12억명... 하루 1.25달러로 살아가. 연합뉴스. http://www.yonhapnews.co.kr/medialabs/special/poverty/index.html
15) 한국보건사회연구원(2013). 2013년 빈곤통계연보. 서울: 한국보건사회연구원.
16) 김미숙 외(2007). 한국의 아동빈곤실태와 빈곤아동지원방안. 서울: 한국보건사회연구원.
17) ILO(2013). Making progress against child labour: Global estimates and trends 2000-2012. International Programme on the Elimination of Child Labour (IPEC) - Geneva: ILO, 2013.
18) 이정규(2012). 2012 전국노숙인실태조사 결과보고. 2012 전국노숙인실태조사결과발표회 및 임시주거비지원사업 방향성 모색을 위한 정책토론회 자료집.
19) 조홍식(1996). 한국 빈곤문제의 원인규명. 한국사회복지학회 학술대회. 1996(3). 49-69.
20) Ziegler, J.(2007). 왜 세계의 절반은 굶주리는가. 유영미 역. 서울: 갈라파고스.
21) 유은제(2014). 빈곤에 관한 사회적 사실주의 그림책의 연구. 일러스트레이션 포럼. 39, 25-36.
22) Strehle, E. (1999). Social issues: Connecting children to their world. *Children's Literature in Education*, *30*(3), 213.

웹사이트

두산대백과 http://www.doopedia.co.kr
민족문화대백과사전 http://encykorea.aks.ac.kr
연합뉴스(2013). 절대빈곤 인구 전세계 12억명… 하루 1.25달러로 살아가. 연합뉴스. http://www.yonhapnews.co.kr/medialabs/special/poverty/index.html
오애리(2013). 세계 12억명 '절대빈곤' 하루 1.25달러로 연명. 문화일보. http://www.munhwa.com/news/view.html?no=2013101101031432071002
ILO. http://www.ilo.org

참고 그림책 목록

강경수(2011). 거짓말 같은 이야기. 서울: 시공주니어.
Alma Fullerton(2013). *A Good Trade*. illustrated by Karen Patkau. 이미영 역(2014). 춤추는 운동화. 서울: 내인생의책.
Barbara Shook Hazen(1983). *Tight times*. illustrated by Trina Schart Hyman. 이선오 역(2005). 힘든 때. 서울: 미래아이.
Elisa Bartone(1997). *Peppe the lamplighter*. illustrated by Ted Lewin. 서남희 역(2005). 페페 가로등을 켜는 아이. 서울: 열린어린이.
Eve Bunting(1991). *Fly Away Home*. illustrated by Ronald Himler. Clarion Books.
Jean-Francois Dumont(2010). *Je suis un ours*. 이주희 역(2012). 나는 곰입니다. 서울: 봄봄.
Libby Hathorn(1994). *Way Home*. illustrated by Gregory Rogers. Red Fox.
Nathaniel Lachenmeyer(2003). *Broken Beaks*. illustrated by Robert Ingpen. 이상희 역(2004). 부러진 부리. 서울: 문학과지성사.
Patricia Polacco(1996). *I Can Hear the Sun*. Philomel.
Paul Thiès(2001). *Jaï*. illustrated by Christophe Merlin. 김태희 역(2005). 자이, 자유를 찾은 어린이. 서울: 사계절.
Sarah Stewart(1997). *The Gardener*. illustrated by David Small. 이복희 역(1998). 리디아의 정원. 서울: 시공주니어.
Sherley Anne Williams(1992). *Working Cotton*. illustrated by Carole Byard. Harcourt Children's Books.
Stephen Michael King(2005). *Mutt Dog*. 최재숙 역(2006). 내 이름은 똥개. 서울: 국민서관.
Tomi Ungerer(1997). *ALLUMETTE*. 이현정 역(2011). 성냥팔이 소녀 알뤼메트. 초록개구리.
Uri Shulevitz(2008). *How I Learned Geography*. 김영선 역(2008). 내가 만난 꿈의 지도. 서울: 시공주니어.
Vera B. Williams(1982). *A Chair for My Mother*. 최순희 역(1999). 엄마의 의자. 서울: 시공주니어.
Stephen Michael King(2005). *Mutt Dog*. 최재숙 역(2006). 내 이름은 똥개. 서울: 국민서관.

제10장 아동학대

우리가 사는 세계에는 학대받고 있는 많은 아동들이 있다. 아동학대(Child Abuse)의 심각성이 사회적 인식으로 확산되기 시작한 것은 끔찍한 아동학대 사례들이 매스컴을 통해 보도되기 시작한 이후부터였다.[1] 우리 사회가 아동학대에 관심을 가지기 시작한 지 불과 10여 년밖에 되지 않았기에 우리는 여전히 보이지 않고 들리지 않는 곳에서 신음하는 아이들의 현실에 더 민감할 필요가 있다.

한편, 아동학대를 어느 범주까지 볼 것인가에 대한 논란도 존재한다. 어떤 부모들은 자녀의 교육을 위해서 체벌이 필요하다고 말하기도 하고 어떤 부모들은 이에 대해 상당히 민감하게 반응하기도 한다. 이와 같은 반응은 국내뿐 아니라 서구 사회에서도 마찬가지다. 최근 어린 자녀들의 나쁜 버릇을 고치기 위해 부모들이 손으로 엉덩이를 때리는 것(spanking)이 위법이 아니라는 법원 판결이 나오기도 했으며 뉴욕 주 항소법원은 욕설을 한 8세 아들의 엉덩이를 때린 혐의로 기소된 아버지의 행동이 정당한 체벌로 판시되기도 했

다. 이에 대해 일부 학부모들은 체벌 없이 훈육이 가능하다며 판결내용에 강한 이의를 표하였다.[2)]

이와 같이 어디까지를 학대로 볼 것인가에 대한 관점은 국가와 문화마다 다르다. 현재 우리나라는 2000년에 개정된 「아동복지법」 제2조에서 아동학대를 "보호자를 포함한 성인에 의한 신체적 · 정신적 · 성적 폭력 또는 가혹행위 및 아동의 보호자에 의하여 이루어지는 유기와 방임"으로 명시하고 있다.[3)]

아동학대에 대한 사회 인식의 변화는 통계자료를 통해서도 일부 유추가 가능하다. 지난 2000년 1,600건에 그쳤던 국내 아동학대 신고비율은 2012년에 이르러 1만 943건으로 큰 증가를 보였다. 이는 우리나라에서도 아동학대에 대한 인식 및 신고 문화가 서서히 형성되고 있는 것으로 해석할 수 있을 것이다. 이와 관련하여 과거로 거슬러 올라갈수록 아동학대는 더욱 심각했다는 보고가 전해지기도 한다. 고대 문헌에서도 아동학대의 장면들은 생생히 그려지고 있다. 예를 들어, 고대 이집트의 묘지에서 신체학대를 당한 것으로 추정되는 영아의 골절된 뼈의 흔적이 발견된 것이나 중세 이전의 로마인들이 신생아를 나무 널빤지에 고정시키고 찬물에 목욕을 시키는 등 가혹 행위를 가했다는 일화는 현대 사회에서보다 더 극단적인 사례들이 존재했음을 보여준다. 이는 아동학대의 문제가 인류 역사에 걸쳐 지속되어 온 문제임을 시사하는 것이다.

그림책은 이러한 아동학대의 문제를 효과적으로 다루고 있는 현대 사회의 주요 매체 중 하나다. 그러나 그림책에서 이와 관련된 주제를 처음부터 다룬 것은 아니었다. 외국에서는 1980년 이후, 예방의 목적에서 아동의 성학대를 다룬 그림책이 정보 그림책의 형태로 제작되었다.[4)] 이후 우리나라에서도 2012년에 국내 작가에 의한 성폭력 픽션 그림책 출판이 처음 시도된 이래, 성학대 예방 및 성폭력 피해 아동을 위한 국내 창작 그림책들이 여러 권 출판되었으나, 여전히 신체학대와 관련된 국내 그림책 출판은 전무한 실정이다. 물론 아동학대를 다루는 그림책은 그 어떤 주제들보다도 직접적이고 민감한 주제를 다루기 때문에 출판이 어려울 수 있지만 사실 이러한 주제의 도서야말로 사회의 사각 지대에서 학대받고 있는 아동들에게 자신의 문제를 인식하게 하고 스스로를 보호할 수 있도록 도울 수 있다. 이처럼 학대를 다루는 아동문학은 아동으로 하여금 자신뿐만 아니라 다른 친구들도 그런 문제를 겪고 있음을 보여 주어 그들이 결코 혼자가 아님을 알게 하는 실질적 수단이 되어야 한다.[5] 또 그림책을 활용한 학교폭력 예방 프로그램은 학생들의 사회기술능력에도 긍정적 효과를 미칠 수 있다.[6] 나아가 아동학대 관련 그림책들은 '예방'과 '치료'의 차원을 넘어 사회를 향한 아동의 입장을 대변하는 역할을 할 수도 있다. 사회의 약자인 아동의 목소리를 대신하여 그들의 보호받을 권리를 세상에 알리고 있는 것이다.

1. 아동학대와 관련된 통계 현황

1) 아동학대 신고율과 사망률

UN 아동권리협약에 우리나라가 비준함으로써 아동학대에 대한 전반적인 대책이 수립되었다. 이후 2000년에 「아동복지법」을 개정하면서 국내에서도 아동학대에 대한 인식이 강화되었다. [그림 10-1]과 같이 아동학대에 대한 사회 인식이 강화되면서 지난 10년간 아동학대 신고접수 건수는 10배 이상 증가하였다. 그러나 학대로 인한 아동 사망 사례 수 역시 7배 이상 증가한 것으로 나타나 아동학대의 문제는 더욱 악화되고 있는 것으로 보인다([그림 10-2] 참조). 미국의 경우는 우리나라와 달리 아동학대 발생률이 현저히 감소하고 있는 추세를 보이고 있다.

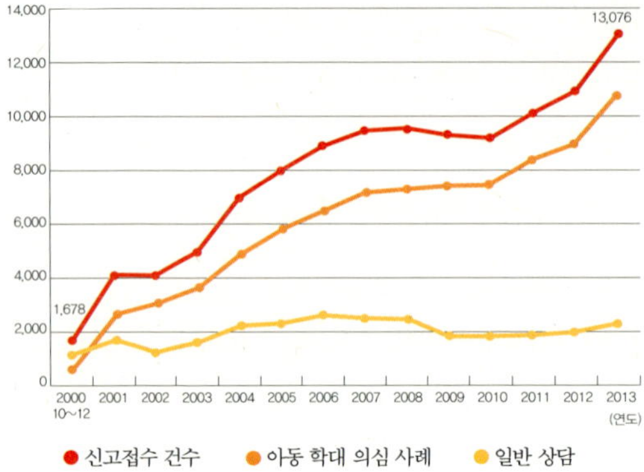

[그림 10-1] 국내 아동학대 신고율

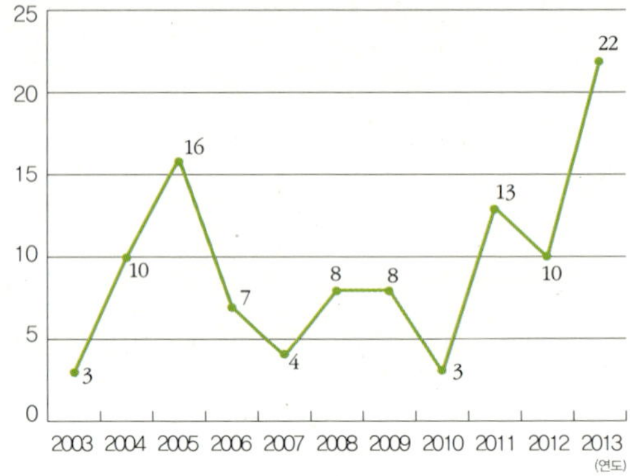

[그림 10-2] 국내 피학대 아동 사망률

출처: 중앙아동보호전문기관(2014).

2) 학대 행위자

국내 아동 학대 행위자의 80%가량은 아동의 부모다([그림 10-3] 참조). 아동학대 피해자들은 부모가 되었을 때 자신이 받은 학대 경험을 고스란히 자녀에게 재현한다. 따라서 가정학대는 매우 근본적인 문제를 안고 있다고 볼 수 있다. 특히 우리는 [그림 10-4]에서와 같이 가해자가 친부모인 경우가 계부모 혹은 양부모인 경우에 비해 최대 6배 이상 많다는 사실에서 그 심각성을 확인할 수 있다.

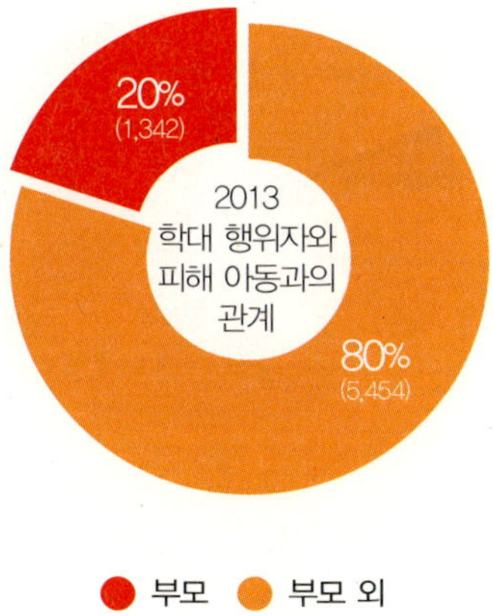

[그림 10-3] 학대행위자-피해 아동 관계

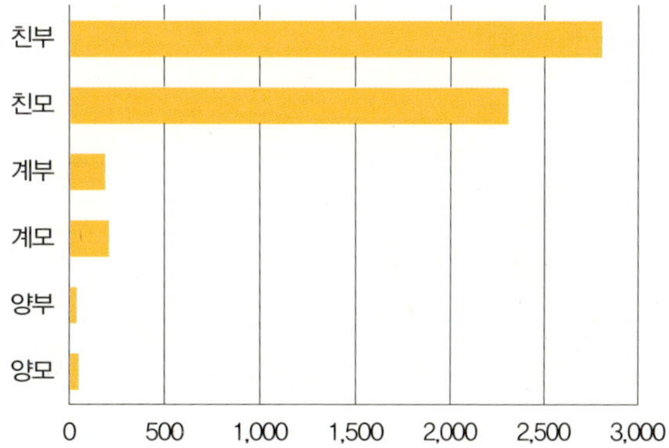

[그림 10-4] 학대 행위자 부모 유형

출처: 중앙아동보호전문기관(2014).

3) 아동학대 비율

2013년에 조사된 국내 학대 유형별 사례를 살펴보면 '정서학대'가 37%로 가장 많은 사례수를 기록했고 그다음으로는 '신체학대' '방임' '성학대'가 뒤를 이었다. 이처럼 정서학대가 가장 많이 발생하고 있음에도 불구하고 매스컴을 통해 전해지는 아동학대 관련 이슈들은 주로 영유아의 '신체학대'와 관련된 내용에 집중되어 있다. 따라서 사회 전반에 걸친 학대의 여러 유형 중 비가시적 아동학대 유형에 대해서도 주의를 환기할 필요가 있다. 피해 아동의 연령층 또한 영 · 유아보다 초등 고학년의 비율이 1.5배가량 높았다.

그러나 미국의 경우 우리나라와 달리 피학대 아동 연령층의 대부분이 영아다. [그림 10-5]와 같이 미국은 연령층이 높을수록 학대 발생률도 감소하는 추세를 보인다. 한편, 유형별 아동학대 발생률은 방임이 59.9%로 과반수를 넘었고 '기타' '신체학대' '성학대' 순으로 나타나고 있다.

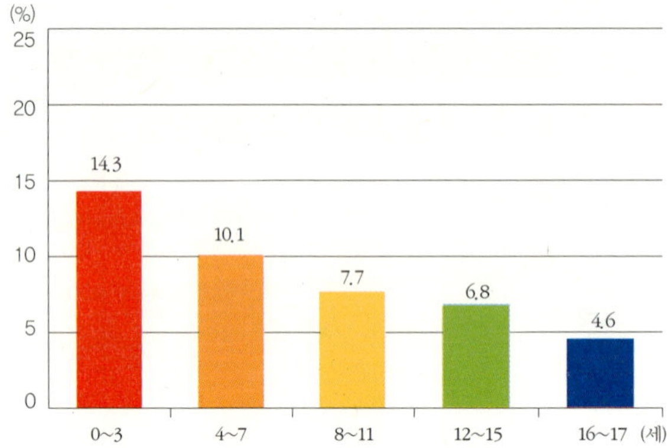

[그림 10-5] 연령별 피학대 아동 비율

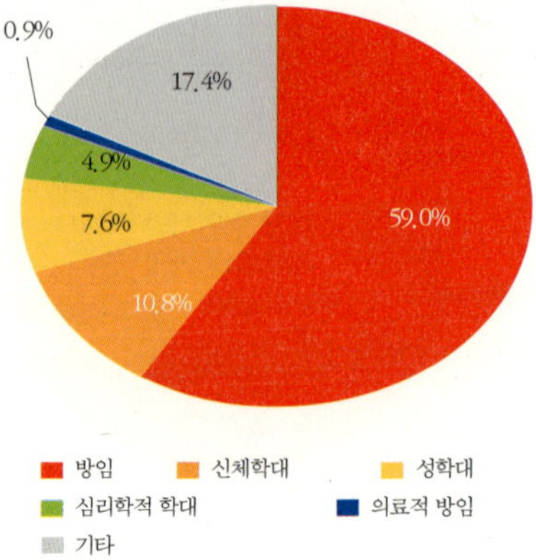

[그림 10-6] 유형별 아동학대 비율

출처: 중앙아동보호전문기관(2014)

2. 토론 문제

- 당신은 학대를 받은 경험이 있습니까? 만일 학대 경험이 있다면 지금의 당신에게 어떤 영향을 끼치고 있습니까?
- 아동은 학대에 대해 어떻게 느끼고 있다고 생각합니까? 또 아동 자신이 받은 학대 경험에 대해 어떻게 받아들이고 있다고 생각합니까?
- 우리 사회에서는 아동학대의 문제를 어떻게 바라보고 있습니까? 사회는 아동학대 방지를 위해 무엇을 하고 있습니까?
- 당신은 아동에게 언제 학대에 관한 그림책을 소개해야 한다고 생각합니까? 아이들이 너무 공포심을 갖거나 위축되지 않도록 하면서 다양한 학대의 위험성에 대해 알릴 수 있는 방법은 무엇입니까?
- 당신이 만약 아동에게 학대가 나타난 그림책을 소개한다면 어떤 정보를 제공해야 한다고 생각합니까?

3. 평가 준거

• 아동에게 지나친 자극이 되지 않도록 학대와 폭력의 생생한 장면이나 그림들은 최소한으로 그려지는 것이 좋다.[7] 지나치게 사실적인 묘사는 독자에게 거북한 감정을 느끼게 할 수 있다. 특히 성학대를 그리는 경우 매체의 성폭행 장면이 반사회적 태도 및 행동을 부추길 수 있기 때문에 더욱 신중해야 할 필요가 있다.[8] 성학대의 장면을 직접적으로 묘사한 대표적인 그림책으로는 카트린 마이어(Katrin Meier) 글, 아네테 블라이(Anette Bley) 그림의 『슬픈 란돌린 *Das Kummervolle Kuscheltier*』(1996)이 있다. 여기서는 남성의 성기와 학대 장면이 고스란히 드러나는데, 이와 같이 직접적인 묘사 장면에서 어린 아동들은 눈을 가리거나 그림을 가리는 등 다소 어색해하거나 읽기를 거부하는 행동을 보일 수도 있다.[9] 그런데 이렇게 될 경우 오히려 아동에게 전달해야 할 중요한 메시지를 놓치게 될 가능성이 생기므로 문학적 장치들을 겸비한 신중한 그림 묘사가 이루어지도록 해야 한다.

• 글에서 치유의 과정을 그리는 상호작용을 생략한 채 단순하게 끝맺음하는 성급한 결말을 피해야 한다. 회복이라는 것은 단순하지 않고 복합적이며 오랜 시간이 걸리는 과정이다. 글에서는 보다 현실에 가까운 서술을 통해 독자에게 현실적 회복의 과정을 전달하는 것이 중요하다. 마거릿 홈스(Margaret Holmes) 글, 캐리 필로(Cary Pillo) 그림의 『끔찍한 것

을 보았어요 *Terrible thing happened*』(2000)는 충격적인 장면을 목격한 아동의 심리적 치유과정을 그렸다. 그러나 이 책은 실제 치유과정을 지나치게 단순화시켜 복합적이고 깊이 있는 치유과정을 잘 보여 주지 못했다는 한계가 있다.

- 그림책에 등장하는 학대의 가해자와 피해자는 경제적 배경이나 성별 등에 있어 특정 유형에 치우쳐서는 안 된다. 그러나 그림책에서 성학대의 경우, 피해자는 대체로 무력한 어린 여아로, 가해자는 대부분 남자 성인으로 그려지고 있다.[10] 남아가 피해자인 경우와 여자 성인이 가해자인 경우 등을 포함하여 학대의 사각지대에 있는 인물들도 주인공으로 다루어 주어야 한다.
- 등장인물을 통해 올바른 대응의 모델 및 정보를 제시해 줄 수 있어야 한다. 프란체스코 피토(Francesco Pittau) 글, 베르나데트 제르베(Bernadette Gervais) 그림의 『안 돼요 정말 안 돼요! *That's mean*』(2006)와 같이 거부적 표현을 반복하여 따라하게끔 구성된 그림책을 활용할 경우 패턴화되고 기계적인 반응만을 유도하는 결과가 나타난다.[11] 또 강선영 글, 오은영 그림의 『앗, 수상해요!』(2008)에서는 엄마가 집에 안 계실 때 낯선 사람에게 "지금 엄마가 안 계시니 다음에 오세요!"라고 대답하는데, 이와 같이 가해자에게 불필요한 정보를 전달하는 등의 바람직하지 않은 대처방안을 제시해서는 안 된다.
- 책을 통하여 피해자 아동이 스스로 학대의 피해자임을 인식하게 하여 학대로부터 벗어날 수 있도록 도와주어야 한다. 아동문학은 도움을 줄 수 있는 주변인들이 있음을 알게 하고 나아가 실제적으로 도움을 얻을 수 있는 방법을 제공할 수 있어야 한다.[12]
- 그림책 속 피해 아동은 사건 발생 후에도 일상적이고 안전한 환경에서 적응해 나가는 모습이어야 한다. 그림책에서 주인공 피해 아동을 그릴

때 건강한 삶이 제시되도록 낙관적 관점을 유지해야 한다. 또한 피해 아동은 폭력을 경험했을 때 그것을 자기 책임으로 돌리려는 경향이 있기 때문에, 학대의 결과가 피해 아동의 잘못이 아님을 보여 주어야 한다.

- 아동 자신에게도 학대의 피해를 극복할 능력이 있음이 나타나야 한다. 자신의 학대 경험을 성인에게 용기 있게 말하는 모델을 보여 주고 아동 스스로 회복에 대한 의지를 갖는 모습이 나타나야 한다. 독자들은 아픔을 겪는 주인공이 그 문제를 해결하려고 노력하는 모습을 보며 이들을 응원하게 되고 이를 통해 자신도 치유를 경험하게 된다.[13)]

4. 소주제 설명 및 그림책 서평

1) 신체학대를 다룬 그림책

가장 일반적이며 치명적인 결과를 가져오는 신체학대의 배경은 '가정'이다. 노르웨이 작가 그로 달레(Gro Daleh) 글, 스베인 니후스(Svein Nihus) 그림의 『앵그리맨 *Sinna Mann*』(2003)은 기분이 좋지 않거나 화가 날 때마다 어머니와 자신에게 폭력을 행사하는 아버지의 모습을 그리고 있다. 이러한 상황에 대해 아이는 이 모든 것이 자신의 잘못 때문인 것만 같아 늘 두려워한다. 이 책은 가정학대의 모습을 사실적으로 그리고 있는, 몇 안 되는 그림책 중의 하나로 이와 비슷한 상황을 겪고 있는 아동들에게 학대가 본인의 잘못이 아니라는 것과 학대받고 있다는 사실을 주변에 알려야 한다는 현실적인 대안을 제공해 주고 있다.

한편, 이와 달리 하디스 라자르 골러미(Hadis Lazar Gholami) 글, 호더 하더디(Hoda Haddadi) 그림의 『천국에 체리가 익었다 *The Cherries in Paradise are*

ripe』(2009)는 천국을 배경으로 한 환상 그림책으로 자녀가 당한 신체학대를 우회적으로 표현하고 있는 그림책이다. 천국에 살고 있는 소녀는 체리잼을 만들기 위해 지옥에서 천국으로 건너온 엄마와 시간을 보내며 행복해한다. 그러나 곧 떠나야만 하는 엄마를 생각하면 서글퍼진다. 자신도 함께 지옥에 가면 안 되겠냐는 소녀의 질문에 엄마는 "아니다. 그곳엔 네 아빠가 있잖니. 널 때릴 거야."라고 답하는 장면에서 아빠의 학대 성향을 짐작할 수 있다. 다행히도 엄마는 가까스로 하나님의 명을 받아 아름다운 천국에서 소녀와 행복하게 살 수 있게 된다. 실제로 신체학대 발생 비율은 매년 증가되고 있음에도 불구하고 신체학대에 관련된 그림책은 매우 적은 실정이다.

2) 정서학대를 다룬 그림책

정서학대는 신체학대 시 불가피하게 따라오는 것이기도 하고 언어폭력과 함께 발생하기도 한다. 우리가 정서학대의 심각성에 더욱 관심을 기울여야 하는 이유는 특정 외상이 발견되지 않는 학대라는 점 때문이다. 즉, 정서학대는 눈에 보이지 않는 학대이기 때문에 발견과 치료가 어려워 일생 동안 그 고통을 안고 살아가는 경우가 많다.

유타 바우어(Jutta Bauer) 글, 그림의 『고함쟁이 엄마 *Schreimutter*』(2000)는 눈에 보이지 않는 아동의 정서적 고통에 대해 섬세히 묘사한 책이다. 엄마 펭귄과 아이 펭귄의 상징적 관계를 통해 일상에서 흔히 일어날 수 있는 정서학대의 사례를 보여 주고, 이때 아동이 받는 심리적 위협을 매우 사실적으로 표현해 냈다. 엄마의 고함소리에 아이는 머리가 우주까지 날아가고 몸통은 바다에 떨어지는 등 온몸이 파괴되어 버린다. 1인칭 주인공 시점에서 아이가 느끼는 마음의 어려움이 아동 특유의 주관적이고 과장된 표현을 통해 독자에게 고스란히 전달된다. 엄마는 이내 여기저기에 흩어진 아이의 몸통과 머리, 발과 손을 한데 모아 꿰매어 주는데, 이는 곧 엄마의 화해의 표현이라고 볼 수 있다.

3) 방임을 다룬 그림책

배봉기 글, 오승민 그림의 『명희의 그림책』(2008)은 엄마, 아빠와 떨어져 사는 일곱 살 여자아이의 이야기를 담은 그림책으로 주인공이 느끼는 외로움과 간절함이 환상적 경험과 어우러진다. 도시에 살고 있는 명희는 알코올 중독자인 아버지와 집을 나간 어머니 때문에 늘 혼자서 집을 지킨다. 명희의 유일한 친구는 흰곰이 등장하는 책이다. 그런 명희의 소망은 엄마, 아빠를 만나는 것인데, 어느 날 책 속의 흰곰이 명희를 찾아와 그 소원을 들어 준다. 홀로 지내는 아동의 외로움과 소망이 잘 녹아들어 있다.

4) 성학대를 다룬 그림책

학대 관련 그림책 중 가장 높은 비율을 차지하고 있는 성학대 그림책은 부적절한 성적 접촉을 다루고 있는 그림책이다. 국내 창작 성교육 시리즈 동화로 출판된 변진영 작가의 『뽀뽀하기 싫어요』(2009)는 특정 성학대 피해사건을 다루고 있지는 않지만, 일상생활에서 아동들이 한 번쯤 고민해 보았을 법한 소재를 다루고 있다. 미국에서 이사 온 '나'의 친구 토마스는 '나'와 가족들을 자신의 집으로 초대한다. '나'의 엄마가 토마스에게 귀엽다며 뽀뽀하려 하자 토마스는 이를 거절한다. '나'는 토마스의 행동에 거절감을 느껴 토라지지만 하고 싶지 않을 때는 꼭 뽀뽀를 하지 않아도 된다는 것을 토마스는 '나'에게 알려 주고 이내 '나'도 그 말에 동감하게 된다. 이처럼 이 책은 남자아이가 스킨십을 거절할 수 있다는 것과 가벼운 스킨십일지라도 아이 스스로 결정권을 가질 수 있다는 것을 알려 주는 작품이다.

한편, 제시(Jessie) 글, 그림의 『말해도 괜찮아 *Please tell: a child's story about sexual abuse*』(2007)는 성폭행 피해 아동의 실제 경험을 바탕으로 구성된 이야기로 성폭행 대응책과 그 회복과정을 매우 현실적으로 그려 내고 있다. 대부분의 성폭력 관련 이야기들이 주변 사람들과의 대화를 통해 문제가 해결되는 과정을 그린 반면, 이 책의 주인공은 선생님과 성폭력 문제에 대해 상담한 이후에도 여전히 트라우마로 인해 힘겨워하는 모습을 보인다. 하지만 부모님과의 지속적인 관계 속에서 자신의 치유 의지를 가지고 회복되어 가는 과정을 그리고 있다.

5) 학대 예방을 위한 그림책

아동을 유괴하는 사람은 아동이 평상시 잘 알고 있는 사람일 수도 있다는 사실을 알려 주는 것 역시 중요하다. 다그마 가이슬러(Dagmar Geisler)의 『나는 아무나 따라가지 않아요 *Den pao pouthena me xenous!*』(2009)는 이러한 유괴 예방에 유용한 그림책이다. 이 그림책은 씩씩한 소녀 '리나'가 비가 내리는 날 학원 앞에 혼자 서서 엄마를 기다리며 겪은 사건을 담고 있다. 얼굴을 아는 사람이라도 미리 약속이 되어 있지 않다면 동행하지 말아야 한다는 예방지식을 잘 전달하고 있다. 또 아동은 착하고 예쁜 외모를 가진 사람을 더 믿는 경향이 있으므로 겉모습만 보고 따라가면 안 된다는 사실을 보다 명확히 제시하고 있다.

미주 목록

1) 오승환(2001). 아동 학대와 아동의 생태학적 환경과의 관계. 아동과 권리, 5(2), 47-60.
2) 중앙일보(2014.07.22.) http://korea1391.org/new_index/
3) 개정 아동복지법(2000). http://www.lawnb.com/lawinfo/contents_view.asp?cid=AF18F29DEC904A7ABA54EF675C8FA4B3|0|K
4) Lampert, J., & Walsh, K. (2010). Keep telling until someone listens: Understanding prevention concepts in children's picture books dealing with child sexual abuse. *Children's Literature in Education*, *41*(2), 146-167.
5) Rudman, M. K.(1995). *Children's literature: An issue approach*. USA: Longman Publishers.
6) 박영미(2013). 그림책을 활용한 초등학교 저학년의 학교폭력 예방 프로그램 개발. 한국교원대학교 교육대학원 석사학위 논문.
7) Rudman, M. K.(1995). *Children's literature: An issue approach*. USA: Longman Publishers.
8) Linz, D., Wilson, B. J., & Donnerstein, E.(1992). Sexual Violence in the Mass Media: Legal Solutions, Warnings, and Mitigation Through Education. *Journal of Social*, *48*(1), 145-171.
9) 천희영, 이귀숙, 신세니(2009). 유아 성학대 예방교육을 위한 그림책의 내용분석: 인식적 요소와 대처 행동적 요소를 중심으로. 열린유아교육연구, 14(4), 321-347.
10) 천희영, 이귀숙, 신세니(2009). 유아 성학대 예방교육을 위한 그림책의 내용분석: 인식적 요소와 대처 행동적 요소를 중심으로. 열린유아교육연구, 14(4), 321-347.
11) 천희영, 이귀숙, 신세니(2012). 성 학대를 내용으로 한 그림책 읽기 과정에서 나타난 만 5세 유아의 반응 분석. 한국아동학회, 33(5), 117-137.
12) Rudman, M. K.(1995). *Children's literature: An issue approach*. USA: Longman Publishers.
13) 김금희(2013). 아동 성폭력을 다룬 그림책: 픽션을 중심으로. 어린이문학교육연구, 14(4), 47-68.

웹사이트

중앙일보(2014). http://article.joins.com/news/article/article.asp?total_id=15827028
중앙일보(2014). http://korea1391.org/new_index/
중앙아동보호전문기관. http://www.korea1391.org

참고 그림책 목록

강선영 글, 오은영 그림(2008). 앗, 수상해요! 서울: 형설아이.

배봉기 글, 오승민 그림(2008). 명희의 그림책. 서울: 보림.

변진영(2009). 뽀뽀하기 싫어요. 서울: 별똥별.

Dagmar Geisler(2009). *Den pao pouthena me xenous!*. 윤혜정 역(2009). 나는 아무나 따라가지 않아요. 서울: 오마주.

Francesco pittau(2006). *That's mean* illustrated by Bernadette Gervais. 양진희 역(2006). 안 돼요 정말 안 돼요. 서울: 교학사.

Gro Daleh(2003). *Sinna Mann*. illustrated by Svein Nihus. 황덕령 역(2014). 앵그리맨. 서울: 내인생의책.

Hadis Lazar Gholami(2009). *The Cherries in Paradise are ripe*. illustrated by Hoda Haddadi. 김영연 역(2009). 천국에 체리가 익었다. 서울: 큰나.

Jutta Bauer(2000). *Schreimutter. Beltz*. 이현정 역(2005). 고함쟁이 엄마. 서울: 비룡소.

Jessie(2007). *Please tell: a child's story about sexual abuse*. 권수현 역(2007). 말해도 괜찮아. 서울: 문학동네어린이.

Katrin Meier(1996). *Das Kummervolle Kuscheltier*. illustrated by Anette Bley. Ars Edition. 허수경 역(2003). 슬픈 란돌린. 서울: 문학동네어린이.

Margaret M. Holmes(2000). *A Terrible Thing Happened*. illustrated by Cary Pillo. 유미숙 역(2006). 끔찍한 것을 보았어요. 서울: 미래아이.

제11장 장 애

사람들은 종종 장애인들과 함께 있을 때 불편함을 느낀다. 한편, 많은 장애인들은 그들의 선택권을 존중받지 못하고 사회로부터 소외되거나 여러 편견 때문에 소중한 기회들을 박탈당한다. 대다수의 아동들 역시 장애인을 가까이 하는 것을 꺼려 한다. 그러나 최근 들어 장애(Special needs)에 대한 일련의 사회 인식이 많이 개선되고 있다. 일반학교에 진학하여 통합교육과정을 받는 장애학생의 수도 많이 증가하였으며 인권도 많이 개선되었다. 여기에서의 '통합(inclusion)'은 장애아동의 정상적 발달을 촉진하기 위해 제한이 없는 환경과 정상적인 경험을 제공해 주는 것으로 일반적으로는 장애아동을 일반아동과 동일한 학교현장에 포함하여 교육하려 하는 최근의 교육 경향을 나타낸다.[1)]

우리나라의 「장애인복지법」 제1장 제2조에 따르면 '장애인'이란 신체적 · 정신적 장애로 오랫동안 일상생활이나 사회생활에서 상당한 제약을 받는 자를 말한다. 뿐만 아니라 포괄적으로는 장기간에 걸쳐 직업생활에 상당한 제약을 받는 자, 여러 이유로 일상적인 활동에 제약을 받는 자까지 장애인에 포함된다. 장애인은 크게 태어날 때부터 장애를 가진 선천적 장애인과 사고 등의 이유로 장애인이 된 후천적 장애인으로 분류될 수 있다.

장애인에 대한 국내의 명칭을 살펴보면, 우리나라의 경우 장애인, 장애우, 장애자 등의 표현들이 일반적으로 모두 같은 뜻으로 받아들여지지만 각 용어에는 특정 관점이 반영되어 있다. 예를 들어, 한때 '장애우'라는 용어를 쓰자는 제안도 있었으나 단어 자체의 뜻이 장애인에 대한 시각을 제한한다는 주장이 제기되었다. 한국장애인단체총연합회는 장애인들이 '장애우'보다는 '장애인'이라는 용어 사용을 원한다고 지적하였다.

이와 관련하여 미국에서도 1991년 6월 26일 통과된 「장애인복지법」에서 특별한 요구(Special need)를 가진 어린이에게 해로운 명명하기(detrimental labeling)를 금지하였다. 예를 들어, 과거 다운증후군인 경우 '정신적으로 지체된(mentally retarded)'이라는 용어를 선호했는데, 이를 금지시키고 현재와 같이 '발달적 장애가 있는'이라는 용어를 통상적으로 사용하자는 것이다.

따라서 우리는 우리 사회가 이처럼 특별한 요구를 가진 이들에 대하여 어떠한 인식을 가지고 있으며 특히 아이들이 자주 접하는 그림책에서 이 문제를 어떻게 다루고 있는지 살펴볼 필요가 있다.

아동기는 자신과 타인에 대한 감정, 태도 등이 발달하는 시기이므로 다른 사람을 이해하고 수용하는 태도가 생겨나도록 교육과정에서도 반편견교육 프로그램 등이 다양하게 시행되는데, 아동들이 장애 등 특별한 필요를 가진 이들에 대해 올바른 이해, 올바른 태도를 가지도록 교육현장에서뿐 아니라 일상생활 속에서도 관련 교육을 할 필요가 있다. 조형숙, 이효정(2009)의 선행연구에 따르면, 장애이해교육이 일반 유아의 장애에 대한 태도 및 이해 변화에 영향을 미치는 것으로 나타났으며, 이와 같은 장애이해교육을 위해 교육현장에서 활용할 수 있는 교육방법으로는 그림책, 이야기 나누기 및 토의 등이 보고되었다.[2] 이와 관련하여 이상애, 김성애(2004)도 이해 중심적 접근과 활동 중심적 접근을 통한 장애이해교육활동을 실시한 결과 연령, 성별에 관계없이 모두 긍정적인 태도의 변화가 일어났다고 보고하고 있다.[3] 로지(Lozzi)는 한번 형성된 태도나 신념, 가치관 등의 정의적 영역은 인지적 영역과는 달리 새로운 특성으로 다시 변화하는 데에 많은 어려움을 겪는다고 설명한다.[4] 따라서 장애에 대한 태도 교육은 타인에 대한 태도가 형성되는 아동기 시기에 이루어져 올바른 가치관을 형성하도록 돕는 것이어야 한다. 즉, 아동기에 한번 형성된 태도는 이후의 삶에 지속적으로 영향을 미치게 되므로 아동기 때 일반아동들이 장애에 대한 올바른 이해와 태도를 형성하도록 지도해야 한다. 이를 위해서는 다양한 교육적 접근이 필요하며 교실현장이나 가정에서 아동들에게 제공되는 가장 좋은 교육매체로 그림책을 꼽을 수 있다.

1. 장애와 관련된 통계 현황

1) 연도별 등록 장애인

통계청에서는 연도에 따라 장애 등록의 수를 표로 나타내고 있다. 전체적으로 큰 변동은 없는 가운데, 발달장애가 점차 늘어나고 있으며, 심장장애는 줄어들고 있는 것을 볼 수 있다. 이는 과학기술이 발달함에 따라 심장장애 완치율이 높아지고 있기 때문이다. 그러나 원인을 알 수 없는 자폐성 발달장애는 늘어나고 있는 추세다.

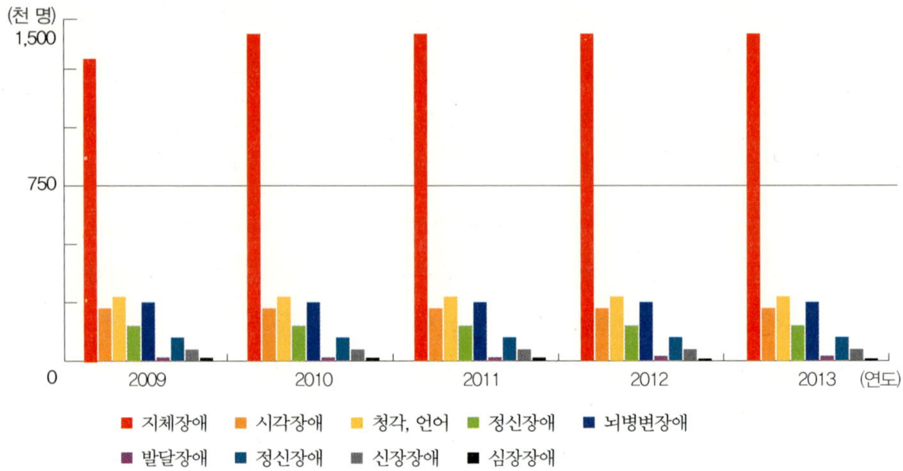

[그림11-1] 연도별 등록장애인 추이

출처: 국가통계포털(2013).

2) 장애인 차별에 대한 인식

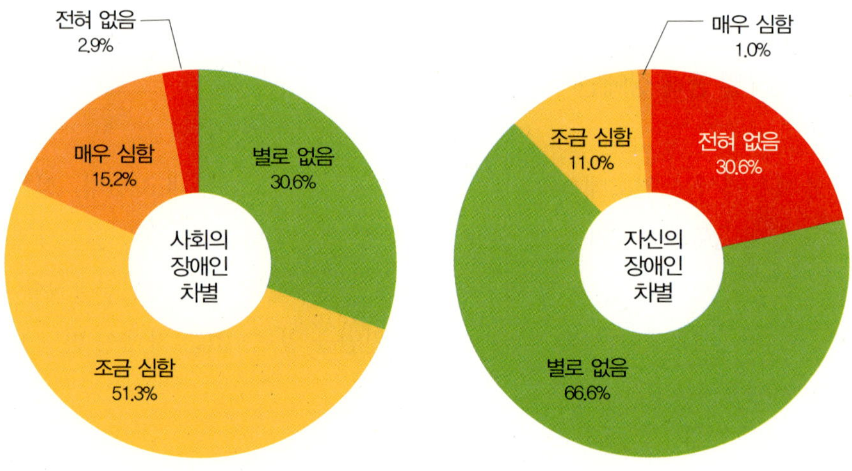

[그림 11-2] 장애인 차별에 대한 인식

출처: 국가통계포털(2013).

통계청에서 우리 사회의 교육, 고용 등 생활 전반에 걸친 장애인 차별 정도를 조사한 결과([그림 11-2]), 차별이 '심하다'고 생각하는 사람은 66.5%로 나타났다. 그러나 평소 자신의 장애인에 대한 차별이 '심하다'고 생각하는 사람은 고작 12.0%에 불과하여 장애인 차별에 대한 일반적 인식과 주관적 인식 간에 큰 차이를 보이고 있는 것으로 나타났다.

3) 장애인을 대하는 비장애인의 바람직한 시각이나 태도

통계청에서 실시한 장애인에 대한 견해 조사에 의하면([그림 11-3]) '장애인을 고려하여 더 배려해야 함'이 65.1%로 가장 많았고, '비장애인과 똑같이 대해야 함'이 30.7%, '비장애인과 차별해서 대할 수밖에 없음'은 4.1%로 나타났다. 보건복지부는 '장애를 고려하여 더 배려해야 한다'는 의견의 경우, 성별로는 여성이 남성보다, 장애인이 비장애인보다 높게 나타났다고 보고하였다.

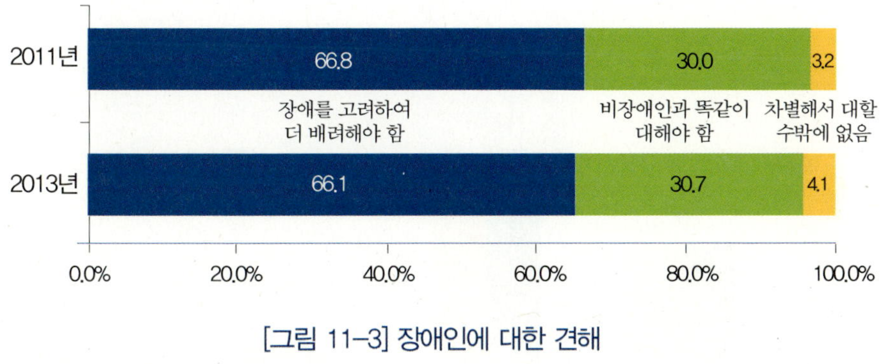

[그림 11-3] 장애인에 대한 견해

출처: 국가통계포털(2013).

4) 장애인 관련 시설 설립에 대한 견해

통계청에서 일반인을 대상으로 실시한 조사에 의하면([그림 11-4]), 집 근처에 장애인 생활시설, 재활시설 등 장애인 관련 시설이 설립되는 것에 대해 '반대는 하지 않는다'는 응답이 58.3%, '전혀 문제되지 않는다'는 응답이 35.8%였으며, '반대하거나 절대로 안 된다'는 응답도 무려 5.8%에 달했다. 추가로 장애인의 경우, 장애인 관련 시설 설립에 대해 '전혀 문제되지 않음'이거나 '반대는 하지 않음'이라고 응답한 사람이 96.9%로 나타난 반면, 비장애인의 경우엔 그 비율이 94.0%로 나타나 미미한 견해차이를 보였다.

2. 토론 문제

- 우리 사회는 장애가 있거나, 특별한 필요를 가진 사람을 어떻게 인식하고 있습니까? 이러한 인식은 지난 수십 년간 어떠한 방향으로 변화해왔다고 생각합니까?

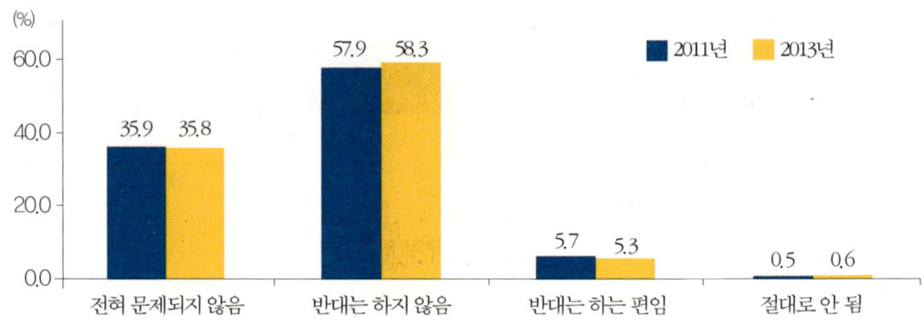

[그림 11-4] 장애인 관련 시설 설립에 대한 견해

출처: 국가통계포털(2013).

- 우리나라에는 장애를 가진 이들과 관련하여 어떤 법이 있습니까? 이러한 법이 실제로 장애인들에게 어떠한 도움이 될 것이라고 생각합니까?
- 아동은 장애가 있는 사람을 어떻게 인식하고 있습니까? 아동이 장애가 있는 사람에게 갖는 인식은 무엇으로부터 가장 큰 영향을 받았을 것이라고 생각합니까?
- 그림책은 아동에게 장애에 대해 어떠한 이해를 제공할 것이라고 생각합니까? 장애를 가진 이들을 어떻게 그려 내는 책이 바람직한 장애 그림책이라고 생각합니까?
- 장애를 가진 이들을 묘사하고 있는 그림책을 아동들에게 읽어 줄 때 어떠한 관점에서 접근하고 해석하는 것이 필요하다고 생각합니까?

3. 평가 준거

- 장애의 문제를 그릴 때에는 정확한 정보를 수집하여 보다 사실적인 내용을 담아야 한다. 최근에는 장애라는 특수한 상황을 아동에게 소개하고 이해시키는 데 효과적인 그림책들이 다수 출간되고 있다. 장애와 비장애 인물 간의 부정적인 상호작용을 그리거나 장애 인물을 불쌍하고 비범하게 묘사하던 전래동화의 형식에서 탈피해 장애인을 배려하는 현실적이고 감동적인 주제를 다루는 창작 그림책이 주를 이룬다.[5] 이처럼 어린이를 위한 문학은 등장인물 간의 긍정적인 상호작용과 장애극복, 장애이해, 가족 간의 사랑 등을 담고 있어야 한다.[6]
- 장애의 원인을 개연성 있게 반영해야 한다.[7] 그림책 속의 등장인물들은 대부분 선천적 장애를 가진 것으로 묘사되곤 한다. 그러나 실제 장애의 원인은 후천적인 경우가 90% 이상이므로 이러한 현실을 그림책에

반영할 필요가 있다. 또한 장애 인물은 우리의 실제 현실처럼 중심인물과 보조인물 모두로서 다루어질 필요가 있으며 그들의 감정, 문제, 반응 등에 있어 다양한 캐릭터 묘사가 이루어져야 한다. 뿐만 아니라 그들에 대한 이야기는 시, 픽션, 민담, 논픽션, 모험 이야기, 판타지 같은 장르에서 다양하게 표현되어야 한다.

- 그림책에 장애를 가진 등장인물이 동물, 식물, 사물로 의인화될 경우에 아동들은 장애를 친근하게 받아들일 수 있다. 하지만 등장인물이 의인화되어 나타난 그림책들의 대부분이 지체장애만을 주로 그리고 있어 장애 종류의 묘사가 단순하고 제한적이라는 한계가 있다. 또한 의인화된 장애의 모습은 실생활에서는 찾기 어려운 형태이거나 없는 것들이 대부분이기 때문에 실제 현실을 왜곡할 위험이 있다. 따라서 아동들에게 장애에 대한 왜곡된 생각을 심어 주지 않도록 그림책 안에는 장애에 대한 사실적인 묘사가 담겨야 한다.
- 그림책은 장애에 대한 이해를 높일 수 있는 이야기들로 구성되어야 한다. 기존의 연구에 따르면, 비장애아동들은 장애아동과의 같은 점과 다른 점을 묻는 질문에 대해서 장애아동과 같은 점보다는 차이점을 부각시켜서 인식하고 있었다.[8] 특히 아동은 성이나 인종, 신체기능의 차이 등에 초보적 편견(pre-prejudice)을 가지기 시작할 때, 장애인과의 접촉이 자신에게 해를 끼치는 것이라 생각하게 되거나 장애인의 도구를 만지는 것을 꺼려 하는 등의 태도를 보일 수 있다. 그러므로 그림책은 장애에 대한 바른 이해를 제공해야 한다. 휠체어, 보청기, 안경 등과 같은 장비의 정보를 포함해야 하며, 그 표현에 있어서도 '휠체어 신세를 지는'보다는 '휠체어를 사용하는' 등의 표현을 사용하여 장애를 지닌 사람들이 동정의 대상이 아닌 하나의 완전한 인격체로서 묘사될 필요가 있다.
- 사람들은 특정 관점을 통해 장애를 이해한다.[9] 독자들은 장애인들의

능력에 대해 낮은 기대를 갖지 말아야 하며 그들 역시 다양한 능력을 가지고 있다는 사실을 인지해야 한다. 이러한 측면에서 그림책의 캐릭터들은 그들 자신의 권리의 주체인 동시에 독자적인 인격체로 묘사되어야 하며 그들 역시 자신들과 다른 사람들을 돕고 그들의 상황에 대처할 수 있는 삶의 주체로 그려져야 한다. 종종 그림책 속 장애는 긍정적인 생각, 기도, 극적인 사건으로 인해 쉽게 극복되거나 사라지기도 하는 비현실적인 판타지로 묘사되기도 한다. 그러나 이러한 묘사는 장애에 대한 잘못된 인식을 심어 줄 수 있으므로 작가는 개연성 있는 캐릭터 묘사에 주의를 기울여야 한다.

- 장애를 지닌 캐릭터가 항상 '혼자 고립된 이'로 묘사 되어서는 안 된다. 장애인들의 사회적 상호작용, 감정 표현 등이 비장애인보다 부족하게 묘사되는 것을 피해야 한다. 또한 나이와 관계없이 장애인을 단순히 어린아이로 그려 내는 것에도 주의해야 한다. 그들도 복잡한 개성을 갖고 있으며 다양한 활동에 참여할 수 있다. 그들도 화를 내고 사랑을 하는 등의 다양한 감정을 경험한다. 이처럼 작가가 특별한 필요를 지닌 캐릭터의 행동을 묘사하는 데 있어 개연성은 특별히 중요하다. 다수의 작품 속 신중하지 못한 표현들은 독자를 오도하고 비현실적인 결과를 기대하도록 만든다.

4. 소주제 설명 및 그림책 서평

1) 정신적 장애

마야(馬雅) 글, 그림의 『날개 잃은 천사 *Shou shang de tian shi*』(2005)는 남다른 여동생을 둔 작가 자신의 경험을 바탕으로 장애를 갖고 있는 친구들을 따뜻한 시선으로 바라볼 수 있도록 도와준다. 무엇보다 흡입력이 강한 그림을 통해 침울하고 억눌린 장애아의 모습을 현실감 있게 표현한 점이 돋보인다. 장애 여아의 오빠인 주인공은 "내 동생은 달라요. 글자도 잘 모르고 옷에 오줌을 싸기도 해요. 수업시간에는 혼자 나와 운동장에서 놀기도 해요." 라고 이야기하면서 그런 동생을 이해할 수 없는 모습을 드러내는데, 그렇게 남처럼 느껴지던 동생이 어느 날 마음속으로 들어온다. 동생에게 이유 없이 돌을 던지는 아이를 본 바로 그 순간이다. 그날 집으로 돌아온 오빠가 엄마에게 왜 동생이 우리랑 다른지에 대해 묻자 엄마는 동생이 날개를 잃은 채 세상에 왔기 때문이라고 말해 준다. 묘사력이 뛰어난 그림과 절제된 글이 절묘한 조화를 이뤄 장애를 이야기하는 그 어느 그림책보다 따뜻하고 감동적이다.

로리 리어스(Laurie Lears) 글, 카렌 리츠(Karen Ritz) 그림의 『이안의 산책 *Ian's Walk: A Story about Autism*』(1998)은 누나 줄리가 평범하지 않은 동생 '이안'과 함께 산책을 하는 이야기다. 세상과 소통하는 방식이 다른, 자폐증을 가진 아이를 사랑으로 보듬는 가족의 모습이 인상적이다. 처음에는 가족들도 자폐를 가진 이안에게 당혹스러움과 분노를 드러내지만 점차 그 분노가 책임과

연민, 우애와 사랑 등의 복합적인 감정으로 발전하는 감정 변화의 과정을 과장하지 않고 잔잔하게 그려 냈다. 특히 수채화풍의 큼직한 그림 아래의 짧고 간결한 글은 이안의 누나 줄리의 감정을 압축적으로 보여 준다. 자폐아를 둔 가족들의 구체적인 삶을 엿볼 수 있게 해 주는 그림책이다.

스테파니 스투브 보딘(Stephanee Stuve-Bodeen) 글, 팜 드비토(Pam Devito) 그림의 『내 동생과 할 수 있는 백만 가지 일 *We'll paint the octopus red*』(1998)은 동생이 생김으로써 급작스럽게 형이나 오빠, 누나나 언니가 된 아이들이 느끼는 거부감, 기대감, 불안감 등의 심리를 그대로 반영하고 있는 책이다. 이 그림책은 6세 소녀 '엠마'를 통해 아이들이 동생이라는 존재를 기쁘게 받아들이고 함께하는 즐거움을 누릴 수 있도록 인도하는데, 특히 가족, 친구, 이웃 등의 장애를 편견 없이 받아들이는 방법을 자연스럽게 일깨워 주고 있다.

에즈라 잭 키츠(Ezra Jack Keats) 글, 그림의 『내친구 루이 *Louie*』(1983)는 그림의 밝은 색감만큼이나 마음이 환해지는 그림책이다. 주인공 수지와 로베르토가 오랫동안 준비한 인형극이 시작된 가운데 말 없이 앉아 있는 한 아이가 눈에 띈다. 루이는 소심하고 자폐 증세가 있는 흑인 남자아이이다. 인형극에는 수지와 로베르토가 인형극을 위해 오랫동안 공을 들여 만든 인형 구씨가 등장한다. 구씨가 등장한 인형극을 본 루이는 그 누구보다도 크게 손뼉을 치며 좋아한다. 특히 루이가 "안녕?" 하고 인사하는 장면에서는

루이의 당당하고 시원한 모습을 엿볼 수 있다. 구부정한 어깨에 고개를 숙이고 다니는 모습이 다른 장면과는 대조적이다. 즉, 루이와 인형 구씨와의 만남은 루이가 닫힌 세계에서 조금씩 다른 세상으로 눈을 돌리게 되는 계기가 된 것이다. 이 그림책은 '친구'가 무엇인지, 남에 대한 배려가 무엇인지를 수지와 로베르토를 통해 가르쳐 준다.

2) 신체적 장애

곽재구 글, 그림의 『외눈박이 한세』(2000)는 눈이 하나밖에 없는 아기고양이가 남과 다른 자신의 모습에 자신감을 갖게 되기까지의 과정을 그린 이야기다. '한세'라는 이름은 한 눈으로 보는 세상이라는 뜻으로, 한 눈으로 어떻게 세상을 보느냐고 놀림을 받던 한세는 엄마에게 자신의 서러운 마음을 이야기한다. 그러자 엄마는 한세에게 세상에서 가장 아름다운 보라색별도 외눈박이라고 말해 준다. 엄마의 말에 자신감을 갖게 된 한세는 보라색별을 찾아간다. 보라색별은 자신뿐만 아니라 하늘에서 반짝이는 별들이 모두 외눈박이라고 말해 준다. 한세는 그 말을 듣고 자신의 모습을 부끄러워하지 않게 된다. 보라색별에게 별 리본을 선물 받고 돌아온 한세는 친구들에게 선물을 나누어 주면서 사이좋게 지내게 된다.

에이다 바셋 리치필드(Ada Bassett Litchfield) 글, 김용연 그림의 『흰지팡이 여행 *White cane*』(2008)은 시력을 잃어가고 있는 여자아이 '발레리'에 대한 이야기를 담고 있다. 두꺼운 안경을 써도 세상을 뚜렷하게 볼 수 없는 '발레리'가, 자신이 혼자 걸어 다닐 수 있도록 도와

주는 '흰지팡이'와 친해지기까지의 그 과정에선 다채로운 사건, 사고가 펼쳐진다. 이와 같이 이 도서는 눈으로만 세상을 볼 수 있는 것은 아님을 일깨워 줌으로써 궁극적으로는 아동 독자가 시각장애를 겪는 사람들을 이해하고 인정하는 마음을 갖도록 도와준다.

나카야마 치나츠(中山千夏) 글, 와다 마코토(和田 誠) 그림의 『어떤 느낌일까? *どんなかんじかなあ*』(2005)는 장애에 대해 편견을 갖기 쉬운 어린이와 성인 모두에게 새로운 시각을 제시하는 그림책이다. 그림책에는 실제 교육현장에서 장애인을 이해하기 위한 교육방식으로 자주 사용되는 '장애 체험'이 묘사되어 있어, 비장애인도 장애인의 입장에서 생각해 볼 기회를 제공한다. "내 친구 마리는 눈이 보이지 않아요. 보이지 않다는 건 어떤 느낌일까요? 또 다른 친구 키미는 부모님이 없어요. 부모님이 안 계신다는 건 어떤 느낌일까요?" 주인공 아이가 혼자 하는 생각과 친구들과 나누는 대화는 과장되지 않고 솔직하면서도 담담하게 펼쳐진다. 그림 역시 세세한 배경 표현이 없어 밋밋해 보이지만 정면을 바라보는 인물들의 묘사나 감각을 표현하는 참신한 기법 등은 들여다볼수록 더욱 눈길을 끈다. 더 나아가 이 책은 타인을 대하는 태도에 대해서도 생각해 볼 계기를 마련해 준다.

다원시(達文茜) 글, 탕탕(唐唐) 그림의 『짧은 귀 토끼 *短耳兔*』(2006)는 토끼가 자신의 단점을 이겨 내는 과정을 재미있고 유쾌하게 그려 낸 이야기다. 『짧은 귀 토끼』의 주인공인 동동이는 수차례의 실패에도 굴하지 않고 자신의 의지를 굳건히 한다. 또한 스스로 목표를 세우고 그 목표를 달성하기 위해 계획대로 실행해 나간다. 그렇게 『짧은 귀 토끼』의 아기 토끼 동동이는 짧은 귀의 단점을 여러 방법으로 극복

하려 하지만 결국에는 이를 담담하게 수용하게 된다. 오히려 그 단점 덕분에 멋진 재능을 발견하게 되는 과정을 섬세하면서도 재치 있는 그림으로 표현하였다.

이미애 글, 이억배 그림의 『반쪽이』(2008)의 반쪽이는 세상에서 가장 모자란 존재에 대한 상징일 수 있으며 누구나 한 가지쯤은 가지고 있는 약점을 인격화한 것일 수도 있다. 반쪽이는 겉모습 때문에 가족들에게도 따돌림당하고 온전한 대접을 받지 못한다. 그러나 언제나 꿋꿋하고 재치 있으며 구김살이 없다. 자신을 그대로 받아들이며 주어진 상황에 최선을 다해 건강한 삶을 이루어 내는 이야기를 담고 있다.

미주 목록

1) 정갑순(1996). 장애아 통합교육에 관한 연구보고. 이화특수교육학술대회 발표논문집, 135-156.
조영숙, 정명자(2012). 장애아동 통합보육의 효과에 관한연구. 한국장애아동인권학회, 3(1), 1-13.
2) 조형숙, 이효정(2009). 장애이해교육의 구성과 운영실태 및 유아교사의 인식. 한국영유아교육 교육학회, 13(3), 359-377.
3) 이상애, 김성애(2004). 장애이해교육활동을 통한 일반유아의 장애 인식 및 태도 변화. 유아특수교육연구, 4(2), 113-136.
4) Lozzi, L. A. (1989). What research says to the educator-part one: Environmental education and the affective domain. *The Journal of Environmental Education, 20*(3), 3-9.
5) 김광순, 이승희(2002). 한국소설에 나타난 자애인관 연구-1910년대부터 1940년대까지를 중심으로. 특수교육학연구, 36(4), 29-50.
6) 박지원, 강영심, 조혜선(2010). 장애관련 창작동화를 활용한 토의활동이 일반아동의 장애수용태도에 미치는 효과. 지적장애연구, 12(4), 343-361.
7) 김숙현, 강종구(2013). 그림책들에 나타난 장애 특성 및 태도 분석. 유아특수교육연구, 13(2), 1-21.
8) 강정원, 이효정, 안지영(2007). 그림책을 활용한 사연있는 인형 활동이 일반 유아의 장애 인식 및 태도와 귀인에 미치는 영향. 유아 특수교육연구, 7(1), 197-223.
9) 강종구(2009). 사회구성주의 이론의 소개 및 사회구성주의 관점을 통한 장애의 고찰. 시각부호연구, 25(1), 125-142.

웹사이트

국가통계포털(2013). 연도별 등록장애인 추이, 장애인 차별에 대한 인식, 편견 장애인에 대한 장애인 관련 시설 설립에 대한 견해. http://www.kosis.kr

참고 그림책 목록

곽재구 글, 그림(2000). 외눈박이 한세. 서울: 미세기.
이미애 글, 이억배 그림(2008). 반쪽이. 경기: 보림.
馬雅(2005). *Shou shang de tian shi*. 임지영 역(2006). 날개 잃은 천사. 서울: 고래이야기.
梅田 俊作(2001). *把帽子還給我*. 김난주 역(2011). 돌려줘, 내 모자. 서울: 시공주니어.
達文茜(2006). *短耳兔*. illustrated by 唐唐. 심윤섭 역(2006). 짧은 귀 토끼. 서울: 고래이야기.
中山千夏(2005). *どんなかんじかなあ*. illustrated by 和田 誠. 장지현 역(2006). 어떤 느낌일

까? 경기: 보림.
Ada Bassett Litchfield(2008). *White cane*. illustrated by 김용연. 이승숙 역(2008). 흰지팡이 여행. 경기: 사계절.
Ezra Jack Keats(1983). *Louie*. 정성원 역(2001). 내 친구 루이. 서울: 비룡소.
Laurie Lears(1998). *Ian's Walk: A Story about Autism*. illustrated by Karen Ritz. 이상희 역(2005). 이안의 산책. 서울: 큰북작은북.
Stephanee Stuve-Bodeen(1998). *We'll paint the octopus red*. illustrated by Pam Devito. 한진영 역(2008). 내 동생과 할 수 있는 백만 가지 일. 서울: 한울림어린이.

제12장 전 쟁

역사의 태동에서부터 전쟁은 인류와 공존했다. 전쟁(War)이란 둘 이상의 서로 대립하는 국가 또는 이에 준하는 집단들이 군사력을 비롯한 각종 수단을 사용해서 상대의 의지를 강제하려고 하는 행위 또는 그 상태를 말한다.[1] 이처럼 종래에는 무력행사를 수반하는 국가 간의 투쟁을 전쟁으로 보는 견해가 일반화되어 있었으나 오늘날의 전쟁은 비단 국가 간에만 행해지는 것이 아니다. 전쟁은 집단안전보장체제에 의해 특정 집단 간에도 일어날 수 있다. 또한 내란이더라도 내란을 일으킨 정치단체가 정당한 교전단체로 인정되면 국제법상으로 정식적인 전쟁의 주체가 될 수도 있다. 즉, 전쟁이란 특정 집단의 이익이나 의지를 다른 집단에게 무력으로서 강요하는 행위 혹은 그 결과라고 볼 수 있다.[2]

고대 초기 전쟁의 목적은 살아가는 데 필요한 인적 · 물적 자원을 획득하는 것이었고, 중세 이후에는 자원의 획득과 영토 확장 외에 국제 정세를 자국에 유리하게 하는 것이었다. 이어 20세기의 전쟁은 직접적인 군사력뿐만 아니라 경제력과 정신력 등 총체적인 국력을 겨루는 무대가 되었으며, 21세기에 이르러 전쟁은 국가 간에 벌어졌던 전쟁보다 더 지역적이고 살육적인 형태의 국내 분쟁으로 바뀌고 있다.[3)]

유니세프 세계아동현황 보고서(2005)에 따르면 냉전시대가 끝난 후 1990년부터 2003년까지 14년 동안 전 세계적으로 48개 지역에서 59건의 대규모 무력분쟁이 발생했는데, 이 중 4건만이 국가와 국가 간의 분쟁이었다.[4)] 국가 간 분쟁의 경우 군인들의 희생을 전제로 하는 데 반해, 내전의 경우에는 군인보다는 민간인이 그 전쟁의 희생양이 되는 경우가 많다. 실제로 1990년부터 전 세계적으로 전쟁에 의해 목숨을 잃은 사람들의 90%가 민간인이며, 이 중 80%가 여성과 아동들이다. 이들은 직접 공격 대상이 되기도 하고, 목표물에서 빗나간 총탄이나 파편에 희생되기도 한다.

전쟁을 시작하는 건 아동이 아니지만 전쟁의 잔혹한 피해를 가장 많이 입게 되는 것은 바로 아동들이다. 전쟁 시 아동은 강제로 전투나 노역을 하게 되고 성폭력이나 착취를 경험하기도 하며 전쟁이 끝난 후에도 지뢰나 폭발물 등에 의해 매년 수천 명이 목숨을 잃거나 영구적인 장애를 입게 된다. 소녀들은 특히 전쟁 전후에 성폭력과 학대, 착취의 희생자가 되고 이로 인해 오명을 뒤집어쓰기도 한다.[5)] 이처럼 무고한 아동들의 희생과 고통을 막기 위해서라도 평화를 위한 국제적인 노력과 전쟁에 대한 개개인의 올바른 인식이 필요하다.

오늘날과 같이 전쟁 이야기를 주변에서 자주 접하는 불안한 상황에서는 아동들이 전쟁과 폭력에 대해 정확한 지식을 습득하여, 이를 토대로 올바른 태도를 가질 필요가 있다.[6)] 이민주(2009)의 연구에 따르면 전쟁 관련 정보의 출처로는 TV의 영향력이 가장 큰 것으로 나타났으며 책과 컴퓨터도 상당 부분 영향을 미치고 있다.[7)] 그중에서도 TV는 특별한 필터 처리 없이 테러나 전쟁과 같은 자극적인 정보를 아동들에게 그대로 노출시키는데 이처럼 TV가 전달하는 파괴적이고 폭력적인 장면은 아동들이 전쟁에 대해 왜곡된 인식을 갖게 한다.

이에 비해 어른들과 함께 나누는 전쟁 그림책은 아동들이 보다 안전한 방식으로 전쟁을 접할 수 있게 한다는 장점이 있다.[8] 특히 우리는 전쟁 그림책 중에서도 전쟁의 폐해와 고통을 객관적으로 그려 낸 그림책을 선정하여 전쟁에 대한 정보를 아동들과 함께 나눌 수 있다. 그중 역사 픽션 그림책을 함께 나누는 경우, 전쟁에 대한 성인의 지식과 태도를 통해 아동들에게 전쟁에 관한 역사적 사실을 있는 그대로 전해 줄 수 있다. 2000년대에 출판된 아동용 그림책과 초등학교 아동을 위한 동화를 통해 한국전쟁을 살펴본 정대진(2003)의 연구에 따르면, 한국전쟁의 실상은 비교적 구체적인 사건을 중심으로 담담하게 그려지고 있었다.[9] 그리고 작가들은 사실을 왜곡하지 않고 정확한 정보를 제공하면서도, 동시에 아동의 발달과 삶의 특성을 고려하여 정서적으로 안정감 있게 한국전쟁을 바라보고 이해할 수 있도록 내용을 구성하고 있었다.[10] 특히 한국전쟁에 관한 그림책은 분단국가에 살고 있는 우리나라 아동들에게 우리들의 삶 속에 현실로서 존재하는 한국전쟁을 발견하게 한다는 점에서 아동들의 마음을 순화하는 동시에 정신적으로 한 단계 고양시킬 수 있었다.[11]

우리나라에서는 2000년대 이후 전쟁 그림책이 꾸준히 번역 · 출판되고 있다.[12] 특히 2007년에는 한국 · 중국 · 일본 작가들이 '평화'라는 주제로 그림책을 출판하자는 데 뜻을 모아 전쟁과 평화의 내용을 담은 그림책이 제작 · 출판되기도 했다. 이와 더불어 눈여겨볼 사실은 우리나라에서 최초로 일본군 위안부 할머니에 대한 실제 이야기를 담은 권윤덕 글, 그림의 『꽃할머니』(2010)와 강제숙 글, 이담 그림의 『끝나지 않은 겨울』(2010)이 각각 출간되었다는 사실이다. 이러한 작품을 통해 아동 독자들은 전쟁이 힘없는 사람들에게 얼마나 큰 상처를 남기는지, 그리고 그 치유 방법은 무엇인지 숙고할 기회를 갖게 된다.

그러나 전쟁 그림책을 그리는 작가들은 실제 일어난 전쟁을 지나치게 단순화시키거나 그릇되게 묘사해서는 안되며, 전쟁을 기술함에 있어서도 자신의 편견에 치우쳐서는 안된다. 이렇게 체계적으로 구성된 양질의 전쟁 그림책은 그 사회에 영향을 미치는 강력한 매체가 되기 때문에[13] 부모나 교사는 이러한 그림책을 아동에게 읽어 주면서 그들이 전쟁과 평화에 대해 올바른 인식을 갖도록 도울 수 있다.

전쟁 그림책을 통해 전쟁과 평화를 정확하게 인식하는 것은 매우 중요하다. 특히 우리나라의 아동들에게는 장차 통일이라는 미래 과제가 남아 있기 때문에 향후 한반도의 평화 통일을 위해서라도 아동들이 전쟁과 평화에 대해 올바른 인식과 이해를 가질 수 있도록 교육하는 일은 꼭 필요하다. 어릴 때부터 전쟁 그림책을 통해 이러한 태도를 가지게 한다면 성인이 되었을 때 분명 평화에 한 걸음 더 가까워져 있을 것이다.

1. 전쟁과 관련된 통계 현황

1) 2010, 2011, 2012년 세계 주요국 군사비

2013년 'The Military Balance'의 자료(2013)에 따르면, 우리나라의 국방비는 2010년 251억 달러에서 2012년 290억 달러로 증가 추세를 보이고 있다. 그 외에 러시아와 이스라엘의 국방비는 각각 2010년 419억 달러에서 2012년 599억 달러, 2010년 152억 달러에서 2012년 194억 달러로 증가했으며 특히 중국의 국방비는 2010년 764억 달러에서 2012년 1,024억 달러로 급증했다. 반면, 세계 주요국에서 군사비중이 가장 높은 미국의 국방비는 2010년 6,909억 달러에서 2012년 6,457억 달러로 감소했다. 2010년부터 2012년까지 세계 주요국의 군사비는 <표 12-1>과 같다.

〈표 12-1〉 2010, 2011, 2012년 세계 주요국 군사비

	2010년			2011년			2012년		
	국방비 (억 $)	국내총생산 [GDP]대비 (%)	1인당 국방비($)	국방비 (억 $)	국내총생산 [GDP]대비 (%)	1인당 국방비($)	국방비 (억 $)	국내총생산 [GDP]대비 (%)	1인당 국방비($)
한국	251	2.48	515	283	2.54	581	290	2.52	593
미국	6,909	4.76	2,241	6,870	4.56	2,205	6,457	4.12	2,057
일본	544	1.00	426	598	1.02	469	594	0.99	456
러시아	419	4.41	468	516	2.79	362	599	3.06	420
중국	764	1.30	57	902	1.24	67	1,024	1.24	76
대만	88	2.03	381	97	2.08	439	103	2.21	444
영국	603	2.68	967	636	2.62	1,014	641	2.63	1,016
프랑스	520	2.03	803	535	1.93	819	481	1.86	733
사우디 아라비아	459	1.40	562	482	1.34	591	404	1.20	496
이스라엘	152	6.97	2,063	181	7.43	2,424	194	7.85	2,551

출처: The Military Balance(2013).

2) 2013, 2014년 전 세계 국방예산 규모

『뉴욕타임스』와 『텔레그래프』 등은 영국 군사전문기관 IHS 제인스의 2014년 국방예산보고서를 인용해 그 해 전 세계 국방예산을 지난해 1조 5,380억 달러(약 1,664조 원)보다 0.6% 증가한 1조 5,470억 달러(약 1,674조 원)

로 예측했다. 이는 중국과 러시아의 국방예산 급증으로 인한 것으로 그 해 전 세계 국방예산은 5년만에 증가세로 돌아설 것으로 전망됐다.

2014년 국가별 국방예산은 미국이 5,749억 달러(약 622조 원)로 가장 많았으나 이는 오히려 전년보다 줄어든 수치다. 이어 중국의 국방예산은 전년 대비 6.3% 증가한 1,480억 달러(약 160조 원)로 2위를, 러시아의 국방예산은 전년 대비 13.5% 증가한 780억 달러로 3위를 기록했다. 4위를 차지한 영국의

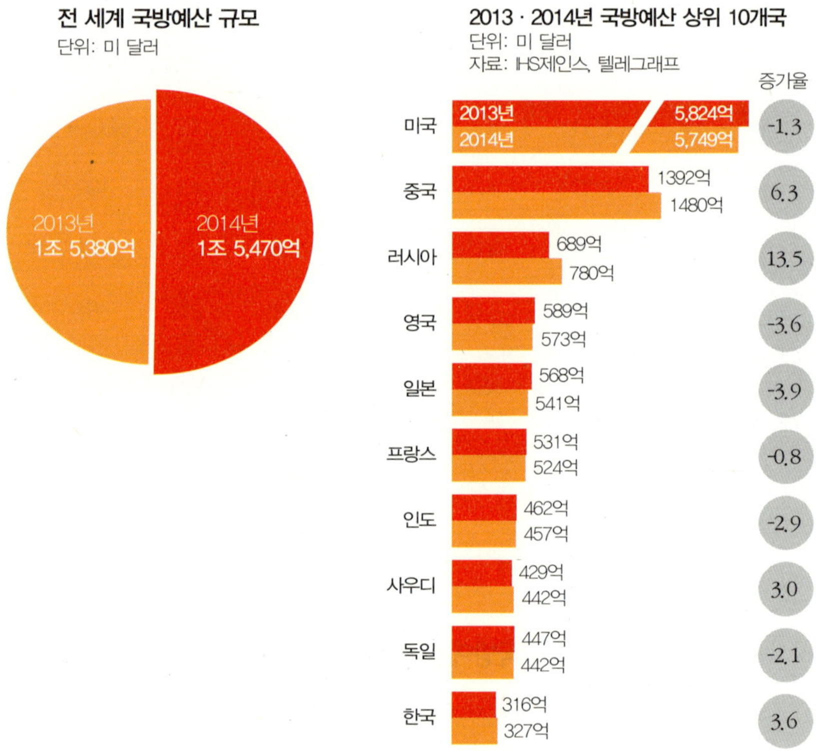

[그림 12-1] 전 세계 국방예산 규모

출처: 경향신문(2014).

국방예산은 2013년 대비 3.6% 감소할 것으로 전망됐다.

전 세계 국방예산은 미국이 이라크와 아프가니스탄 등지에서 철수하면서 줄어드는 추세였으나 중국과 러시아, 중동 국가들이 군비를 늘리면서 다시 증가세로 돌아서고 있다. 특히 중동 정세 불안으로 인해 중동 국가들의 증가세가 두드러졌는데, 그중 오만과 사우디아라비아는 지난 2년 동안 군사비를 각각 30% 이상 늘렸다. 사우디아라비아는 군사비가 10년 동안 무려 세 배나 늘었다.

2014년 중국의 군사비는 2009년과 비교하였을 때, 3분의 1가량 늘어나 무척 가파른 증가 속도를 보였다. IHS 제인스는 중국의 이러한 증가세에 특히 주목하여, 2014년 당시 2015년 중국의 국방예산을 영국 · 독일 · 프랑스의 군사비를 합친 금액(1,490억 달러)보다 많은 금액인 1,596억 달러로 내다보았으며, 2024년이면 서유럽 국가 전체의 군사비를 추월할 것으로 전망했다.

2. 토론 문제

- 분단국가인 우리나라에서 전쟁과 평화는 어떤 의미를 가집니까? 한국의 아동들은 전쟁을 어떻게 받아들일 것이라고 생각합니까?
- 전쟁은 왜 일어난다고 생각합니까? 한 전쟁을 예로 들어 설명해 보십시오.
- 미국은 자신들이 입은 테러리스트의 공격에 복수하기 위해, 또한 미래의 위협을 제거하기 위해 이라크에서 '평화를 위한 전쟁'을 벌인 바 있습니다. 이에 대해 어떻게 생각합니까?
- 전쟁 없는 세상은 가능하다고 생각합니까? 그렇게 생각하는 이유는 무엇입니까?

- 아동들에게 전쟁의 이슈를 다룬 그림책을 보여 줄 적기는 언제라고 생각합니까? 전쟁과 평화에 대한 성숙한 이해가 가능한 연령이 정해져 있다고 생각합니까?
- 아동들은 한국의 통일에 대해 어떤 생각을 가지고 있다고 생각합니까? 그 이유는 무엇입니까?
- 전쟁에 관련된 그림책을 보면서 어떤 이야기를 다루는 것이 적절하다고 생각합니까?

3. 평가 준거

- 전쟁에 관련한 그림책은 자세하고 충분한 자료를 바탕으로 해야 한다. 즉, 역사적인 사실들은 잘 고증되어야 하고 다양한 자료, 시각적 증거와 함께 제시되어야 한다. 권윤덕 글, 그림의 『꽃할머니』(2010)는 일본군 위안부 할머니의 실제 이야기를 담은 그림책으로, 그림을 통해 일본군 위안부 시설을 사실적이고 상세하게 묘사함으로써 전쟁의 가장 큰 피해자가 여성임을 보여 준다.
- 전쟁에 관련한 그림책은 선동적인 언어나 선전용 장면의 묘사를 피해야 한다. 예컨대, 논픽션 그림책에서 대학살, 교활한, 애국적인, 영웅적인과 같은 단어들을 사용하는 것은 작가의 특정 관점이 반영된 것이므로 지양해야 한다. 또한 작가는 픽션 그림책에서도 강력한 개인적 감정이 함축된 단어를 피하는 것이 좋다. 권윤덕 글, 그림의 『꽃할머니』(2010)와 강제숙 글, 이담 그림의 『끝나지 않은 겨울』(2010)은 위안부 할머니들이 전쟁 상황으로 인해 겪었던 피해와 고통을 사실적으로 나타내는 데 초점을 맞추고 있다.

- 전쟁에 대한 해결책들은 납득 가능한 것이어야 하며, 믿을 수 있는 용어로 제시되어야 한다. 심지어 판타지 안에서도 해결책은 개연성이 있어야 한다. 김경연(2003)은 많은 경우 현실에서는 불가능한 방식으로 전쟁이 간단하게 해결되는 모습이 그려지는데 이는 아동이라는 독자를 고려하기 때문에 일어나는 현상으로 파악된다.[14] 그렇지만 전쟁의 본질을 놓치게 할 수 있는 묘사는 지양되어야 한다. 존 맥커천(John McCutcheon) 글, 헨리 쇠렌센(Henri Sorensen) 그림의 『크리스마스가 가져다준 평화 *Christmas in the Trenches*』(2007)는 제1차 세계대전 중 단 하루 동안만 주어졌던 꿈 같은 휴전에 대한 이야기를 담고 있다. 전쟁이 한창이던 때, 크리스마스 이브가 되자 적군 진영에서 캐럴이 들리고 마침내 중립지대로 독일군이 흰 깃발과 크리스마스트리를 들고 나온다. 그리하여 군인들은 잠시나마 아군과 적군의 구분 없이 서로 파티를 즐긴다. 전쟁이 아니라면 모두가 친구일 수 있는 그들이 전쟁으로 인하여 어떤 소중한 것을 잃었는지에 대하여 생각해 보게 한다.
- 일반적으로 전쟁 관련 그림책에서 너무 소름 끼치는 상세묘사나 불필요한 폭력묘사는 바람직하지 않다. 전쟁 관련 그림책은 전쟁의 사실성을 하찮게 만들어서는 안 된다. 정대련(2003)은 아동은 사회적으로 스스로 가치를 판단하고 행동할 수 있는 지적 능력이 성인에 비할 때 성숙하지 못한 것이 사실이지만, 작가가 아동문학에서 한국전쟁이라는 역사적 사실을 소재 또는 주제로 선택할 때는 한국전쟁에 대한 폭넓은 이해를 토대로 정확한 정보를 수집해야 하며, 나아가 아동의 환상성이나 심미성을 고려하여 전쟁에 대한 묘사와 의미 설정에 유의하여야 한다고 말하고 있다.[15] 앨런 세이(Allen Say) 글, 그림의 『빛의 아이들 *Home of the brave*』(2002)은 제2차 세계대전 때 미국에 있었던 일본인 수용소에 갇혀 핍박받은 일본인 아동들에 관한 그림책인데 지나치지 않은 그

림 묘사를 통해 전쟁 수용소라는 곳이 어둡고 비극적인 장소임을 사실적으로 그려 내고 있다. 즉, 아동들이 전쟁 수용소에서 받았을 공포와 두려움을 그림을 통해 차분하고 냉정하게 나타내고 있다. 또한 일본군 위안부 할머니의 실제 이야기를 담은 강제숙 글, 이담 그림의 『끝나지 않은 겨울』(2010)은 절제된 글과 그림을 통해 위안부로 착취당하던 당시의 고통과 처참함을 담담하게 사실적으로 보여 주고 있다.

- 평화는 완전한 모습으로 또는 갑자기 달성되는 것처럼 보여서는 안 된다. 마이클 포맨(Michael Foreman) 글, 그림의 『한 아이의 정원 *A Child's Garden: A Story of Hope*』(2009)은 전쟁의 폐허 속에서도 희망을 키운 한 소년의 이야기를 담은 그림책이다. 전쟁으로 인해 무너진 건물더미에 사는 한 소년이 어느 날 군인들이 만들어 놓은 가시철조망 주변의 깨진 벽돌 틈에서 포도나무 새싹을 발견한다. 군인들은 무성히 자란 포도나무를 뽑아 없애 버리지만 철조망 건너편에선 다시 새싹들이 돋아나고, 새싹들은 한 소녀의 돌봄으로 무럭무럭 자라게 된다. 소년은 이 모습을 보고 전쟁이 끝난 후의, 평화로운 세상을 꿈꾼다. 작가는 포도나무 새싹을 통해 평화를 이룩하는 것이 결코 한순간에 이루어지지 않는다는 사실을 말해 주고 있다.

- 플롯과 캐릭터를 통해 메시지를 전달해야 한다. 또한 묘사는 정확해야 하며 스토리라인은 논리적이어야 한다. 죠 외슬랑(Jo Hoestlandt) 글, 요한나 강(Johanna Kang) 그림의 『아침별 저녁별 *La Grande Peur Sous les*

Etoiles』(1993)은 나치 점령기에 어린 시절을 보낸 한 소년의 이야기를 담은 그림책이다. 이 책은 제2차 세계대전 당시 독일군이 파리를 점령했을 때 유대인들에게 일어난 일을 사실적으로 그려 내고 있는데 주인공 헬렌과 유대인이었던 친구 리디아를 통해서 역사의 소용돌이에서 파괴되어 버린 우정에 대한 이야기를 전달하고 있다.

- 삽화와 글은 상투적인 문구나 감상, 고정관념에서 벗어나 높은 예술성을 가져야 한다. 첨단과학기술로 생생한 색감을 연출하고 전문적인 일러스트레이션 기법을 바탕으로 어린이의 심미감 또는 예술적 감각을 자극하는 삽화를 준비함으로써 글자보다는 그림에 친숙한 어린이들의 이해를 도와야 한다.[16)]
- 전쟁이 초래한 결과들은 전쟁이 끝난 후에도 시간이 흐른다고 저절로 사라지지는 않는다. 따라서 작가들은 전쟁이 끝나도 해결되지 않는 문제들이 남아 있음을 알려야 한다. 김금희(2012)는 1928년 이후 국제법적으로 침략전쟁이 금지되어 있기는 하지만, 권력 · 자원 · 영토 · 종교 등에 관련된 집단의 이익에 따라 평화로워 보이는 현 시점에도 전쟁이 우리 인류를 끊임없이 위협하고 있다고 말한다.[17)] 우리에게 가장 생생한 최근의 기억으로 남아 있는 전쟁인 이라크 전쟁도 불과 몇 년 전인 2011년 12월까지 지속되었다. 겉으로는 평화로운 듯 보이지만 여전히 지구 곳곳의 많은 사람들은 전쟁으로 고통받고 있다. 이억배 글, 그림의 『비무장지대에 봄이 오면』(2010)은 비무장지대의 사계절을 보여 주며 북쪽 고향을 그리워하는 할아버지의 이야기를 담은 그림책이다. 현재 우리나라는 전쟁을 잠시 쉬고 있지만, 전쟁으로 인해 이산가족이 생겨나 아직도 서로를 그리워하며 만나지 못하는 상황이다. 작가는 책 속에서 이러한 현실을 보여 주고 있다. 캐런 린 윌리엄스(Karen Lynn William), 카드라 모하메드(Khadra Mohammad) 글, 둑 체이카(Doug

Chayka) 그림의 『노란 샌들 한 짝 *Four Feet, Two Sandals*』(2007)은 전쟁으로 집과 가정을 잃은 난민촌 소녀들의 우정에 관한 이야기를 담은 그림책이다. 이 책은 전쟁뿐만 아니라 기아, 박해를 피해 자기 나라를 떠난 난민들이 현재 전 세계적으로 이천만 명에 이르며 전 세계 곳곳에 그림책의 주인공인 리나와 페로자와 같은 경험을 하는 난민 아동들이 살고 있다는 사실을 알려 주고 있다.

4. 소주제 설명 및 그림책 서평

소설론에서는 서사문학의 요체가 이야기의 제시이기 때문에 이야기 전달자(화자)의 시점이 서술에서 중요한 위치를 가진다고 본다. 이와 같은 맥락에서 브룩스(Brooks)와 워런(Warren)은 소설의 시점을 서술의 초점으로 해석하고 서술자가 작품의 안과 밖에서 어떤 지점에 있느냐에 따라서 전지적 작가 시점, 1인칭 주인공 시점, 1인칭 관찰자 시점, 작가 관찰자 시점의 네 가지로 나누었다.[18] 전쟁 그림책 역시 전쟁을 바라보는 시점에 따라 다양한 유형으로 나뉠 수 있다. 어떤 시점에서 이야기를 하느냐에 따라 전쟁에 대해 독자가 느끼는 방식과 거리감이 다르기 때문에 시점에 따라 전쟁 그림책을 분류하는 것은 유용하다.

1) 전지적 관점으로 바라본 전쟁 그림책

전지적 작가 시점은 서술자와 인물의 거리, 서술자와 독자의 거리가 가까워 등장인물의 심리 묘사 및 외부 묘사를 통해 등장인물들과 그들이 처한 상황을 이해하는 데는 효과적이나 실제 그 인물들의 체험에 공감하는 데는 그

다지 효과적이지 못하다.[19]

앨런 세이 글, 그림의 『빛의 아이들』(2002)은 제2차 세계대전 당시 미국 소재의 일본인 수용소에 갇혀 있던 일본계 미국인 아동들의 이야기를 담고 있다. 배를 타고 가다 강물 아래로 떨어진 주인공은 어느 동굴에서 빛이 나오는 것을 발견하고 사막 위로 올라간다. 거기서 주인공은 집으로 돌아가고 싶다고 말하는 어떤 아동들을 만나는데, 이 아동들이 바로 수용소에 갇힌 아동들이다. 문득 잠이 들었다 감시탑에서 쏘는 빛을 맞은 주인공이 눈을 뜨자 아동들은 간데온데 없고, 곧 그는 피곤함에 다시 잠들어 버린다. 그 후 그가 다시 잠에서 깨었을 때, 아동들은 여전히 수용소에 갇혀 있었으며, 오직 그들의 이름표만이 하늘로 날아갔다. 이 그림책은 전쟁의 최대 피해자인 아동들에 대한 연민과 사랑이 담긴 책으로, 원인도 모른 채 전쟁 중에 수용소에 갇히게 된 아동들의 절박함과 고통스러운 심정을 잘 나타내고 있다고 평가받는다.

존 맥커천 글, 헨리 쇠렌센 그림의 『크리스마스가 가져다준 평화』(2007)는 제1차 세계대전 중 단 하루, 크리스마스에만 허가되었던 휴전 이야기를 바탕으로 쓰인 그림책이다. 크리스마스라 온 가족이 모인 자리에서 토머스와 노라는 할아버지에게 전쟁 이야기를 들려 달라고 한다. 제1차 세계대전에 참전했었던 할아버지는 1914년 당시의 크리스마스 이브와 크리스마스 당일 날 이야기를 들려준다. 크리스마스 전날 할아버지가 속해 있던 영국군과 독일군은 중립지대를 놓고 대립 중이었다. 그런데 독일군 진영에서 크리스마스 캐럴이 들려왔다. 그리고 얼마 후 독일군이 흰 깃발과 크리스마스 트리를 들고 중립지대를 지나오고 있었다. 그렇게 할아버지는 상대 진영과 파티를 즐긴다. 그런데 어느덧 새벽이 밝아 오고 아군과 적군은 다시 각자의 참호로 돌아왔고 이전처럼 대기를 했다. 전쟁 중에 일어난 기적 같은 하루 동안의 휴전을 할아버지의 이야기를 통해 들려주고 있는 이 책은 언제나 평화는 사람들의 마음속에 있는 것임을 일깨워 준다.

권윤덕 글, 그림의 『꽃할머니』(2010)는 위안부 피해자인 심달연 할머니의 증언을 토대로 만들어진 그림책이다. 할머니는 태평양전쟁이 한창이던 1940년 무렵 13세의 나이로 일본군에 끌려가 말 못할 고초를 겪었다. 할머니는 바로 일본군대에 의해 강제로 성폭행을 당한 여성 중 한 명인 일본군 '위안부'였던 것이다. 할머니는 전쟁이 끝난 뒤엔 버려진 채 떠돌다가 누군가의 도움으로 고향으로 돌아왔지만, 이미 몸과 마음이 망가진 채 50년의 세월을 보낸 후였다. 이 그림책은 이런 슬픈 일이 더 이상 일어나지 않도록 모든 사람들이 전쟁과 폭력에 반대하고 평화를 사랑하는 마음을 가질 수 있도록 해 준다.

젠 브라이언트(Jenn Bryant) 글, 베스 펙(Beth Peck) 그림의 『시간의 종말을 위한 사중주곡 *Music For The End Of Time*』(2005)은 제2차 세계대전 당시 독일군에게 잡혀 포로수용소에서 있었던 프랑스 작곡가 올리비에 메시앙의 실화를 바탕으로 한 이야기다. 독일군 포로수용소에 갇힌 올리비에는 가족과 친구들, 집을 그리워한다. 그러나 사실 그가 가장 그리워한 것은 다름 아닌 음악이었다. 그러던 어느 날 올리비에는 우연히 친절한 독일군 장교를 만나 다시 작곡을 할 수 있게 된다. 그 후 독일인들은 그에게는 낡은 피아노를, 그의 친구에게는 중고 첼로를 구해 준다. 그리고 1941년 1월 15일, 올리비에는 5천 명의 포로가 모인 자리에서 작품을 연주하게 된다. 이 그림책은 포로수용소라는 절망적인 상황 속에서도 음악을 만들었던 한 예술가의 이야기를 통해 사람들에게 희망을 잃지 않고 살아갈 용기를 준다.

데이비드 매키(David McKee) 글, 그림의 『여섯 사람 *The Conquerors*』(1997)은 글보다는 그림으로 전쟁과 평화라는 심오한 주제를 이야기하고 있는 그림책이다. 평화롭게 일할 곳을 찾은 여섯 사람은 도둑이 쳐들어 올까 걱정되어 군인들을 고용한다. 그러나 우려했던 바와 달리, 도둑은 오지 않는다. 이에 여섯 사람은 군인들이 싸우는 법을 잊어버릴까 걱정되어 이웃 농장을 빼앗으라고 명령한다. 그렇게 그들은 넓은 농장을 차지하고 농민들을 지배하면서 더 많은 군인을 선발하기에 이른다. 그런데 이때 여섯 사람의 지배를 거부하고 도망친 농부들이 생겨나게 된다. 그리고 이들, 즉 도망친 농부들은 곧 강 건너편에 새로운 터전을 건설한다. 그러나 도망친 자들은 여전히 여섯 사람의 침략을 염려하여 이들 역시 군대를 기르게 된다. 양측은 팽팽히 대립한다. 마침내 강을 사이에 두고 이쪽과 저쪽에 각각 여섯 사람씩만 살아남는다. 각각의 여섯 사람들은 두려움을 극복하기 위해 무력을 키우고 전쟁을 일으킨다. 이처럼 이 책은 전쟁이라는 것은 자신도 모르는 사이에 양측 모두를 파멸시키고 만다는 메시지를 전달한다.

2) 주인공이 경험하는 전쟁 그림책

1인칭 주인공 시점은 서술자와 인물의 거리, 서술자와 독자의 거리, 그리고 독자와 인물의 거리가 모두 가깝다. 그래서 인물의 내면 상황, 즉 심리 묘사와 내부 묘사를 통한 이해에 의해 공감이 극대화된다.[20]

루스 밴더 지(Ruth Vander Zee), 매리안 스나이더(Marian Sneider) 글, 빌 판스워드(Bill Farnsworth) 그림의 『기억할게요 *Eli Remembers*』(2007)의 주인공 일라이는 유대교의 명절인 로시 하샤나에 온 가족이 모여서 항상 촛불 7개를 켜고 슬퍼하는 가족을 보게 된다. 몇 달 뒤, 일라이는 가족과 함께 증조할머니의 고향인 리투아니아로 여행을 가게 되고 그곳에서 포나르 숲이라는 곳에 있는 구덩이에서 자기 조상들 중에 학살당한 유대인이 있었다는 사실을 알게 된다. 그제서야 일라이는 로시 하샤나의 모임에서 가족들이 왜 슬퍼했는지 이해하게 된다. 이 그림책은 주인공으로 나오는 일라이 샌들러가 실제로 겪은 일에 기초해서 쓴 이야기로 한 유대인의 가족을 통해 제2차 세계대전의 참상을 보여 주고 있다. 뿐만 아니라 전쟁의 참상과 그 비극적 결말은 꼭 기억되어야 한다는 메시지를 전달한다.

루스 밴더 지 글, 로날드 힘러(Ronald Himler) 그림의 『언제나 네 옆에 있을게 *Always With You*』(2008)는 베트남전에서 실제 있었던 이야기를 담았다. 네 살짜리 소녀 킴의 엄마는 베트남 고향 마을이 폭격을 맞아 불에 탈 때 "두려워하지 마. 언제나 네 옆에 있을게." 라는 말을 남기고는 숨을 거둔다. 나중에 군인들에게 발견되어 고아원으로 보내진 킴은 고아원에서 다른 친구들과 함께 살아가며 서서히 마음의 안정을 찾고 다시 살아갈 용기를 되

찾는다. 전쟁이라는 무섭고 슬픈 이야기를 사실적으로 들려주는 이 그림책은 결국 이 세상을 움직이는 건 바로 사랑과 희망이라는 메시지를 담고 있다.

3) '나'의 관찰로 전개되는 전쟁 그림책

1인칭 관찰자 시점은 작가가 주인공에 대한 관찰을 직접 하는 것이 아니라 중간자를 통하는 형식을 취한다. 따라서 서술자와 인물의 거리, 서술자와 독자의 거리가 멀기 때문에 주인공의 어떤 측면을 좀 더 객관화시켜 드러낼 수 있다. 즉, 1인칭 관찰자 시점의 서술자는 일종의 해석자가 되어 작품을 설명해 갈 수밖에 없지만 관찰자인 '나'를 통해 보는 시점으로 초점의 전이가 일어난다는 점에서 공감을 이끌어 낼 수 있다.

피에르 코뉘엘(Pierre Cornuel) 글, 그림의 『파란 개구리 빨간 개구리 *Embrouilles Chez les Grenouilles*』(1998)는 개구리들이 서로 자신들이 힘이 세다면서 다투다 결국에는 화해에 이르는 과정을 객관적으로 그리고 있다. 이 그림책에서 이야기를 이끌어 가는 주인공은 서로 다른 몸 색깔을 가진 두 개구리 집단이다. 파란 개구리와 빨간 개구리는 서로를 미워하면서 서로 자기네들이 최고라고 주장한다. 그러던 어느 날, 가뭄이 들어 날씨가 더워지자 개구리들은 더위를 식히기 위해 온몸에 진흙을 바른다. 그런데 진흙으로 인해 어떤 개구리가 무슨 색깔인지 모르게 되는 상황이 발생한다. 그런데도 두 집단의 개구리들은 서로 자신의 집단이 힘이 더 세다면서 다툰다. 하지만 비가 그치고 난 뒤 다시 본래의 몸 색깔을 되찾고 보니 힘이 세다고 주장한 개구리들 무리와 본래 힘이 약한 무리 모두에 두 집단의 개구리들이 섞여 있었다. 이를 통해 개구리들은 결국에는 모두가 친구임을 깨닫고 파티를 연다. 겉모습만을 따지는 것이 어리석은 행동임을 알려 주며 서로 다름을 인정하고 받아들이며 더불어 사는 삶이 무엇인지 알게 해 준다.

4) 외부자의 관찰로 그려지는 전쟁 그림책

3인칭 관찰자 시점에서 작가는 작품 속에 등장하는 인물의 발화와 동작, 표정 등을 있는 그대로 묘사하여 독자에게 그 실상을 제시할 뿐, 거기에 대해서 해설이나 평가를 하지 않아야 한다.

이억배 글, 그림의 『비무장지대에 봄이 오면』(2010)은 한국, 중국, 일본이 함께 만드는 '평화그림책' 중 하나로, 아이들에게 한국 분단의 상징인 비무장지대를 소개하고 있다. 철조망이 가로막아 사람들의 출입은 제한되어 있지만 많은 동식물들이 살고 있는 비무장지대를 보면서 고향을 그리워하는 할아버지의 이야기를 사계절이라는 시간의 흐름에 빗대어 들려주고 있다. 전쟁으로 인한 고통과 아픔뿐만 아니라 미래에 통일이 되어 비무장지대가 허물어지고 헤어진 가족을 다시 만나 행복과 평화의 땅으로 되돌려야 함을 일깨워 준다.

니콜라이 포포프(Nikolai Popov) 글, 그림의 『왜? *Why?*』(1997)는 문제를 제기하는 그림묘사만으로 이루어져 있는 작품으로, 아동들에게 전쟁이 얼마나 허무한 일인가를 생각하게 한다. 우산을 들고 있던 생쥐가 갑자기 꽃 한 송이를 들고 있던 개구리의 꽃을 빼앗기 위해 개구리를 공격한다. 그러자 개구리의 친구들이 생쥐를 공격해 꽃을 다시 빼앗는다. 이에 화가 난 생쥐들이 신발로 만든 대포를 갖고 와서 개구리들을 공격하고, 개구리들이 다시 여기에 대응하여 자기네들의 탱크로 생쥐를 공격한다. 결국 두 집단은 전쟁을 일으키고, 마지막에 남은 것은 서로가 애초에 빼앗고 싶어했던 꽃 한 송이와 우산이지만 그것마저도 엉망이 되어 버린 상황이 되고 만다. 작은 욕심으로 인해서 발발한 전쟁이 얼마나 무의미한지를 그림 묘사만으로도 충분히 나타내고 있으며 전쟁의 비극을 단순하지만 분명하게 그리고 있다.

5) 다수의 시점이 담긴 전쟁 그림책

루스 밴더 지 글, 그림의 『에리카 이야기 *Erika's Story*』(2003)는 실화를 바탕으로 쓰여진 책이다. 작가는 1995년 제2차 세계대전이 끝난 지 50주년이 되던 날, 이 책의 주인공인 에리카를 만나게 되고, 그곳에서 그녀의 이야기를 듣게 된다. 에리카는 죽음의 수용소로 끌려가는 화물기차에서 어머니에 의해 기차 밖으로 던져졌고, 이후 어느 여인이 그녀를 거두어 돌봐 주었다. 그 후 에리카는 성장하여 결혼을 하고 한 가정을 이루어

세 아이를 낳았다. 지금은 세월이 많이 흘러 그 세 아이들에게도 아이들이 있다. 할머니가 된 에리카가 담담하게 이야기를 들려주는 형식으로 구성된 이 그림책을 통해 우리는 전쟁의 참상을 알 수 있고, 전쟁 속에서도 생명을 꽃피우는 사랑의 힘을 알게 된다.

미주 목록

1) 두산대백과. www.doopedia.co.kr.
2) 이귀옥(2012). 초등학교 아동의 평화와 전쟁 개념 이해에 대한 연구. 생애학회지, 2(2), 99-113.
3) 김한종(2013). 평화교육과 전쟁사. 역사교육연구, (18). 89-131.
4) 유니세프(2005). 세계아동현황 보고서 '위협받는 어린이들'.
5) 유니세프(2005). 세계아동현황 보고서 '위협받는 어린이들'.
6) 강은주(2003). 어린이의 전쟁에 관한 인식 조사연구. 어린이문학교육연구, 4(1), 43-71.
7) 이민주(2009). 그림책에 그려진 전쟁. 성균관대학교 일반대학원 석사학위 논문.
8) 김금희(2012). 그림책에 나타난 '전쟁'의 이미지. 어린이문학교육연구, 13(3), 1-19.
9) 정대련(2003). 어린이문학에 나타난 한국전쟁. 어린이문학교육연구, 4(1), 73-97.
10) 정대련(2003). 어린이문학에 나타난 한국전쟁. 어린이문학교육연구, 4(1), 73-97.
11) 정대련(2003). 어린이문학에 나타난 한국전쟁. 어린이문학교육연구, 4(1), 73-97.
12) 김금희(2012). 그림책에 나타난 '전쟁'의 이미지. 어린이문학교육연구, 13(3), 1-19.
13) Myers, L. (2009). What do we tell the children?: War in the work of Roberto Innocenti. ookbird: *A Journal of International Children's Literature*, *47*(4), 32-39.
14) 김경연(2003). 서구 그림책에 나타난 전쟁. 어린이문학교육연구, 4(1), 99-111.
15) 정대련(2003). 어린이문학에 나타난 한국전쟁. 어린이문학교육연구, 4(1), 73-97.
16) 정대련(2003). 어린이문학에 나타난 한국전쟁. 어린이문학교육연구, 4(1), 73-97.
17) 김금희(2012). 그림책에 나타난 '전쟁'의 이미지. 어린이문학교육연구, 13(3), 1-19.
18) 이민주(2009). 그림책에 그려진 전쟁. 성균관대학교 일반대학원 석사학위 논문.
19) 이민주(2009). 그림책에 그려진 전쟁. 성균관대학교 일반대학원 석사학위 논문.
20) 이민주(2009). 그림책에 그려진 전쟁. 성균관대학교 일반대학원 석사학위 논문.

웹사이트

오관철(2014). 경향신문. http://news.khan.co.kr/kh_news/khan_art_view.html?artid=201402042138195&code=910302
두산대백과 www.doopedia.co.kr

참고 그림책 목록

강제숙 글, 이담 그림(2010). 끝나지 않은 겨울. 경기: 보리.
권윤덕 글, 그림(2010). 꽃할머니. 경기: 사계절.
이억배 글, 그림(2010). 비무장지대에 봄이 오면. 경기: 사계절.

Allen Say(2002). *Home of the brave*. 엄혜숙 역(2007). 빛의 아이들. 서울: 마루벌.

Bryant, Jennifer(2005). *Music For The End Of Time*. illustrated by Peck, Beth. 이현정 역(2007). 시간의 종말을 위한 사중주곡. 서울: 맑은가람.

David McKee(1997). *The Conquerors*. 김중철 역(1997). 여섯 사람. 서울: 비룡소.

Jo Hoestlandt(1993). *La Grande Peur Sous les Etoiles*. illustrated by Johanna Kang. 곽노경 역(2004). 아침별 저녁별. 서울: 미래아이(미래 M&B).

John McCutcheon(2007). *Christmas in the Trenches*. illustrated by Henri Sorensen. 이수영 역(2008). 크리스마스가 가져다준 평화. 서울: 해와나무.

Karen Lynn William & Khadra Mohammad(2007). *Four Feet, Two Sandals*. illustrated by Doug Chayka. 이현정 역(2007). 노란 샌들 한 짝. 서울: 맑은가람.

Michael Foreman(2009). *A Child's Garden: A Story of Hope*. 김중철 역(2009). 한 아이의 정원. 서울: 웅진주니어.

Nikolai Popov(1997). *Why?* 현암사 역(1997). 왜? 서울: 현암사.

Pierre Cornuel(1998). *Embrouilles Chez les Grenouilles*. 김소희 역(2002). 파란 개구리 빨간 개구리. 서울: 중앙출판사.

Ruth Vander Zee(2003). *Erika's Story*. 차미례 역(2005). 에리카 이야기. 서울: 마루벌.

Ruth Vander Zee(2008). *Always With You* (School and Library Binding). illustrated by Ronald Himler. 여우별 역(2009). 언제나 네 옆에 있을게. 서울: 맑은가람.

Ruth Vander Zee & Sneider Marian(2007). *Eli Remembers*. illustrated by Bill Farnsworth. 이현정 역(2007). 기억할게요. 서울: 맑은가람.

부록

그림책 목록

1. 형제 그림책

유형	제목	작가	출판사	출판 연도	줄거리
		글/그림			
동생의 출생	나도 동생이 있으면 좋겠어	아스트린드 린드그렌/일론 비클란드	북뱅크	2012	동생이 정말 갖고 싶었지만 막상 동생이 태어나니 싫은 아이의 입장을 담은 이야기
	내가 언제 동생 낳아 달랬어	마사 알렉산더	보림	2006	태어나자마자 모든 관심을 받는 동생에게 샘이 나 이웃에게 동생을 주려는 올리버 이야기
	내 동생은 외계인 푸파	김현주/김호민	장수하늘소	2010	엄마가 외계인을 낳았다며 동생을 받아들이기 어려워하는 아이의 이야기
	달라질 거야	앤서니 브라운	아이세움	1990	집에서 혼자 동생을 기다리는 아이의 불안한 마음을 주변 사물을 통해 보여 주는 이야기
	동생이 '뚝' 태어났어	신희진	시공주니어	2008	뚝 떨어진 것처럼 갑자기 생긴 동생이 마음에 들지 않는 아이의 심리를 담은 이야기
	동생이 태어날 거야	존 버닝햄/헬렌 옥슨버리	웅진주니어	2010	동생의 탄생을 맞이하는 아이의 설렘과 질투를 담은 이야기
	엄마는 내 꺼야	김정신/이혜영	아르볼	2011	이제 태어날 동생에게 엄마를 빼앗기는 듯한 느낌을 받은 아이의 모습을 담은 이야기
	오늘밤 내 동생이 오나요?	캐서린 월터스	웅진	1999	추운 겨울 동생이 오는 것을 기다리는 아기 곰 알피의 이야기
	피터의 의자	에즈라 잭 키츠	시공주니어	1996	동생에게 자신의 의자를 물려줘야 하는 피터의 심정을 솔직하게 담은 이야기
형이 보는 동생	나는 언니니까	허윤/이희랑	책먹는아이	2013	말썽만 부리는 얄미운 동생이 어느 날 내 편을 들어 주면서 동생을 다시 생각하게 되는 언니 이야기
	내가 이겼어, 아냐 내가 이겼어!	로렌 차일드	국민서관	2006	서로가 서로를 이겼다며 싸우는 남매의 이야기
	내 동생 싸게 팔아요	임정자/김영수	아이세움	2006	말썽꾸러기 동생을 시장에 팔러 나가면서 겪는 짱짱이의 이야기
	누나는 정말 힘들어	파니 졸리/로제 캅드빌라	문학동네어린이	2002	동생을 돌보고 가르치는 것을 힘들어 하는 누나의 이야기

유형	제목	작가 글/그림	출판사	출판 연도	줄거리
형이 보는 동생	동생만 예뻐해!	제니 데스몬드	다림	2014	말괄량이 동생 앨리스 때문에 맨날 혼나는 오빠 에릭의 이야기
	붕어빵 형제	허윤/김미은	책먹는아이	2013	붕어빵 형제라는 소리를 듣지만 동생과 비슷하다는 소리가 듣기 싫은 형의 이야기
	순이와 어린동생	쓰쓰이 요리코	한림	1982	엄마가 동생을 맡기고 외출한 사이 동생을 잃어버린 순이의 이야기
	언제까지나 최고로 좋은 내 동생	데이비드 베드포드/캐롤라인 페들러	뜨인돌어린이	2008	자신의 것을 물려줘야 하는 형의 마음을 담은 이야기
	올리가 변했어요!	김은주	국민서관	2014	동생에게 사랑을 빼앗겼다고 느껴 괴물로 변해 가는 아이의 이야기
	왜 나만 따라해	고여주, 위혜정/윤희동	휴이넘	2008	나만 따라 하는 침질질이 괴물, 동생이 싫은 아이의 이야기
	장난감하고 여동생하고 바꿀까요?	다니엘라 클롯	대원씨아이	2002	여동생과 친구의 장난감을 서로 바꾸어 보니 여동생의 소중함을 깨닫는 이야기
	주머니 속 뽀뽀손	오드리 펜	언어세상	2006	동생에게 엄마를 빼앗겼다고 느끼는 꼬마 너구리에게 엄마가 뽀뽀손으로 사랑을 확인시켜 주는 이야기
	지하철을 타고서	고대영/김영진	길벗어린이	2006	두 남매가 할머니 댁에 가기 위해 지하철을 타고 이동하면서 겪는 이야기
동생이 보는 형	내가 형이랑 닮았다고?	정진이/소윤경	사계절	2005	자신과 형은 닮지 않았다고 생각하지만 형과의 공통점을 발견해 가는 동생의 이야기
	누나가 좋다	고대영/한상언	길벗어린이	2012	누나가 너무 좋아서 누나와 떨어져 있는 삶을 생각하기 싫은 동생의 이야기
	누나 자?	임율이/박영은	키다리	2013	밤에 잠들기가 무서운 동생이 누나에게 도움을 청하는 이야기
	빨간 머리 우리 오빠	패트리샤 폴라코	시공주니어	1994	남매가 티격태격하며 진정한 형제애를 깨달아 가는 이야기
	얄미운 언니	에이미 슈워츠	별숲	2013	언제나 얄미운 언니에게 자신의 속마음을 솔직하게 표현하지 못하는 동생의 이야기

유형	제목	작가 글/그림	출판사	출판 연도	줄거리
동생이 보는 형	오빠와 나는 영원한 맞수	패트리샤 폴라코	시공주니어	2006	오빠와 사사건건 다투는 여동생의 이야기
	우리 언니	샬로트 졸로토/마사 알렉산더	언어세상	2002	동생을 늘 챙기는 언니와 그런 언니가 귀찮은 동생의 이야기
	우리 형 보리스는 사춘기래요!	리즈 피촌	어린이작가정신	2006	어느 날부턴가 조금씩 달라진 형의 태도에 속상한 동생의 이야기
	우리 형이 최고야	울프 스타르크/마티 레프	북뱅크	1995	형과 놀고 싶은 동생과 동생이 귀찮아도 다정하게 보살피는 형의 이야기
	장난감 형	윌리엄 스타이그	시공주니어	1996	장난감처럼 작아진 형을 보는 동생의 이야기
	터널	앤서니 브라운	논장	1990	터널을 지나 돌아오지 않는 오빠를 찾아 떠나는 여동생의 이야기
	형보다 커지고 싶어	스티븐 켈로그	비룡소	1992	형처럼 되고 싶은 동생이 여러 상상을 하는 이야기
기타 형제	나는 둘째입니다	정윤정	시공주니어	2008	언니도 막내도 아닌 둘째 아이의 심리를 담은 이야기
	나는 왜 형제가 없어요?	마크 A 네미로프/마거릿 스콧	루크북스	2009	동생을 원하는 외동아 유도라의 이야기
	내 빤스	박종채	키다리	2013	누나에게 물려받은 팬티 때문에 친구들에게 창피를 당한 칠남매 막내 동생의 이야기
	누나와 나	우메다 순사쿠/우메다 요시코	동연어린이	1992	사고로 전신 마비 상태가 된 누나와 그런 누나를 지켜보는 막내 동생의 이야기
	쌍둥이는 너무 좋아	염혜원	비룡소	2013	함께 쓰던 이불을 이제는 쓰지 못하게 된 쌍둥이 자매의 이야기
	엄마는 여우 아빠는 오소리	브리지뜨 뤼시아니	얘기구름	2008	부모님의 재혼으로 새로 생긴 형제의 갈등을 다룬 이야기
	외동딸이 뭐가 나빠?	캐리 베스트	비룡소	2007	외동딸 노릇이 지치며 형제가 있는 친구들이 부러운 아이의 이야기
	집 바꾸기 게임	안미연/조예선	좋은책어린이	2012	육남매 중 다섯째인 수호와 외동아들인 수민이 어느 날 몸이 바뀌어 버린 이야기

2. 입양 그림책

유형	제목	작가 글/그림	출판사	출판 연도	줄거리
만남의 과정	소중한 주주브	앤 윌스도르프	웅진주니어	1999	숲에서 발견한 아기를 가족으로 만들기 위한 아이들의 노력을 보여 주는 이야기
	엄마 잃은 아기 여우	이리나 코르슈노프/라인하르트 미홀	경독	1988	엄마 잃은 아기 여우를 목숨까지 내놓으며 지켜내는 여우 아줌마 이야기
	엄마가 되어 줄게	마거릿 와일드/테리 텐튼	해솔	1999	부모 없는 알을 품는 빨간 암탉의 이야기
	초코엄마 좀 찾아주세요!	게이코 가스자	보물창고	1996	아기 새 초코가 엄마를 찾아 떠나는 이야기
만남의 과정과 그 후의 생활	가슴으로 낳았대요	임희옥	아이코리아	2008	친구 재준이가 입양아라는 것을 말하면서 입양에 대해 알게 되는 이야기
	고 녀석 맛있겠다	미야니 타츠야	달리	2003	아기 공룡이 잡아먹으려는 육식공룡을 아빠라고 여겨서 함께 살게 되는 이야기
	고슴도치 아이	카타지나 코토프스카	보림	1999	고슴도치처럼 가시 달린 아이와 가족이 되기 위해 노력하는 부모의 이야기
	그렇게 네가 왔고 우리는 가족이 되었단다	안네테 힐데브란트/알무드 쿠네르트	뜨인돌어린이	2008	불임 부부의 입양 과정을 담은 이야기
	내가 입양되던 날	프란츠 요제프 후아이니크/베레나 발하우스	주니어김영사	2007	입양아 토마스의 네 번째 생일날, 자신의 입양과정을 듣게 되는 이야기
	너의 생일이면 언제나	로즈 루이스/제인 다이어	고래이야기	2009	입양아 자녀의 성장을 사진으로 보면서 기쁨을 나누는 부모의 이야기
	다른 세상에서 온 아이 파스텔	도미실르 드 프레장세	작은책방	2001	엄마, 아빠와 닮지 않았다는 것을 깨닫고 갈등하는 파스텔의 이야기
	문이	라스칼/소피	마루벌	1994	바다를 통해 외국으로 입양된 고양이 문이의 입양 이야기
	배고픈 여우 콘라트	크리스티안 두다/율리아 프리제	하늘파란상상	2009	오리 아빠가 된 여우 콘라트의 입양 이야기
	삐약이 엄마	백희나	스토리보울	2011	고양이가 달걀을 먹고 병아리를 낳아 키우는 이야기

유형	제목	작가 글/그림	출판사	출판 연도	줄거리
만남의 과정과 그 후의 생활	사고뭉치 꼬마 개구리 플록	야코프 마르틴 스트리드	어린이 작가정신	2005	사고뭉치 입양아 플록을 있는 그대로 받아들이는 입양 가족의 이야기
	악어오리 구지구지	천즈위엔	예림당	2000	오리처럼 생기지는 않았지만 오리 품에서 자라 악어로 살아갈 수도 없는 악어오리 구지구지 이야기
	엄마 아빠, 나 여기 있어요	로렌스 아파노	크레용 하우스	2004	아기가 부르는 작은 목소리를 듣고 아기를 찾아 나서는 부부의 이야기
	엄마, 아빠가 생긴 날	제이미 리 커티스/로라 코넬	비룡소	2000	입양된 소녀의 입을 통해 들려주는 가족 이야기
	여우가 오리를 낳았어요	쑨창펑/팡야원	예림당	2003	먹으려고 가져온 알에서 새끼 오리가 나와 여우와 가족이 되는 이야기
	영원히 널 사랑할 거란다	미야니 타츠야	달리	2006	초식 공룡이 육식 공룡 알을 주워 키우는 이야기
	요엘은 엄마 아빠가 둘	엠마 아드보게	아이세움	2006	선생님을 통해 요엘이 입양아라는 것과 입양의 절차, 과정 등에 대해 알게 되는 이야기
	우리는 한가족이야	핌 판 헤스트/닌케 탈스마	고인돌	2009	자신의 친부모에게 입양 과정을 듣게 되는 이야기
	입양아 올리비아 공주	린다 그리바/셰일라 스탕가	아름다운 사람들	2012	자신을 공주라 여기는 주인공을 통해서 입양을 당당하게 그려 낸 이야기
	진짜 동생	제랄드 스테르/프레데릭 스테르	바람의 아이들	2002	자신이 형과 같은 형제가 아니라는 사실에 갈등하는 주인공의 이야기
	푸루푸루의 알	시오타 모리오	더큰	2007	타조의 알을 입속에 넣고 품으며, 타조 새끼를 잘 키우려고 노력하는 하마의 이야기
	한국에서 부란이 서란이가 왔어요	요란 슐츠/모니카 슐츠	고래이야기	2008	한국에서 스웨덴으로 입양된 쌍둥이의 입양 과정과 성장 이야기

3. 이혼 그림책

유형	제목	작가 글/그림	출판사	출판 연도	줄거리
이혼에 대한 아이들의 감정	말하고 싶지 않아	지니 프란츠 랜섬 / 캐서린 쿤츠 피니	보물창고	2000	이혼을 받아들이는 아이의 감정을 초현실적으로 표현한 이야기
	아빠는 지금 하인리히 거리에 산다	네레 마어/ 베레나 발하우스	아이세움	1998	아이가 이혼을 어떻게 받아들이고 어떻게 적응하는지를 보여 주는 이야기
	초콜릿 푸딩 때문에	샌드라 레빈스/ 브라이언 랭도	루크북스	2005	엄마, 아빠의 다툼을 자신이 초콜릿 푸딩을 가지고 놀았기 때문이라고 오해한 남자아이의 이야기
이혼 후 부모의 양육	나는 두 집에 살아요	마리안 드 스멧/ 닝케 탈스마	두레 아이들	2009	이혼 후 자녀에게 변함없이 사랑을 주는 부모와 사랑을 받는 아이의 이야기
	아빠는 궁전을 사주신대요	클레이레 징거/ 아네테 뢰더	가문비	2003	아이가 진정 원하는 것이 무엇인지 알지 못하는 어리석은 부모의 이야기
	프레드랑 나랑 함께 살아요	낸시 코펠트/ 트리샤 투사	보물창고	2007	이혼 후 아이의 불안한 감정을 부모들이 받아들이는 과정을 그린 이야기
황혼 이혼	사랑의 목도리	다니엘라 붕게	국민서관	2006	황혼이혼을 다룬 책이지만 아이의 노력으로 할머니와 할아버지가 재결합하는 등의 비현실적인 모습을 그린 이야기
이혼에 관한 정보	난 이제 누구랑 살지?	에밀리 멘데즈 아폰데/로버트.W 앨리	비룡소	1999	이혼과 관련된 다양한 이야기
이혼에 대한 새로운 관점 제시	따로따로 행복하게	배빗 콜	보림	2000	부모가 사이가 좋지 않자 아이들이 부모를 위해 끝혼식을 올리고 따로따로 행복하게 살아가도록 돕는 이야기

4. 다문화 그림책

유형	제목	작가 글/그림	출판사	출판 연도	줄거리
결혼 이민자	멋지다! 안별 가족	이종은/김민수	노루궁뎅이	2014	태국 엄마와 한국 아빠 사이에서 태어날 동생의 피부색 때문에 고민하는 안별이의 마음을 담은 이야기
	예슬이 엄마 이름은 구티엔	임희옥/김충식	아이코리아	2008	베트남에서 온 예슬이 엄마 구티엔과 예슬이, 은지 엄마와 은지가 다함께 좋은 이웃사촌이 되어 가는 과정을 보여 주는 이야기
	우리 엄마는 외국인	줄리안 무어/메일로소	꿈꾸는꼬리연	2013	외국인을 엄마로 두어서 자신의 반쪽은 늘 외국인이라고 생각하는 아이가 자신의 눈으로 바라본 그냥 '엄마'에 대해 이야기하는 그림책
	울타리 너머 아프리카	바르트 무야르트/안나 회그룬드	비룡소	2007	서로 다른 두 문화가 만나면서 벌어지는 에피소드를 유머와 따뜻함으로 풀어 낸 이야기
	이모의 결혼식	선현경	비룡소	2004	그리스인 이모부에 대한 낯섦을 극복하는 과정을 담아 낸 이야기
	태어날 아기는 어떤 색깔일까?	아들린 이작/안느 크라에	미래아이(미래M&B)	2008	하얀 이모와 까만 이모부를 둔 두 여자아이가 크리스마스 즈음에 태어날 사촌동생의 '색깔'에 대해 고민하는 이야기
외국인 노동자	너는 어디로 가니	맥신 트로티어	산하	2011	이주 노동자 가정의 현실을 어린 소녀인 안나의 눈으로 바라본 이야기
	라두 아저씨가 남긴 선물	피터 프렌더개스트/로스 스튜어트	초록개구리	2009	호기심이 풍부한 소년 '조'가 말이 통하지 않는 외국인노동자 '라두 아저씨'와 친구가 되는 법을 터득하기까지의 이야기
	찬다 삼촌	윤재인/오승민	느림보	2012	외국인노동자 찬다 삼촌과 함께 가족이 되어 가는 과정을 따뜻한 시선으로 그려 낸 이야기
외국인 거주자	내 이름이 담긴 병	최양숙	마루벌	2002	미국으로 이민을 간 은혜가 자신의 한국식 이름의 소중함을 깨달아 가는 과정을 그려 낸 이야기
	내 이름은 윤이에요	헬렌 레코비츠/가비 스위앗코스카	배동바지	2003	한국에서 온 소녀 윤이 자신의 이름을 통해서 미국 생활에 적응해 가는 과정을 그린 이야기

유형	제목	작가 글/그림	출판사	출판 연도	줄거리
외국인 거주자	로베르토의 소원 나무	에이든 매시/ 마리에 토르하우게	초록 개구리	2009	브라질에서 아일랜드로 이사 온 소년 로베르토가 급격한 환경 변화로 인해 잃어버렸던 자존감을 되찾는 과정을 그린 이야기
	세탁소 아저씨의 꿈	엄혜숙/ 이광익	웅진 주니어	2012	세탁소 아저씨가 재일 조선인으로서 겪어야 했던 삶의 과정들과 꿈에 대해 들려주는 이야기
	손님	윤재인/ 민소애	느림보	2009	필리핀에 사는 본본네 가족에게 서울에서 손님이 찾아오면서 생긴 일을 담은 이야기
	올란나의 목도리	나타샤 매커베어드/ 레이 포건	초록 개구리	2009	나이지리아를 떠나 아일랜드로 오게 된 소녀 올란나가 새로운 학교생활에 빠르게 적응하기 위해 고군분투하는 과정을 그린 이야기
	우리 개를 찾아 주세요!	에즈라 잭 키츠/ 팻 셰어	베틀북	1999	잃어버린 개 한 마리를 찾기 위해서 언어와 인종과 국적이 모두 다른 아이들이 모여 그들의 우정을 만들어 가는 이야기
	창밍의 두 번째 설날	엔다 와일리/ 마리에 토르하우게	초록 개구리	2009	이민 가정의 소년 '창밍'이 태어나 처음으로 부모님의 나라인 중국을 찾은 후 자신의 뿌리에 대해 흥미와 자부심을 갖게 된 이야기
	체리새먼	서울	산소 먹은책	2012	태국에서 살던 한 소년이 북한강 파로호 마을로 이사를 와서 겪는 어려움과 그를 따뜻하게 감싸 안은 읍장님에 대한 이야기
	하루	이브 번팅/ 로널드 힘러	보물 창고	1997	하루 벌어 하루 먹고 살기 어려운 멕시코 출신 이주 노동자 할아버지와 손자의 고된 하루를 그린 이야기
	할머니의 조각보	패트리샤 폴라코	미래아이 (미래M&B)	1998	미국으로 이주해 온 식구들의 고향에 대한 그리움을 고향에서부터 가져온, 오랜 이주의 삶이 담긴 조각보를 통해 그린 이야기
	함께 걷는 길	김서정/ 한성옥	웅진 주니어	2010	러시아에서 온 이리나의 한국 학교 생활 적응에 대한 어려움과 그 대안을 담은 이야기

유형	제목	작가 글/그림	출판사	출판 연도	줄거리
북한이 탈주민	내 동무 정찬이	임희옥/ 서선정	아이 코리아	2008	북한이탈주민 정찬이와 아이들이 서로의 다른 언어를 배워 가는 과정을 그린 이야기

5. 성 그림책

유형	제목	작가 글/그림	출판사	출판 연도	줄거리
우리 몸의 이해	몸의 구석구석이 말하기를	고미타로	한림출판사	2004	유아 학습용으로 우리 몸의 머리, 눈, 코, 입, 귀, 목, 손가락 등의 모양과 하는 일을 가르쳐 주는 이야기
	소중한 나의 몸	정지영/정혜영	비룡소	1999	우리의 몸은 소중하기 때문에 비밀스러운 곳이고 그것을 통해 사랑을 나눌 수 있기 때문에 아끼고 소중하게 다루어야 한다는 이야기
	우리 몸의 구멍	허은미/이혜리	길벗어린이	2000	수많은 구멍 중 인간 몸의 구멍을 탐색하는 이야기
	참 놀라운 몸	게일 살츠/린 크라바스	깊은책속 옹달샘	2005	우리 몸의 감추어진 부분의 명칭을 사실적으로 제시하고 자신의 몸을 사랑하도록 안내하는 이야기
남자와 여자의 차이	나는 여자, 내 동생은 남자	정지영/정혜영	비룡소	1997	남매인 누나와 남동생의 몸의 차이를 보여 주면서 남녀의 몸은 성장하면서 더욱 달라지는데 그 이유는 아기를 만들어야 하기 때문이라는 이야기
	너랑 나랑 뭐가 다르지?	빅토리아 파시니	비룡소	1999	남자와 여자의 몸의 차이와 성장하면서 몸에 어떤 변화가 일어나는지에 대해 알려 주는 이야기
	벌거숭이 벌거숭이	야규 겐이치로	한림출판사	1997	다양한 벌거숭이 몸이 소개되면서 엉덩이, 배꼽, 성기 등의 모습이 그려지고 뼈와 심장 등의 기능도 함께 소개되어서 성과 신체에 대한 전반적인 이해를 돕는 이야기

유형	제목	작가	출판사	출판 연도	줄거리
		글/그림			
생명의 탄생 과정	나는 사랑의 씨앗이에요	파스칼 퇴라드/ 장 샤를 사라쟁	다섯수레	2000	온건한 그림이 반영된 성교육 그림책으로 정자 입장에서 난자를 찾아가고 출생하게 되기까지의 과정을 보여 주는 이야기
	나는 엄마 반쪽 아빠 반쪽이에요	페테르 곳할트/ 키슨 로고드	담푸스	2008	엄마, 아빠를 반반씩 닮은 엠마의 엄마, 아빠가 사랑에 빠진 시점에 기원을 둔 이야기
	내 동생이 태어났어	정지영/정혜영	비룡소	1997	남동생이 태어나면서 생긴 출생에 대한 관심을 그린 이야기
	새끼 고양이들이 어디에서 왔을까?	이자벨 푸자르	다섯수레	1998	새끼 고양이들이 임신하고 출생하는 과정을 통해 인간의 출생에 대한 비밀을 그린 이야기
	엄마, 나는 어디서 왔어요	마리-프랜신 허버트/달시 라브로스	세발자전거	2008	초등학생용 성 정보 지식책으로 성생활, 임신과 출산 등을 매우 사실적으로 그려 낸 이야기
	엄마가 알을 낳았대	배빗 콜	보림	1996	부모들의 잘못된 성교육을 뒤집는 그림책으로, 아이들의 영악하고 정확한 성 인식을 보여 주는 이야기
사춘기와 성에 관한 태도	고추가 간지러워요	한은선/김순영	별똥별	2008	유아기에 있을 수 있는 성에 대한 관심과 성 놀이를 묘사하고 어른들이 이를 자연스럽게 받아들이고 좋은 방향으로 유도해 줄 것을 안내하는 이야기
	깨끗 공주와 깔끔 왕자	이혜옥/김태란	별똥별	2009	건강한 성교육은 청결교육에서부터 시작된다는 이해를 보여 주는 이야기
	왜 내 몸이 변하는 걸까?	피터 메일리/ 아서 로빈스	서돌	2002	사춘기 2차 성징에 나타나는 몸의 변화를 설명하고 호르몬이나 생리, 몽정과 같은 실제적인 질문에 대한 정확한 정보를 담은 이야기
	이상한 곳에 털이 났어요	배빗 콜	삼성당아이(여명미디어)	2003	언제 어른이 될지 모르는 소녀에게 아기 곰 테드가 들려주는 성교육 이야기

유형	제목	작가 글/그림	출판사	출판 연도	줄거리
	털이 숭숭숭	민수현/옥소정	별똥별	2009	수영장에서 남녀의 몸을 자세히 관찰할 기회가 생겨 성인들이 성차에 대해 설명해 주는 이야기
성과 에로스	긴 머리 공주	안너마리 반 해링언	마루벌	2000	머리가 긴 공주가 한 나라의 공주에게 부여되는 관습과 굴레를 넘어서서 서커스단 남자와 사랑을 성취하는 이야기
	당나귀 부부	아델하이트 다히메네/ 하이데 슈퇴링거	달리	2002	늙은 당나귀 부부가 사랑하는 방식을 성적인 상징들을 통해 보여 주는 이야기
	사랑에 빠진 강아지	길리안 실즈/ 엘리자베스 하버	웅진주니어	2008	계층이 다른 두 강아지가 서로를 사랑하게 되고 어려운 난관을 극복하여 결혼하게 되는 과정을 묘사한 이야기
	사랑에 빠진 개구리	맥스 벨트하우스	마루벌	1999	사랑에 빠지면 몸과 정서에 어떤 변화가 일어나는지 보여 주고 사랑의 소중함을 알려 주는 이야기
	사랑에 빠진 마녀 루시	리오넬 르 네우아닉	행복한아이들	1999	사랑은 외모나 목적의식을 가지고 성취될 수 없는 숭고한 것이라는 메시지를 담은 이야기
	여자아이의 왕국	이보나 흐미엘레프스카	창비	2011	여아가 초경을 경험하게 되면서 자신의 몸과 정서 변화를 점차 다스려 나가는 이야기. 이때 공주로 표현되는 여자아이의 성(sex)은 또 하나의 성(castle)이다.
성 이슈 관련	세상에서 가장 아름다운 달걀	헬메 하이네	시공주니어	1987	달걀들을 공평하게 사랑하는 어미닭의 모성애를 다룬 이야기
	엄마가 된 마녀 루시	리오넬 르 네우아닉	행복한 아이들	2000	마녀 루시와 지옥의 악마 사이에 사생아가 탄생하면서 아직 엄마로서 준비되지 못한 미혼모 루시가 시행착오를 통해 모성애를 알아 가는 과정을 그린 이야기

6. 노화 그림책

유형	제목	작가 글/그림	출판사	출판 연도	줄거리
노인의 병과 죽음	명애와 다래	이형진	느림보	2003	병에 걸린 할머니와 놀이동산을 다녀오는 꿈을 꾸고 할머니를 받아들이게 되는 이야기
	사랑해요, 할아버지	엘리사 알 코아키/올리케 그라프	효리원	2003	사랑하는 할아버지의 병과 죽음을 받아들이고, 슬픔을 극복하는 소녀의 이야기
	우리 가족입니다	이혜란	보림	2005	치매에 걸린 할머니와 일상을 함께 하며 할머니를 가족으로 받아들이는 이야기
	우리 할머니가 이상해요	울프 닐손 / 에바 에릭손	시공 주니어	2008	치매에 걸려 갑자기 이상해진 할머니를 지키기 위해 노력하는 손녀의 이야기
	우리 할아버지	존 버닝햄	비룡소	1984	할아버지와 손녀가 사계절을 함께 보낸 날들을 담은 이야기
	오른발, 왼발	토미 드 파올라	비룡소	1981	할아버지에게 받은 사랑을 기억하며 병에 걸린 할아버지를 돌보는 손자의 이야기
	할머니가 남긴 선물	마거릿 와일드 /론 브룩스	시공 주니어	1995	오래도록 할머니와 살던 손녀가 할머니의 죽음을 함께 준비하고 받아들이게 되는 이야기
	할머니의 사라지는 기억	도로테 피아테크/마리 데봉	책단배	2009	기억이 뒤죽박죽이 되고 엉뚱한 말씀을 하시는 할머니를 받아들이고 사랑하는 손녀의 이야기
노인의 지혜	꿀벌나무	패트리샤 폴라코	국민서관	1993	책 읽기 싫어하는 손녀와 꿀벌나무를 찾는 놀이를 하며 책 읽기의 즐거움을 알려 주는 지혜로운 할아버지 이야기
	세 엄마 이야기	신혜원	사계절	2008	엄마가 외할머니, 외증조할머니의 도움으로 콩을 심고 가꾸어 메주를 쑤는 이야기
	천둥 케이크	패트리샤 폴라코	시공 주니어	1990	함께 케이크를 만들며 손녀의 두려움을 이기게 되는 할머니와 손녀의 이야기

유형	제목	작가	출판사	출판 연도	줄거리
		글/그림			
노인의 취미와 재능	멋쟁이 우리 할아버지	카렌 애커맨/ 스티븐 개멀	열린 어린이	1988	할아버지의 추억을 함께 나누고 할아버지의 큰 사랑도 느끼는 따스한 가족 이야기
	엠마	웬디 케셀만/ 바바라 쿠니	느림보	1980	일흔 두 살에 그림을 시작해 즐거운 노년을 보낸 화가 엠마 스턴의 실제 이야기
	책 읽기 좋아하는 할머니	존 윈치	파랑새 어린이	1997	시골로 이사한 책 읽기 좋아하는 할머니가 시골에서 사계절을 지내며 동물들을 돌보고, 책을 즐기는 이야기
삶을 즐기는 노인	눈 미끄럼 타는 할아버지	이상권/심은숙	시공 주니어	2009	노인이라는 틀에 갇혀 무기력했던 할아버지가 눈 미끄럼을 타며 활기를 찾는 이야기
	할머니, 어디 가요? (시리즈, 총 4권)	조혜란	보리	2014 (마지막 권)	옥이와 할머니가 소박하지만 행복하게 살아가는 예쁜 일상 이야기
	우리 할머니가 달라졌어요	나디아 로망 /장 피에르 블랑팽	미래아이 (미래M&B)	2011	늘 손자손녀와 놀아 주던 할머니가 사랑에 빠지게 되면서 갑자기 바뀌게 되는 이야기
	할아버지는 1학년	에마뉘엘 부르디에/ 엘렌 조르주	문학동네 어린이	2003	일을 그만두고 스스로를 쓸모없게 여기게 된 노인이 초등학교에 들어가서 사랑하는 사람을 만나게 되는 이야기
노인이 들려주는 이야기	너희들도 언젠가는 노인이 된단다	엘리자베트 바라미/ 얀 나침베네	보물창고	2005	노인이 되어서 생기는 여러 변화들을 노인의 목소리로 들려주며 노인이 아닌 이들에게 솔직하게 도움을 구하는 이야기
	미스 럼피우스	바버러 쿠니	시공주니어	1982	할아버지와 어른이 되면 할 일에 대해 약속한 소녀가 처녀가 되고 노인이 되면서 그 약속과 자신이 갖고 있던 꿈을 이루는 이야기
	하늘에서 음식이 내린다면	쥬디 바레트/ 론 바레트	토토북	1982	할아버지가 들려주시는 하늘에서 음식이 내리는 나라의 이야기

유형	제목	작가 글/그림	출판사	출판 연도	줄거리
노인이 들려주는 이야기	할아버지의 붉은 뺨	하인츠 야니쉬/ 알요샤 블라우	웅진주니어	2005	어린 소년은 굉장한 이야기를 들려주는 할아버지와 서서히 작별하지만, 할아버지의 이야기는 이어진다는 이야기
	할아버지의 이야기 나무	레인 스미스	문학동네 어린이	2011	정원의 나무들을 보여 주며 증손자가 들려주는 증조할아버지의 삶 이야기

7. 죽음 그림책

유형	제목	작가 글/그림	출판사	출판 연도	줄거리
죽음의 철학적 의미	내가 함께 있을게	볼프 에를브루흐	웅진 주니어	2007	오리와 죽음의 대화를 통해 '죽음'의 진정한 의미를 생각하게 하는 이야기
	바람이 멈출 때	샤로트 졸로토	풀빛	1997	엄마가 아이게게 생명순환의 과정에 대해 들려주는 이야기
	살아있는 모든 것은	브라이언 멜로니	마루벌	1999	산문시, 세밀화라는 형식을 빌려 생명의 순환과 끝에 대해 말해 주는 이야기
	오필리아의 그림자 극장	미하엘 엔데/ 프리드리히 헤헬만	베틀북	1999	인간의 정서를 대변하는 그림자와 오필리아가 죽음을 맞이하는 과정을 그린 이야기
	자살토끼	앤디 라일리	거름	2004	자살하는 다양한 방법을 소개하며 역설적으로 삶에 대한 열정을 심어주는 이야기
	죽으면 어떻게 돼요?	페르닐라 스탈펠트	시금치	2014	죽음 이후의 문제, 죽음의 당위성 등에 대한 궁금증을 풀어 주는 이야기
	죽은 새의 비밀: 삶의 순환과 죽음에 대한 안내	얀 손힐	다른	2006	정보그림책으로 생명의 죽음을 다양한 관점에서 보여 주는 이야기.
	짱아	천정철/이광익	창비	2008	생명이 순환하는 과정을 잠자리와 개미를 통해 은유적으로 들려주는 이야기

유형	제목	작가 글/그림	출판사	출판 연도	줄거리
사랑하는 사람의 죽음	나도 다 알아요	멜라니 플로리안	예꿈	2009	'수지'라는 아이가 할머니의 죽음을 알려 주지 않는 어른들을 오히려 위로하는 이야기
	나비엄마의 손길	크리스티앙 볼츠	한울림 어린이	2008	엄마를 그리워하는 아빠와 아들의 모습을 그린 이야기
	무릎딱지	샤를로트 문드리크/올리비에 탈레크	한울림 어린이	2010	엄마의 죽음에 상심한 아이의 감정과 아빠의 감정을 묘사한 이야기
	씩씩해요	전미화	사계절 출판사	2010	교통사고로 아빠가 돌아가신 뒤 엄마와 함께 지내는 아이의 일상을 그린 이야기
	아기 곰과 안경	곤노 히토미/다카스 가즈미	크레용 하우스	2013	돌아가신 할머니를 그리워하며 할머니의 안경을 쓰고, 밥도 먹지 않는 아기 곰에게 토끼가 도움을 주며 위로하는 이야기
	아빠, 잘 있어요?	하세가와 요시후미	사계절	2011	아빠의 죽음 뒤 엄마, 누나와 함께 지내는 주인공이 아빠를 그리워하며 쓴 편지글로 이루어진 이야기
	어머니 이야기	안데르센/조선경	북하우스	2014	조선경 작가의 일러스트를 통해 '어머니 이야기'를 재해석한 이야기
	오래 슬퍼하지 마	글렌 링트베드/샬로테 파르디	느림보	2007	할머니의 죽음을 슬퍼하는 아이들에게 '죽음'이 들려주는 이야기
	우리 할아버지	존 버닝햄	비룡소	1984	사랑하는 할아버지와 함께했던 추억을 되새기며 할아버지를 그리워하는 이야기
	유령이 된 할아버지	킴 푸브 오케손/에바 에릭손	소년한길	2005	친구처럼 지내던 할아버지가 돌아가신 뒤 유령이 되어 만나 함께 추억을 되새기는 이야기
	죽으면 아픈 것이 나을까요?	유리 브레이바르트/피터 브레이바르트	느림보	1999	동생의 죽음을 겪은 아이가 이를 극복하는 과정에서 아빠와 함께 만든 이야기
	지구별 소풍	류일윤/김나연	글뿌리	2006	편찮으신 엄마와 할머니가 아이에게 들려주는 이야기
	할머니가 남긴 선물	마거릿 와일드	시공 주니어	1997	할머니가 다가오는 죽음을 준비하는 과정을 보여 주며 생명체는 언젠가 죽는다는 진리를 전해 주는 이야기

유형	제목	작가 글/그림	출판사	출판 연도	줄거리
	할아버지는 어디 있어요?	콜레트 엘링스/ 마리알린 바뱅	시공 주니어	2008	할아버지의 장례식에 참석한 아이의 애도과정을 그린 이야기
애완동물의 죽음	개들도 하늘나라에 가요	신시아 라일런트	보물 창고	1995	개의 죽음을 슬퍼하는 아이에게 사후의 세계에 대해 들려주는 이야기
	굿바이 마우지	로비 H. 해리스/ 잔오머로드	언어 세상	2002	사랑하는 동물이 죽은 것을 통해 죽음을 처음 경험하게 된 아이의 감정을 표현한 이야기
	바니가 우리에게 해 준 열 가지 좋은 일	주디스 바이어스트/ 에리크 블레그바드	파랑새 어린이	1987	고양이 '바니'의 죽음을 슬퍼하던 아이가 바니에게 고마웠던 일을 생각하면서 그리움을 이겨 내고 추모의 과정을 이해하는 이야기
	여우 나무	브리타 테켄트럽	봄봄 출판사	2013	여우의 죽음을 슬퍼하는 친구들이 함께 모여 행복했던 추억을 기념하는 이야기
장례	부드러운 버드나무	조이스 밀스/ 캐리필로	미래아이 (미래 M&B)	2006	버드나무가 죽게 될 거라는 사실을 알게 된 주인공에게 죽음을 맞이하는 방법을 알려 주는 이야기
	세상에서 가장 멋진 장례식	울프 닐손/ 에바 에릭손	시공 주니어	2008	동물들의 장례식을 치러 주는 과정을 통해 죽음의 개념과 추모에 대해 알아 가는 아이들의 모습을 그린 이야기
	이럴 수 있는 거야??!	페터 쉐소우	비룡소	2005	사랑하는 동물의 죽음에 직면한 아이가 주변사람들의 따뜻한 위로를 통해 슬픔을 극복해 나가는 과정을 담은 이야기
	저 파란 별이 리사예요	파트릭 질송/ 클로드 두보아	크레용 하우스	2003	병에 걸린 친구의 죽음을 지켜보며 죽음에 의해 소멸되는 존재가 아님을 깨닫고 마음속에 친구의 존재를 새기고 아끼는 마음을 그린 이야기
	천의 바람이 되어	아라이 만/ 사타케 미호	새터	2005	9.11 테러에서 낭송된 시를 모티브로 하여 인디언 부족의 슬픈 사랑이야기를 그려 낸 이야기

8. 성역할 그림책

유형	제목	작가 글/그림	출판사	출판연도	줄거리
사회에서의 성역할	닉아저씨의 뜨개질	마가렛 와일드/ 디 헉슬리	중앙출판사	1989	뜨개질이 취미인 성인남자의 이야기
	발레리노 리춘신	리춘신 / 앤 스퍼드빌러스	비룡소	2009	발레리노가 꿈인 남자아이의 이야기
	엄마는 비행사	이은화/정지은	한국어린이 육영회	2000	엄마가 비행사인 딸의 이야기
	용감한 아이린	윌리엄 스타이그	웅진닷컴	1993	눈오는 날 엄마의 일을 돕기 위해 씩씩하게 길을 나선 여자아이의 이야기
가정에서의 성역할	내 토끼 어딨어?	모 윌렘스	살림어린이	2004	아빠가 양육에 적극 참여하는 이야기
	돼지책	앤서니 브라운	웅진주니어	1990	가정에서의 평등한 성역할의 중요성을 보여 주는 이야기
	엄마를 위해 아빠와 함께	쓰찌다 요시하루	계림북스쿨	2001	병원에 입원한 엄마를 대신해, 아빠와 집안일을 하는 아이의 이야기
	아빠! 머리 묶어 주세요	유진희	한울림어린이	2013	출산으로 집을 비운 엄마 대신 아빠가 양육에 참여하는 이야기
	아빠 해마 이야기	에릭 칼	더큰컴퍼니	2004	아빠 해마가 배에 알들을 넣고 아기들을 돌보는 이야기
	아빠랑 함께 피자놀이를	윌리엄 스타이그	보림	2003	아빠가 아들과 놀이를 하는 이야기
의인화된 주인공	꽃을 좋아하는 소 페르디난드	먼로 리프/ 로버트 로슨	비룡소	1936	소싸움을 원하는 다른 소와 달리 꽃향기 맡는 것을 원하는 소 이야기
	치마를 입어야지, 아멜리아 블루머!	섀리 코리/ 체슬리 맥라렌	아이세움	2003	부풀린 드레스를 입어야 하는 여성이 과감히 바지를 즐겨 입는 이야기
전래이야기를 다르게 해석	내 멋대로 공주	배빗 콜	비룡소	1997	나이가 들어 시집을 가야 했지만 내 멋대로 사는 공주이야기

유형	제목	작가 글/그림	출판사	출판 연도	줄거리
전래 이야기를 다르게 해석	신데왕자	베빗 콜	한국프뢰벨	2008	고전 신데렐라를 여자가 아닌 남자로 그려 낸 이야기
	아기돼지 세 자매	프레데릭 스테르	파랑새어린이	1999	신랑감을 구하기 위해 각각 금화 한 닢을 지고 떠난 주체적인 아기돼지 세 자매의 이야기
	종이 봉지 공주	로버트 먼치/ 마이클 마르첸코	비룡소	1992	못된 용에게 붙잡힌 왕자를 구하는 공주의 이야기

9. 빈곤 그림책

유형	제목	작가 글/그림	출판사	출판 연도	줄거리
빈곤 가정	내가 만난 꿈의 지도	유리 슐레비츠	시공주니어	2008	전쟁으로 모든 것을 잃은 소년이 아버지가 빵 대신 사온 지도를 보며 지도 속에서 세계 여행을 하는 이야기
	리디아의 정원	사라 스튜어트/ 데이비드 스몰	시공주니어	1997	주인공 리디아가 가족의 경제적 어려움으로 외삼촌 댁에서 지내게 되면서 겪는 이야기를 편지 형식에 담은 이야기
	엄마의 의자	베라 B. 윌리엄스	시공주니어	1982	화재로 살림살이가 모두 불타 온 가족이 돈을 모아 엄마의 새 의자를 사는 이야기
	페페 가로등을 켜는 아이	일라이자 바튼/ 테드 르윈	열린 어린이	1997	가난한 가족을 위해 가로등 켜는 일을 해야 했던 소년의 이야기
	힘든 때	바바라 슈크 하젠/ 트리나 샤르트 하이만	미래아이 (미래M&A)	1983	아버지의 실직으로 경제적 어려움을 겪게 된 가족의 이야기
아동 빈곤	춤추는 운동화	앨마 풀러턴/ 캐런 팻카우	내인생의책	2013	우간다에 사는 소년이 구조대 누나에게 꽃 한 송이를 선물하고 새 운동화를 받는 이야기
	Way Home	Libby Hathorn/ Gregory Rogers	Red Fox	1994	빈곤아동이 길에서 만난 고양이를 자신의 집으로 데려가는 여정을 그린 이야기

유형	제목	작가 글/그림	출판사	출판 연도	줄거리
아동 노동	거짓말 같은 이야기	강경수	시공주니어	2011	세계 여러 나라의 서로 다른 위험에 처해 있는 어린이들이 자신의 이야기를 하는 형식으로 인권에 대해 생각해 보도록 하는 이야기
	자이, 자유를 찾은 아이	폴 티에스/ 크리스토프 메를랭	사계절	2001	양탄자를 만드는 노예아동이 공장을 탈출하여 스스로 살아가는 법을 배우게 되는 과정을 담은 이야기
	Working Cotton	Sherley Anne Williams/ Carole Byard	HMN BOOKS	1992	목화밭에서 일하는 주인공 여아의 이야기를 통해 아동노동을 보여 주는 그림책
노숙인	나는 곰입니다	장 프랑수아 뒤몽	봄봄	2010	길에서 사는 곰이 어느 날 한 소녀를 만나 희망을 느끼게 되는 이야기
	내 이름은 똥개	스티븐 마이클 킹	국민서관	2005	도시의 집 없는 개가 노숙인 보호소 직원을 만나 가족 구성원이 된다는 내용
	부러진 부리	너새니얼 래첸메이어/ 로버트 잉펜	문학과 지성사	2003	부리가 부러진 참새가 떠돌이를 만나 서로 의지하며 우정을 키워 나가는 이야기
	Fly Away Home	Eve Bunting/ Ronald Himler	Clarion books	1991	공항에서 노숙을 하는 부자의 이야기
	I Can Hear the Sun	Patricia Polacco	Philomel	1996	오클랜드의 메리트호수에서 살고 있는 고아 소년 '폰도'와 눈 먼 거위의 이야기
	The Can Man	Laura E. Williams/ Craig Orback	Lee & Low Books	2010	생일선물로 스케이트보드를 갖고 싶은 주인공이 캔을 수집하는 노숙인을 만나 스케이트보드를 살 돈을 마련하면서 겪는 이야기

10. 아동학대 그림책

유형	제목	작가 글/그림	출판사	출판 연도	줄거리
신체 학대	앵그리맨	그로 달레/ 스베인 니후스	내인생의책	2003	화가 나고 기분이 좋지 않을 때마다 엄마와 아이에게 폭력을 행사하는 아버지의 모습을 그린 이야기
	천국에 체리가 익었다	하디스 라자르 골러미/ 호더 하더디	큰나	2009	아이를 때리고 학대하는 아버지는 지옥에서 지내고 천국에 놀러 온 엄마는 그런 아빠를 원망하면서도 마음 한편으로는 살뜰히 챙기는 면모를 보이는 이야기
정서 학대	고함쟁이 엄마	유타 바우어	비룡소	2000	엄마 펭귄의 고함으로 온몸이 갈기갈기 흩어져 버릴 정도로 상처를 받은 아기 펭귄이 엄마와의 갈등을 극복하고 화해하게 되는 이야기
	끔찍한 것을 보았어요	마거릿 홈스/ 캐리 필로	미래아이 (미래 M&B)	2000	교통사고, 폭행, 자연재해 등 충격적인 일화를 목격한 아이들이 가질 수 있는 정신적 트라우마를 알리며 치유과정을 그려 낸 이야기
	너 왜 울어?	바실리스 알렉사키스/ 장 마리 앙트낭	북하우스	2009	일상에서 자녀에게 무심하게 쏟아내는 엄마의 언어습관과 이로 인한 아이의 심리변화를 잘 대변해 주는 이야기
	눈물바다	서현	사계절	2009	억울하고 힘들고 슬픈 하루를 보낸 한 소년이 집으로 돌아와 싸우고 있는 부모님을 본 뒤 혼자 방 안에서 바다를 이룰 정도로 눈물을 흘리고 카타르시스를 느끼는 이야기
	엄마가 화났다	최숙희	책읽는곰	2011	늘 험한 말을 하며, 화를 내는 엄마 때문에 깊은 상처를 받는 아이와 이때 발생하는 부모-아이 간의 갈등과 화해를 보여 주는 이야기
	혼나지 않게 해 주세요	구스노키 시게노리/ 이시이 기요타카	베틀북	2009	부모님이나 선생님께 늘 혼이 나는 남자아이의 위축된 마음을 사실적으로 보여 주는 이야기
방임	명희의 그림책	배봉기/ 오승민	보림	2008	집을 나간 엄마, 알코올 중독인 아빠와 떨어져 사는 일곱 살 여자아이의 두려움과 외로움을 담아 낸 이야기

유형	제목	작가 글/그림	출판사	출판 연도	줄거리
성학대	가족앨범	실비아 다이네르트, 티네 크리그/ 울리케 볼얀	사계절	1993	아동 성폭력의 보편적인 상황을 그린 그림책으로 생쥐 가족인 단비와 삼촌 사이에 일어난 성폭력 문제를 조명한 이야기
	나쁜 비밀이 있어요	류현	별똥별	2009	성폭력을 당했을 때 대처하는 방법을 소개하는 이야기
	놀이터에 도깨비가 있대	구성애, 조선학/ 일러스티	올리브엠앤비	2012	성학대의 위험을 알리며 나쁜 사람이 어떻게 접근하는지에 대해 구체적으로 서술하고 있는 이야기
	다정한 손길	샌디 클레븐/ 조디 버그	내인생의책	1998	성폭력을 예방할 수 있는 유아 성폭력 이야기
	도와줘요, 빨래 할머니	엄미랑	별똥별	2009	유괴, 성폭력, 성희롱 등의 위험하고 어려운 상황에서 어떻게 대처해야 하는지 제시하는 이야기
	말해도 괜찮아	제시	문학동네	1991	실제 성폭력의 경험이 있는 작가가 자신의 경험에서 겪은 고통과 복합적이고 장기적인 치유의 과정을 그린 이야기
	비밀	허은미/ 박현주	문학동네	2012	성학대를 당한 여자아이의 심리적 불안감과 소통을 통해 문제의 해결책을 찾아가는 이야기
	뽀뽀하기 싫어요	변진영	별똥별	2009	하고 싶지 않은 스킨십을 거절할 수 있는 친구의 모습을 통해 바람직한 스킨십의 정도를 소개해 주는 이야기
	슬픈 란돌린	카트린 마이어/ 아네테 블라이	문학동네 어린이	1996	새아빠의 성학대로 인해 고통받는 소녀가 인형친구 란돌린의 설득으로 이웃사람에게 고발하고 문제를 해결하는 이야기
학대 예방	나는 아무나 따라가지 않아요!	다그마 가이슬러	오마주	2009	일상에서 만날 수 있는 친근한 사람들에 대한 경계심을 늦추지 않고, 적절한 납치 예방법을 제시하는 이야기
	난 싫다고 말해요	베티 뵈거홀드/ 가와하라 마리코	북뱅크	1985	일상생활에서 발생할 수 있는 문제와 성폭력 문제를 자연스럽게 이해할 수 있도록 담아, 각 상황에서 어떻게 대처해야 하는지를 보여 주는 이야기

유형	제목	작가	출판사	출판 연도	줄거리
		글/그림			
학대 예방	레나, 낯선 사람을 조심해!	페트라 뮌터/ 자비네 비머스	교학사	2000	유괴의 위험과 심각성에서 아이들이 느끼는 두려움을 사실적으로 보여 주고 알려 주는 이야기
	안 돼, 낯선 사람이야!	김리라/ 김효진	문학동네	2012	낯선 사람은 어떤 상황에서 다가오는지, 어떻게 이야기하는지를 구체적으로 다루며 유괴 예방 수칙을 알려 주는 이야기
	안 돼요, 정말 안 돼요!	프란체스코 피토/베르나테트 제르베	교학사	2006	아이들이 학대를 받지 않도록 구체적인 상황을 제시하며 '안 돼요!'라고 말하며 자신의 권리를 스스로 지킬 수 있도록 구성한 이야기
	앗, 만지지 마세요!	도래미/ 남숙현	형설아이	2013	성추행이 일어나는 상황에서 어떻게 대처해야 하는지를 잘 보여 주는 이야기
	앗, 수상해요!	강선영/ 오은영	형설아이	2008	성추행, 미아의 위험이 있는 아이들에게 어떻게 상황을 헤쳐 나가야 하는지 보여 주는 이야기
	이럴 땐 싫다고 말해요	마리 프랑스 보트	문학동네	1999	아이들이 노출될 수 있는 성학대의 상황에 대해 아이들이 이해할 수 있도록 그려 낸 이야기
	좋은느낌 싫은느낌	안도 유기	언어세상	2003	편안하고 아늑한 애정의 스킨십과 괴롭고 힘들게 하는 성학대의 차이를 비교하며 성학대에 대한 개념을 명시해 주는 이야기

11. 장애 그림책

장애 분류	제목	작가	출판사	출판 연도	줄거리
		글/그림			
정신적 장애	고맙습니다, 선생님	패트리샤 폴라코	아이세움	1998	아이들과 놀림 속에 스스로 벙어리라 생각한 트리샤에게 책 읽기 지도를 하는 폴커 선생님 이야기
	꺼벙이 억수	윤수천/원유미	좋은책 어린이	2007	모범생 찬우가 지적장애인인 억수를 친구로 받아들이는 과정을 담은 이야기

장애 분류	제목	작가 글/그림	출판사	출판 연도	줄거리
정신적 장애	날개 잃은 천사	마야	고래이야기	2006	남다른 여동생을 둔 작가의 경험을 바탕으로 한 이야기
	내동생과 할 수 있는 백만가지 일	스테파니 스투브 보딘/ 팸 드비토	한울림 어린이	1998	다훈증후군 동생을 둔 자매의 심리를 그대로 반영한 이야기
	내 친구 루이	에즈라 잭 키츠	비룡소	1983	자폐증을 가진 루이의 이야기
	네 잘못이 아니야	고정욱/최문수	황금두뇌	2005	간질을 앓고 있는 지적장애인인 아동에 대한 선입견과 시선을 그린 이야기
	이안의 산책	로리 리어스/ 카렌 리츠	큰북작은북	2003	자폐장애를 가진 동생과 누나가 함께 산책을 하는 이야기
	있잖아요, 민들레 선생님	미야기와 히로/ 하세가 토모코	대교	2003	학습장애아를 잘 지도하시는 민들레 선생님의 이야기
신체적 장애	길 아저씨 손 아저씨	권정생/김용철	국민서관	2006	눈이 먼 손 아저씨와 다리가 불편한 길 아저씨가 서로 더불어 살아간다는 이야기
	깃털 없는 기러기 보르카	존 버닝햄	비룡소	1998	태어날 때부터 깃털이 없는 거위 보르카를 통해서 장애인 문제를 제기한 이야기
	내게는 소리를 듣지 못하는 여동생이 있습니다	진 화이트 하우스 피터슨/ 데보라 코간 레이	웅진주니어	2009	장애를 마음으로 이해하고 공감할 수 있게 도와주는 이야기
	내 귀는 짝짝이	하도 반 헤네흐텐	웅진출판	1999	오른쪽 귀가 축 늘어져 놀림을 받는 토끼 리키의 이야기
	넌 왜 보청기를 하니	김혜리/ 윤지희	아이코리아	2006	어린이에게 장애를 바르게 이해하도록 도와주는 이야기
	노엘의 산책	루리코 듀아/ 다카하시 미치코	창해	2002	유아를 위한 논픽션 그림책으로 신체 장애를 가진 노엘과 엄마가 엮어내는 이야기
	눈이 되고 발이 되어	박윤규/ 윤준재	한솔수북	2009	서로를 아끼는 앉은뱅이와 장님이 황금덩이를 발견하면서 벌어지는 이야기
	늦어도 괜찮아 막내 황조롱이야	이태수	우리교육	2005	조금 뒤쳐저 보이는 것도 모두 소중한 가치를 가지고 있다는 사실을 일깨워 주는 이야기

장애 분류	제목	작가	출판사	출판 연도	줄거리
		글/그림			
신체적 장애	돌려 줘, 내 모자	우메다 순사쿠	시공주니어	2005	머리에 동전만한 흉터가 있는 손자와 할머니의 사랑이야기
	레오, 세상에서 가장 작은 반딧불이	에릭 드라흐만/ 제임스 머스카렐로	달리	2001	친구들 중에서 몸집이 가장 작은 반딧불 레오의 이야기
	마티유의 까만색 세상	질 티보	작가정신	2003	낮도 밤 같이 사는 시각 장애를 가진 마티유가 안내견과 함께 즐겁게 사는 이야기
	말더듬이 내 친구 어버버	베아트리스 퐁타넬/ 마르크 부타방	시공주니어	2008	친구들 사이에서 조심스럽게 자기 자리를 찾아가는 말더듬는 바질 이야기
	반쪽이	이미애/이억배	보림	2008	눈도, 귀도 반쪽만 있는 막내 반쪽이의 모험을 담은 이야기
	벙어리 꽃나무	윤대녕/ 방정화	미세기	2000	꽃마을에 사는 벙어리 어린 나무를 사람들이 예뻐하지 않는 이야기
	알록달록 코끼리 엘머	데이비드 맥키	아가월드	2001	세상에 하나밖에 없는 알록달록 코끼리 이야기
	어떤 느낌일까?	나카야마 치나츠/ 와다 마코노	보림	2005	'장애 체험'과 같은 맥락으로 타인을 대하는 태도를 생각해 보게 하는 이야기
	엄마, 내가 자전거를 탔어요!	이노우에 미유키/ 카리노 후키코	베틀북	2001	앞을 못 보는 아홉 살 아이가 자전거에 꿈을 실어 페달을 밟는 이야기
	왜, 내가 이상하니?	쉴러 디르	파란하늘	2008	장애를 가진 아이들이 자신을 이상한 눈으로 바라보는 친구들에게 보내는 이야기
	외눈박이 한세	곽재구	미세기	2000	한세라는 이름은 한 눈으로 보는 세상이란 뜻으로 눈이 하나인 고양이의 이야기
	외뿔이 사슴 올라프	폴커 크리겔	문학동네	2002	세상에 둘도 없는 단짝, 외뿔이 사슴과 외눈박이 산타의 우정이야기
	우리가 달라도	김혜림/이형진	아이코리아	2006	어린이에게 장애를 바르게 이해하도록 도와주는 이야기
	잃어버린 강아지	난 그레고리/ 론 라이트번	파랑새 어린이	1997	다운증후군을 가진 신디가 주워 온 강아지 이야기

장애 분류	제목	작가	출판사	출판 연도	줄거리
		글/그림			
신체적 장애	자라지 않는 소녀 트루디	어슐러 헤기/지젤포터	베틀북	2003	키가 작은 소녀가 있는 그대로의 자신을 받아들이며 새로운 시각으로 세상을 바라보게 되는 이야기로 '남과 다르다는 것'이 어떤 것인지를 잘 표현한 이야기
	조금 늦어도 괜찮아	원유순/이정규	채우리	2002	돌 틈 사이에 떨어져 자리지 않는 난쟁이 해바라기 이야기
	주머니 없는 캥거루 케이티	에이미 페인/H.A.레이	비룡소	2002	주머니가 없는 캥거루 아주머니가 아들을 데리고 다니고 싶어 하는 이야기
	짧은 귀 토끼	다원시/탕팅	고래이야기	2006	아기 토끼 동동이가 자신의 짧은 귀를 극복하는 이야기
	티코와 황금날개	레오 리오니	마루벌	1975	날개가 없는 새 티코에게 소원을 들어주는 새가 나타나서 황금날개를 주어 일어나는 이야기
	프리다	조나 윈터/아나 후안	문학동네	2002	신체적 고통을 이겨 내고 독창적인 예술세계를 완성한 프리다 칼로의 불꽃 같은 이야기
	할아버지의 눈으로	패트리샤 매클라클랜/데버러 코건 레이	보물창고	1980	주인공 '나'가 시각 장애인 할아버지의 일상을 체험하는 이야기
	흰지팡이 여행	에이다 바셋 리치필드/김용연	사계절	2008	시력이 나쁜 아이 발레리가 결국 특별학습반에 들어가는 이야기

12. 전쟁 그림책

시점	제목	작가	출판사	출판 연도	줄거리
		글/그림			
전지적 관점에서 바라본 전쟁	곰이와 오푼돌이 아저씨	권정생/이담	보리	2007	6·25 전쟁 당시 주인공 인민군을 통해 전쟁이 일어나서는 안 된다는 것을 알려 주는 이야기
	꽃할머니	권윤덕	사계절	2010	태평양 전쟁 시기의 일본군 위안부 할머니의 이야기

시점	제목	작가 글/그림	출판사	출판 연도	줄거리
전지적 관점에서 바라본 전쟁	나비가 전해 준 희망	패트리샤 폴라코	베틀북	2005	제2차 세계대전 당시 나비와 함께 찾아온 어린 소녀들의 아름다운 우정과 평화의 이야기
	노란 샌들 한 짝	카렌 린 윌리엄스, 카드라 모하메드/ 둑 체이카	맑은가람	2007	전쟁으로 집과 가정을 잃은 아르칸 난민촌 소녀 리나와 페로자의 우정에 관한 이야기
	백장미	크리스토프 갈라즈/ 로베르토 인노첸티	아이세움	2003	제2차 세계대전 당시를 배경으로 주인공 로즈 블랑슈를 통해 보여 주는 참혹한 전쟁의 현실 이야기
	보스니아의 성냥팔이 소녀	한스 크리스티안 안데르센 원작/조르주 르무안	마루벌	2006	주인공인 성냥팔이 소녀를 통해 현대의 전쟁인 보스니아 내전의 참혹함을 보여 주는 이야기
	빛의 아이들	앨런 세이	마루벌	2007	제2차 세계대전 때 미국에 있었던 일본인 수용소에 갇혀 핍박받은 일본인 아이들의 고통에 대한 이야기
	세상에서 가장 아름다운 나의 마을	고바야시 유타카	미래아이 (미래M&B)	2003	20년 동안 전쟁을 겪은 아프가니스탄에서 가족과 함께 파구먼버찌를 장에 내다파는 야모네 가족의 전쟁 전 생활 이야기
	세상에서 가장 행복한 전쟁	데이비드 맥키	베틀북	2004	병정들을 통해 전쟁의 참혹함보다는 평화의 따뜻함을 보여 주는 이야기
	시간의 종말을 위한 사중주곡	젠 브라이언트/ 베스 펙	맑은가람	2005	제2차 세계대전 중 포로 수용소에서 희망을 갖고 음악을 작곡한 작곡가 올리비에 메시앙의 이야기
	안네 프랑크	조세핀 풀/ 안젤라 배럿	아이세움	2005	제2차 세계대전을 기록한 『안네의일기』의 저자, 안네 프랑크의 생애 이야기
	여섯 사람	데이비드 매키	비룡소	1997	전쟁과 평화의 주제를 여섯 사람이라는 단순한 주인공으로 재미있게 전하는 이야기
	오줌싸개 꼬마	블라디미르 라둔스키	주니어김영사	2002	벨기에 브뤼셀에 있는 오줌싸개 동상에 얽힌 전설을 전쟁 중에 평화를 바라는 어린이의 행동으로 재해석한 이야기
	온양이	선안나/김영만	샘터	2010	한국전쟁 당시 흥남 철수가 이루어졌던 1950년 12월 중순, 고향을 떠나 피란 길에 오른 아홉 살 소년의 가족 이야기

시점	제목	작가 글/그림	출판사	출판 연도	줄거리
전지적 관점에서 바라본 전쟁	우리 마을에 서커스가 왔어요	고바야시 유타카	미래아이	2005	20여 년간 전쟁을 겪은 아프가니스탄의 한 시골마을에서 전쟁이 시작되기 바로 전 가을에 일어난 즐거운 추억 이야기
	전쟁	아나이스 보즐라드	비룡소	2001	빨강 나라와 파랑 나라의 전쟁을 통해 전쟁의 비극을 보여 주는 이야기
	종이학	엘리너 코어/에드 영	바다어린이	2004	제2차 세계대전 중 일본 원자폭탄 투하로 인한 후유증을 겪는 주인공 이야기
	책을 구한 사서	지네트 윈터	미세기	2005	2003년 이라크전쟁 당시 실제 있었던 알리아 무함마드 베이커의 이야기
	크리스마스가 가져다 준 평화	존 매커천/헨리 쇠렌센	해와나무	2006	제1차 세계대전 중에 하루 동안 있었던 감동적인 휴전에 대한 이야기
	큰 기와집의 오래된 소원	이규희/김종민	키위북스	2011	대가족이 살던 큰 기와집을 중심으로 6·25 전쟁의 참상을 그려 낸 이야기
주인공이 경험하는 전쟁	곰 인형 오토	토미 웅거러	비룡소	2001	전쟁의 참혹성과 이유에 대한 성찰을 곰 인형의 시각으로 들려주는 이야기
	경극이 사라진 날	야오홍	사계절	2011	중일전쟁 발발 후 난징 대학살이 자행되기 전, 일본군이 난징 진입을 위해 감행한 공습 전후 보름여간의 이야기
	끝나지 않은 겨울	강제숙/이담	보리	2010	일본군 위안부 할머니들의 이야기
	기억할게요	루스 밴더 지, 매리 언스나이더/빌 판스워드	맑은가람	2007	유대인 가족을 통해 전쟁의 참혹함을 전해 주는 이야기
	나무들도 웁니다	이렌 코앙장카/마우리치오 A. C. 콰렐로	여유당	2011	제2차 세계대전 당시의 마로니에 나무가 들려주는 한 소녀 이야기
	내가 만난 꿈의 지도	유리 슐레비츠	시공주니어	2008	제2차 세계대전 당시 유대인이라는 이유로 인해 유럽을 떠돌게 된 어느 소년의 이야기

시점	제목	작가	출판사	출판 연도	줄거리
		글/그림			
주인공이 경험하는 전쟁	내 목소리가 들리나요	다시마 세이조	사계절	2012	전쟁의 참상을 그린 이야기
	사쿠라	다바타 세이이치	사계절	2014	'만주사변'을 배경으로 일본에서 성장하는 주인공의 이야기
	소년 정찰병	월터 딘 마이어스/앤 그리팔코니	북비	2005	베트남 전쟁에 나간 미국 소년병 이야기
	아침별 저녁별	죠 외슬랑/요한나 강	미래아이(미래M&B)	1993	나치 점령기 시절에 어린 시절을 보낸 소녀 헬렌의 이야기
	언제나 네 옆에 있을게	루스 밴더 지/로날드 힘러	맑은가람	2008	베트남 전쟁을 실제로 겪은 주인공 소녀의 실화를 담은 이야기
	잃어버린 아이들	메리 윌리엄스/그레고리 크리스티	사계절	2006	수단 내전으로 고아가 된 한 소년의 이야기
	작은 병정	폴 페렙트	시공주니어	2004	아이들을 군인으로 설정하여 전쟁의 어둠과 그늘에 대해 간접적으로 전해 주는 이야기
	조각배 함대	루이즈 보든/마이클 포먼	문학과 지성사	2004	제2차 세계대전 때 벌어진 영웅적인 구출작전 이야기
'나'의 관찰로 전개되는 전쟁	파란 개구리 빨간 개구리	피에르 코뉘엘	중앙출판사	2002	서로 다르다고 미워하던 개구리들이 색이 같아진 것을 계기로 서로 사이 좋게 지내게 된 이야기
	한 아이의 정원	마이클 포맨	웅진주니어	2009	전쟁의 폐허 속에서도 희망을 키운 한 소년의 감동적인 이야기
외부자의 관찰로 그려지는 전쟁	바람이 불 때에	레이먼드 브릭스	시공주니어	1988	노부부의 희생을 통해 전쟁으로 인한 핵폭탄과 방사능 노출의 위험을 알려 주는 이야기
	비무장지대에 봄이 오면	이억배	사계절	2010	비무장지대의 사계절을 보여 주며 고향을 그리워하는 할아버지의 이야기
	시냇물 저쪽	엘즈비에타	마루벌	1994	천진난만한 아이들의 눈으로 전쟁의 비극을 전하는 이야기
	왜?	니콜라이 포포프	현암사	1997	'왜'라는 질문과 그림으로 개구리와 생쥐의 싸움을 통해 전쟁과 폭력의 어리석음을 알려 주는 이야기
다수의 시점이 담긴 전쟁	에리카이야기	루스 밴더 지	마루벌	2003	죽음의 수용소로 가는 기차에서 밖으로 던져졌던 한 유대인 아기가 여인으로 성장하여 가정을 꾸리게 된 이야기

찾아보기

인명

강경수 225
강선영 238
강제숙 265, 270, 272
곽재구 258
권윤덕 265, 270, 276
김경연 271
김경학 166
김광웅 27
김금희 273
김미혜 139
김민수 106, 108
김민진 97
김서정 106, 111
김선영 76
김성애 249
김송주 27
김수미 97
김순영 131
김영수 39
김용연 258
김재우 27
김중미 211
김충식 107, 109
김태란 131

문종란 191
민소애 107, 112

박미진 27
박윤경 97
박지윤 26
박현정 61
배봉기 241
백희나 68
변진영 242

서선정 113
서정숙 28
설동훈 96
성정아 190
손경환 27
송영주 27
신승환 166
신혜원 151
신희진 38
심달연 276
심은숙 157

안현진 189, 197
양혜영 35
엄혜숙 107, 110
오승민 106, 109, 241
오은영 238
우수경 27
유은제 219
유진희 202
윤갑정 96
윤재인 106, 107, 109, 112
이광익 107, 110
이담 270, 272
이미애 260
이민주 264

이상권 157
이상애 249
이억배 260, 273, 280
이은화 199
이재영 172
이정임 191
이종은 106, 108
이주영 28
이향 60, 76
이혜리 127
이혜옥 131
이혜은 96
이효정 248
임정자 39
임주영 27
임희옥 107, 109, 113

장명선 191
전귀연 27
정대련 271
정대진 265
정윤정 44
정지영 128
정지은 199
정혜영 128
조극훈 176
조형숙 248
지은주 96

천정철 178
최경석 51
최문심 118

한성옥 106, 111
한은선 131
한정란 138
허은미 127
현은자 97

宮西 達也 67
達文茜 259
唐唐 259
馬雅 256
長谷川 義史 181
中山千夏 259
陳致元 69
筒井 頼子 40
和田 誠 259

Ackeman, K. 154
Alley, R. W. 76, 90
Andersen, H. C. 211

Ballhaus, V. 61, 76, 086
Bartone, E. 222
Bauer, J. 240
Bishop, R. S. 97
Blau, A. 159
Blegvad, E. 182
Bley, A. 237
Bourdier, E. 156
Brami, E. 160
Breebaart, J. 176, 181
Breebaart, P. 176, 181
Brooks, R. 146, 274
Broverman, J. R. 187, 188
Browne, A. 38, 197
Bryant, J. 276
Bunge, D. 82
Bunting, E. 226
Burningham, J. 37, 146, 151
Byard, C. 226

Chayka, D. 273
Coffelt, N. 87
Cole, B. 76, 91, 124, 130, 131, 205
Cooney, B. 155, 158

Cornuel, P. 279
Crase, D. 168
Cravath, L. A. 123, 127

Dahimène, A. 133
Daleh, G. 239
Denton, T. 64
Desmet, M. 89
Devito, P. 257
Dume, L. V. 147

Ende, M. 179
Eriksson, E. 183
Erlbruch, W. 178

Facchini, V. 128
Farnsworth, B. 278
Finney, K. K. 85
Florian, M. 175, 180
Foreman, M. 272
Franz-Joseph Huainigg 61
Freud, S. 165
Fullerton, A. 224

Gammell, S. 154
Geisler, D. 242
Georges, H. 156
Gervais, B. 238
Gholami, H. L. 239
Gibson, B. 41
Gotthardt, P. 126, 130

Haeringen, A. v. 132
Harbour, E. 125, 132
Hathorn, L. 224
Hazen, B. S. 221, 222
Hechelmann, F. 179
Heine, H. 134
Hest, P. V. 68
Himler, R. 226, 278
Hoestlandt, J. 272
Holmes, H. 237
Husley, D. 200
Hyman, T. S. 221, 222

Ingpen, R. 180, 227
Iwona Chmielewska 133

Janisch, H. 159
Jean-Charles Sarrazin 124, 129
Jean-François Dumont 227
Jessie 242
Johanna Kang 272
Joyce, K. 52

Katarzyna Kotowska 59, 66
Keats, E. J. 35, 257
Keiko Kasza 65
Kesselman, W. 155
Kessler, D. 166, 175
King, S. M. 227
Korschnow, I. 64

Lachenmeyer, N. 227
Langdo, B. 84
Lawson, R. 203
Leaf, M. 203
Lears, L. 256
Leekam, SR. 26
Lepp, M. 42
Levins, S. 84
Lewin, T. 222
Litchfield, A. B. 258
Lowry, D. 76
Lozzi, L. A. 249

Maar, N. 76, 86
Maslow, A. H. 209
Matthews, B. 76
Mayle, P. 131
McCutcheon, J. 271, 275
McGguire-Raskin 97, 146
McKee, D. 277
Meier, K. 237
Mellonie, B. 180
Menendez-Aponte, E. 76, 90
Merlin, C. 225
Micheal Martchenko 199, 204
Michl, R. 64
Mill, J. S. 188
Mohammad, K. 273
Morin, E. 165
Munsch, R. 199, 204

Nascimbene, Y. 160
Néouanic, L. L. 125, 134
Nihus, S. 239
Nilsson, U. 183

Opstal, L. V. 147
Oxenbury, H. 37

Patkau, K. 224
Peck, B. 276
Penn, A. 41
Perner, J. 26
Pillo, C. 237
Pittau, F. 238
Polacco, P. 36, 42, 152, 153, 227
Popov, N. 280

Raagaard, K. 126, 130
Ransom, J. F. 85
Rascal 59
Ritz, K. 256
Robins, A. 131
Roeder, A. 76, 90
Rogers, G. 224
Ross, E. K. 166, 175
Rudman, M. K. 59, 118
Ruffman, T. 26
Rylant, C. 182

Saltz, G. 123, 127
Say, A. 271, 275
Schössow, P. 175, 184
Schultz, G. 60
Schultz, M. 60
Schwartz, A. 43
Shields, G. 125, 132
Singer, C. 76, 90
Small, D. 222, 147
Sneider, M. 278
Sophie 59
Sorensen, H. 271, 275
Stark, U. 42
Stehr, F. 69, 203
Stehr, G. 69
Steig, W. 201
Stewart, S. 147, 222
Strid, J. M. 068
Stuve-Bodeen, S. 257

Talsma, N. 68, 89
Teulade, P. 124, 129
Thiès, P. 225
Tusa, T. 87

Uri Shulevitz 221

Velthuijs, M. 132
Viorst, J. 182

Weitzman 189
Wild, M. 64, 146, 151, 200
Willems, M. 198, 202
William, K. L. 273
Williams, S. A. 226
Williams, V. B. 221, 222
Wilsdorf, A. 59, 62

Zee, R. V. 278, 281

내용

1인칭 관찰자 시점 274, 279
1인칭 주인공 시점 274
3인칭 관찰자 시점 280

가사 190
가족 51, 148
가족 간의 사랑 253
가족의 포용력 68
가치관 249
가치관 형성 119
가치판단 188
간접체험 28
갈등 26, 27, 34, 36, 37, 40, 42, 74, 75, 96, 108, 111
갈등의 원인 45
갈등 전략 27
갈등 해결 35
감정이입 42, 219
감정적인 회복 81
감정 표현 255
강렬한 색채 226
개별화 27
개연성 125, 253, 255, 271
거짓된 신념 82
결말 82
결혼 125
결혼이민자 96, 97, 98, 108
결혼이주여성 95
경제적 부양 74
경제적인 문제 74
경험 173
고령화 140, 142
고령화 사회 138, 144
고정관념 58, 60, 187, 188, 191, 196, 198, 199, 200, 202, 219, 273
공감 28, 146, 182, 200, 274, 278
공감과 격려 41
공감능력 76
공감대 111
과학적인 정보 129
교육매체 249
교훈 197
국가별 빈곤율 212
국내 분쟁 264
국내 입양 54
국방비 266
국제 입양 협약 52
귀화자 자녀 100

그림책 28, 37
긍정적인 사회 관계 27
긍정적인 상호작용 253
기대수명 142, 169
끝혼식 91

낙관적 관점 239
난민 아동 274
남녀평등 188
남성다움 187
낮은 자존감 75
내면 정서 180
내면화 168
노년기 25, 137, 139
노숙인 211, 216, 219, 226, 228
노숙인 보호소 228
노숙자 227
노역 264
노예 아동 226
노인 137, 139
노화 138, 140, 144, 146, 147
노화의 과정 147
논픽션 그림책 270

다른 문화 109
다문화가족 97, 102, 105, 106, 107, 108, 111, 112, 113
다문화 그림책 97
다문화 대안교육 101
다문화 대안학교 102
다문화사회 95, 119
다양한 가족 구조 51
다큐멘터리 형식 60
단편적인 시각 61
대안교육 102
독서 치료 076
독자 139, 146, 176
두려움 175
두려움의 근원 166
등장인물 107, 190
등장인물의 표현 145
또래 유능성 26

라가치 상 225
라이벌 관계 42
롤모델 39

만남의 과정 62, 66
모노타이프 179
모자 이혼 가정 74
묘사 272
묘사력 256
무력행사 263
문제해결 76
문학 139, 147
문학 활동 34
문화에 관한 고정관념 59
문화적 차이 96
미디어 139
미혼모 123, 134

반사회적 태도 및 행동 237
반편견교육 52, 53, 191, 248
발달 27, 265
발달단계 175
발달장애 249
방과후 프로그램 102
방임 235, 241
법적인 절차 73
보편성 166
복잡한 심리 39
본능이론 165
부모 25, 26, 35, 37
부모와 교사의 역할 191
부모의 개입 34
부모의 사랑 35, 41

부모의 역할 183
부부 관계 73
부적응 행동 75
부정 166, 181
부정확한 용어 124
부정확한 정보 130
북한이탈주민 108, 113
분노 86, 166, 181
불가피성 166
불안한 심리 38, 89
비가역성 166
비난 81
비예측성 166
비장애아동 254
비판적 사고 187
비판적인 안목 139
비현실적인 내용 081
빈곤 209, 211, 218, 222
빈곤가정 211, 221
빈곤아동 224

사랑과 소속감의 결핍 26
사망비율 172
사망원인 172
사실적 44, 068, 112, 125, 129, 131, 220, 272
사실적인 그림 127
사실적인 내용 253
사실적인 묘사 237
사실주의 그림책 53
사전적인 정보 127
사춘기 130
사회성 27, 28
사회의 시각 80
사회적 문제 51
사회적 위계질서 26
사회적 이슈 220
사회적 책임성 139
사후세계 166
삶과 죽음 178
삶에 대한 감수성 168
삶의 순환 180
삶의 질적 변화 138
상대빈곤율 212
상대적 빈곤 210
상실감 181
상투적인 문구 273
상호연결성 45
상호작용 26, 27, 35, 61, 97, 107, 255
생명 순환의 과정 179
생명의 종말 165
생명존중 교육 172
생명체의 숙명 177
생물학 180
생물학적 166
선입견 35, 36, 145, 189
선천적 장애 253
선천적 장애인 248
성 117, 119
성경험 120
성 고정관념 188
성교육 117, 118, 119, 120, 121
성교육 자료 118
성급한 결말 237
성별 195
성비 불균형 189
성역할 187, 188, 189, 190, 191, 196, 197, 199, 200, 202
성역할 고정관념 188, 190
성인의 역할 92, 105
성적인 코드 133
성 정체감 190, 191
성차별 196, 198, 204
성취지향적 199
성 평등 191, 195, 199
성 평등주의 188

성폭력 118, 232, 242, 264
성학대 118, 232, 235, 237, 241
성행위 130
세계관의 반영 124
세대 간의 갈등 138
소멸하는 존재 166
수동적 189
수용 167, 181
수채화 257
스트레스 감소 76
시각장애 259
시간의 흐름 139
시점 274
신체학대 232, 235, 239, 240
심리 묘사 274, 278
심리상태 75
심리적인 문제 75
심리적 치유 238
심미감 273
심미성 271

아동기 25
아동노동 211, 215, 216, 221, 224, 225, 226
아동빈곤 210, 221
아동 성범죄 118
아동의 인권 52
아동학대 231, 233
아버지의 역할 125
아이의 시점 39
안정된 가족 구조 51
애착 관계 상실 75
양극화 현상 167
양성의 역할 125
양육의 권리와 의무 52
양자 관계 25
언어적 반응 168
여성다움 187
여성의 역할 125
여성의 지위 상승 195
열린 사고 203
영혼의 향방 165
예술성 273
왜곡 124
왜곡된 생각 254
외국인거주자 98, 108
외국인노동자 106, 108
외국인 유입 증가율 96
외부 묘사 274
우울 167, 181
위안부 276
위탁 60
유괴 예방 243
유교 중심 52
유아기 167
유형화 125
육아 활동 190
의인화 254
의인화된 동물 캐릭터 053
이국적 자연풍경 110
이해력 112
이해수준 175
이혼 73, 74, 75, 76, 80, 83, 86, 87, 92, 104
이혼 가정 74, 76, 83, 84
이혼 과정 74, 75, 84, 86, 89, 91, 92
이혼율 77, 96
인간 존엄성 124
인과응보 177
인권 119, 225, 247
인권교육 118
인권존중 218
인물의 몸동작 41
인종적 고정관념 63
인지적 교육 118
일러스트레이션 35, 124, 273

입양 51, 52, 63, 64, 65, 69
입양 가정 63
입양 과정 60, 61
입양 관련 용어 59
입양국 56
입양 그림책 53, 59, 61, 62, 63, 69
입양 부모 61, 64, 65, 66, 67, 69
입양에 대한 관심 58
입양에 대한 지식 59
입양 활성화 정책 52

자기에 대한 이해의 폭 76
자기 이해 76
자기 인식 76
자녀 양육 문제 74
자살 172, 174
자살 충동 172
자연적인 현상 177
자유로운 성적 표현 123
자폐성 발달장애 249
자폐아 257
자폐증 256
작가 관찰자 시점 274
장애 247, 256, 259, 264
장애극복 253
장애우 248
장애이해 253
장애이해교육 248, 249
장애인 247, 248
장애 체험 259
재일 조선인 110
적응 능력 138
전인교육 118
전쟁 263, 265, 276, 277
전쟁 그림책 265, 266, 274, 279, 280, 281
전쟁의 비극 281
전쟁의 참상 278, 281
전쟁 이야기 275
전지적 작가 시점 274
전통적 여성상 198
전투 264
절대적 빈곤 210
정서적 혼란 38
정서학대 235, 240
정체성 69, 111
정형화 132
정확한 정보 81, 107, 109, 126, 130, 253, 265, 271
제한된 직종 189
조이혼율 74
죄책감 82
죽음 165, 175, 176, 178, 179
죽음교육 167, 168, 174
죽음불안 167, 174
중도 입국 자녀 106
직설 양태 219
직업적인 성취 197
직접 경험 139
진정한 사랑 90
진화론적 166
집단 따돌림 097

차별적 인식 97
착취 264
참신한 기법 259
창작 그림책 253
처벌 177
체벌 231, 232
초고령 사회 140
초저출산국가 29
초점의 전이 279
초현실주의풍 38
출산 과정 129
출산율 29, 30, 140
취약 계층 218
치유 239, 242, 265

치유과정 238
친양자 관계 25

칼데콧 189
캐릭터 272

타협 166, 181
탈북자 113
통합 247
통합교육 247
틀린 믿음 과제 26

판타지 38, 254, 271
편견 58, 60, 105, 200, 257, 259, 266
평등 191
평화 276
포용력 112
폭력 239, 276
플롯 197, 272
피해의식 75
픽션 그림책 265, 270

학대 61, 239, 264
학대 예방 242
학대의 사각지대 238
한국전쟁 265, 271
한부모 가정 74
함축적 의미 197
합리적 사고 187
해체 51
행동 모델 183
행복한 결말 82, 125
현실적인 주제 125
혈연 25, 52
혈연 중심 51
혈족 관계 25
협의이혼 78
형제 26, 27, 35, 36, 46
형제 갈등 34, 41
형제 그림책 34, 37
형제애 43
형제자매와의 관계 만족도 32
혼외 출산 52
혼인 73
혼인 관계 73
환상 175, 182, 226
환상 그림책 240
환상성 271
활동적 189
황혼이혼 79, 82
회복의 과정 237
효용 62, 68
후천적 장애인 248
휴전 275
홍미 197
희화화 124

저자 소개

현은자(Hyun, Eun-ja)

이화여자대학교 교육학과 유아교육 전공

University of Michigan 교육학 박사

현) 성균관대학교 아동 · 청소년학과 교수

저서) 즐거운 그림책 쓰기(공저, 학지사, 2012), 그림책의 이해 1,2(공저, 사계절, 2005), 그림책의 그림읽기 (공저, 마루벌, 2004), 기독교 세계관으로 아동문학 보기(학지사, 2003) 외 다수

논문) 기독교 예술관으로 그림책 보기(2015), 2009 개정 초등교육과정 1, 2학년 국어 교과서 수록 그림책에 나타난 성역할 분석(공저, 2014), 국내 창작 그림책에 나타난 음식과 식생활의 내용 분석(공저, 2014), 증강현실기술과 로봇을 적용한 동극활동 유형에 대한 유아의 사용자 경험(공저, 2010) 외 다수

곽영미(Kwak, Young-mi)

성균관대학교 대학원 아동 · 청소년학과 아동문학 · 미디어교육 전공 박사

현) 국립한국경진학교 교사, 문학프로그램 개발 및 기획

저서) 코끼리 서커스(숨쉬는책공장, 2015), 초원을 달리는 수피아(숨쉬는책공장, 2014), 두 섬 이야기(다섯수레, 2013), 내가 엄마 해야지(느림보, 2013), 도대체 뭐라고 말하지?(한솔수북, 2015) 외 다수

논문) 국내 · 외 장애를 주제로 한 창작 그림책 등장인물과 갈등 관계 분석(공저, 2015), 베아트릭스 포터 작품 속 등장인물 분석(공저, 2015), 『아기 돼지 삼형제』 옛이야기를 원전으로 한 크로스오버 작품 분석(공저, 2015), 미국 다문화 그림책에 그려진 한국계 미국 어린이 이미지(공저, 2014) 외 다수

김민정(Kim, Min-jung)

성균관대학교 대학원 아동 · 청소년학과 아동문학 · 미디어교육 전공 박사과정 수료

현) 성균관대학교 생활과학연구소 연구원, 지역아카데미 교육농장센터 위촉 연구원

논문) 한국 스테디셀러 그림책의 특성(공저, 2014)

박은미(Park, Eun-mi)

성균관대학교 대학원 아동 · 청소년학과 아동문학 · 미디어교육 전공 박사과정 수료

현) 서울시여성가족재단 보육서비스지원센터장

저서) 누리과정 가정연계 부모교육 – 행복한 아이를 위한 부모인성교육 매뉴얼(공저, 중앙육아종합지원센터, 2014), 5세 누리과정에 기초한 어린이집 보육프로그램(공저, 보건복지부, 2012), 긍정적 행동지원을 활용한 독서치료(공저, 양서원, 2011)

논문) 어머니의 스마트폰 중독 수준 및 우울 점수와 유아의 문제행동과의 관계(공저, 2013)

이 란(Lee, Ran)

University of Edinburgh 교육학 석사

성균관대학교 대학원 아동 · 청소년학과 아동문학 · 미디어교육 전공 박사과정 수료

논문) Anthony Browne 그림책에 나타난 부성성의 기호학적 연구(공저, 2015), 아동의 죽음 이해의 반응 탐색 — 그림책 읽기를 통한 사례연구(공저, 2015) 외 다수

김가영(Kim, Ka-young)

성균관대학교 대학원 아동 · 청소년학과 아동문학 · 미디어교육 전공 석사

전) 문예원 강사

현) ㈜유진로봇 근무

논문) 아동용 옷 입히기 게임 콘텐츠 분석(2016), 국내 창작 그림책에 나타난 음식과 식생활의 내용 분석(공저, 2014), TV 상업 광고에 등장하는 어린이와 성인 모델의 이미지 분석(공저, 2014)

이민재(Lee, Min-jae)

성균관대학교 대학원 아동 · 청소년학과 아동문학 · 미디어교육 전공 석사

전) ㈜동심 독서프로그램 개발, ㈜한솔교육 근무

이나은(Lee, Na-eun)

성균관대학교 대학원 아동 · 청소년학과 아동문학 · 미디어교육 전공 석사과정 수료

현) 문예원 글로아이 강사

논문) 국내 창작 그림책에 나타난 음식과 식생활의 내용 분석(공저, 2014)

이신애(Lee, Shin-ae)

성균관대학교 대학원 아동 · 청소년학과 아동문학 · 미디어교육 전공 석사과정 수료

논문) 강아지형 스마트 토이 놀이가 유아의 스토리텔링에 근거한 그림 표상활동에 미치는 영향(공저, 2015), 애니메이션 겨울왕국에 대한 만 5세 유아의 선호요인 및 학부모 · 교사 인식(공저, 2014)

이수형(Lee, Soo-young)

성균관대학교 대학원 아동 · 청소년학과 아동문학 · 미디어교육 전공 석사과정 수료

현) A&B Resilient 그림책치료 전문가

논문) 애니메이션 겨울왕국에 대한 만 5세 유아의 선호요인 및 학부모 · 교사 인식(공저, 2014)

김채은(Kim, Chae-eun)

성균관대학교 대학원 아동 · 청소년학과 아동문학 · 미디어교육 전공 석사과정

전) 리틀팰리스 어린이집 교사, 신성초등학교 병설유치원 에듀케어 강사

설려나(Seol, Ryu-na)

성균관대학교 대학원 아동 · 청소년학과 아동문학 · 미디어교육 전공 석사과정

현) 서울번동초등학교 교사

논문) 2009 개정 초등교육과정 1,2학년 국어교과서 수록 그림책에 나타난 성역할 분석(공저), 유아 교육용 율동동요 애플리케이션 평가 및 내용 분석(공저, 2014)

홍지민(Hong, Ji-min)

성균관대학교 대학원 아동 · 청소년학과 아동문학 · 미디어교육 전공 석사과정

논문) 미디어 환경과 사용에 대한 부모의 심성모형 연구(공저, 2014), 2009 개정 초등교육과정 1, 2학년 국어교과서 수록 그림책에 나타난 성역할 분석(공저, 2014)

그림책으로 보는 아동과 우리 사회
Children and Society Portrayed in Picture Books

2016년 8월 10일 1판 1쇄 인쇄
2016년 8월 20일 1판 1쇄 발행

지은이 • 현은자, 곽영미, 김민정, 박은미, 이 란, 김가영, 이민재
이나은, 이신애, 이수형, 김채은, 설려나, 홍지민
펴낸이 • 김진환
펴낸곳 • (주) 학지사
04031 서울특별시 마포구 양화로 15길 20 마인드월드빌딩
대표전화 • 02)330-5114 팩스 • 02)324-2345
등록번호 • 제313-2006-000265호

홈페이지 • http://www.hakjisa.co.kr
페이스북 • https://www.facebook.com/hakjisabook

ISBN 978-89-997-0993-7 93370

정가 18,000원

이 도서의 국립중앙도서관 출판시도서목록(CIP)은 서지정보유통지원시스템 홈페이지(http://seoji.nl.go.kr)와 국가자료공동목록시스템(http://www.nl.go.kr/kolisnet)에서 이용하실 수 있습니다.
(CIP제어번호: CIP2016016679)